AF141458

Johann Bernhard Basedow

Examen in der allernatürlichsten Religion

und in andern practischen Lehren von Bürgerpflicht, Toleranz und Tugend imgleichen von

Vernunst und ihrer Gotteskenntniss

Johann Bernhard Basedow

Examen in der allernatürlichsten Religion
und in andern practischen Lehren von Bürgerpflicht, Toleranz und Tugend imgleichen von Vernunst und ihrer Gotteskenntniss

ISBN/EAN: 9783743438347

Hergestellt in Europa, USA, Kanada, Australien, Japan

Cover: Foto ©Lupo / pixelio.de

Manufactured and distributed by brebook publishing software (www.brebook.com)

Johann Bernhard Basedow

Examen in der allernatürlichsten Religion

Examen

in der

allernatürlichsten

Religion

und

in andern practischen Lehren

von

Bürgerpflicht, Toleranz und Tugend

imgleichen von

Vernunft und ihrer Gotteskenntniß.

Germanien,

zur Zeit Kaiser Joseph des Zweiten. 1784.

Zu haben bey S. L. Crusius in Leipzig.

Vorrede und Inhalt.

Dies Buch hat von der Sittenlehre eines Menschen und eines Bürgers, von der Logik, und von der Kenntniß der Religion so Viel; als ein studirender Jüngling (als ein Ph ... st) bedarf, der nun anfangen soll, ohne Führer klug und gewissenhaft zu leben, und nach eignem Plane seine Erkenntnis zu erweitern.

Es ist ein sehr überlegtes und durch Berathschlagung mit vielen Freunden verbessertes Werk eines Sechszigjährigen, welcher, um der Religion willen, von Jugend auf, einen jeden Winkel der Philosophie untersucht hat, wo er etwas Brauchbares zu finden hoffte: und **welcher in diesem Buche ganz ist, was er zu seyn vermag.**

Es ist also erwartlich, daß hier viel Eignes oder Neues vorkömmt. Und es freymüthig zu schreiben, wäre, der Mensch-

heit

heit zum Besten, auch alsdann Pflicht,
wenn ich gleich nicht so bejahrt wäre, und
nicht in einer so toleranten Zeit und Ge=
gend lebte.

Ich wählte, auf eine ganz besondere
Veranlassung, die Schreibart des Exa=
mens, oder der Wiederholung dessen, was
der Jüngling nach und nach, in irgend ei=
ner guten Ordnung, durch Hülfe seiner
Lehrer gelernt hat. Auch dem Lehrenden
ist diese Form bequem. Und ich habe sie
so eingerichtet, daß sie nicht ekelhaft würde
irgend einem von den gewünschten Lesern.
Deren können nicht viele seyn. Aber in
ihrer kleinen Anzahl ist ein jeder **Vormund
der Menschheit,** unter den Regenten,
Staatsmännern, Moralisten und Reli=
gionsforschern, denen ich dieses Werk eben
so zuversichtlich, als ehrerbietig, empfehle.
Ihnen gehört es schon zu, ehe der darzu
bestimmte Theil desselben der übrigen Leser=
welt, zu einem ausgebreiteten Gebrauche,
gehören kann.

Ich

Ich wünsche, daß der Inhalt, ohne meinen Namen, oder ohne Urtheile über meine Person, wirke, was er vermag. Zu diesem Wunsche bin ich berechtigt durch Pflichten, die ich nicht sagen darf. Die ehrwürdigsten Recensenten werden also mit der Vermuthung meines Namens die Leser nicht aufhalten. Sie haben wahrlich etwas viel Wichtigeres zu thun, und zu Kleinigkeiten keine Zeile übrig, die man ihnen verstattet. Ich werde niemals sagen, ob die andern Recensenten, denen der Name wichtig ist, irren oder nicht. Denn auch ich habe weit wichtigere Dinge zu thun in den Arbeitsstunden.

I. Das bürgerliche Leben und der Staat.

1) Der Patriotismus, die bürgerliche Zufriedenheit.

Anmerk. Enthält manchen wahren und unvermutheten Trost, im Bedrukke durch öffentliche Lasten.

2) Unruhige Zeiten und der Krieg.

Anmerk.

Anmerk. Hier ist Auflösung vieler Fragen, welche selten öffentlich aufgeworfen und noch seltner beantwortet werden.

3) Religion und Toleranz im Staate.

Anmerk. Dies Hauptstück ist sehr vollständig für die Vormünder der Menschheit, welche nicht fragen, was Herkommens sey.

4) Gesetzgebung und Staatsverwaltung.

Anmerk. Hier durfte ich nicht weiter gehn, als durch den Vorhof bis an die Thüre des Tempels. Ich lege ein Schärflein in den Gotteskasten.

5) Der Regent und sein Hof.

Anmerk. Man kanns diesem Stükke ansehn, es sey von keinem solchen, der, in der gewöhnlichen Sprache, ein Hofmann heißt.

II. Das Wichtigste der Tugendlehre.

6) Selbstliebe und Pflicht.

Anmerk. Dies Hauptstück hätte auch heißen können: Was wäret ihr, Pflichten, wenn ihr der vernünftigen Selbstliebe nicht dienen wollt?

7) Tugend und Laster.

8) Das Gewissen.

Anmerk. Das ist ein Wesen, mit welchem das Wesen, Selbstsucht genannt, gar oft zankt. Gemeiniglich wird das Gewissen überschrien, und macht Friede, so gut es kann.

9) Vernunft und Belehrung.

10) Frei=

22) Wahr=

8 Vorrede

22) Wahrscheinlichkeit und Pflicht des vernünftigen Glaubens.

Anmerk. Hier steht viel Brauchbares, was mancher promovirter Doktor der Logik nicht weiß. Auch wird das Lotto mir böse werden. Mag es!

23) Zeugnisse und Geschichte.

Anmerk. Die erzwahrhaftigen, bestäubten, und langweiligen Geschichtschreiber gewisser Art, segnen mich nicht für diese Rubrik. Es gehe ihnen wohl, so weit es ihre vom Staube verursachte Brustkrankheit zuläßt!

24) Anhänglichkeit an väterlicher Religion.

Anmerk. Wenn aber mein Zweck, und Andrer, die mir vielleicht nachfolgen, mislingt; so wird man bald schreiben müssen von der Anhänglichkeit an der väterlichen Irreligion.

25) Das Auslegen, Untersuchen und Beweisen eines Vortrags.

Anmerk. Die Figuren und Formen der Syllogismen stehn hier nicht. Und ich wußte sie doch schon in Prima meiner Schule. Aristoteles, was würdest du zu meinem Buche sagen?

26) Wahrheit, Irrthum, Meynung.

IV. Die philosophisch = behandelte natürliche Religion.

Anmerk. Ich habe ihr alle Kraft gegeben, die sie haben kann. Denn es ist doch gut, eine Wachskerze zu haben, wenn die Fensterladen so dicht zugemacht sind, daß das Sonnenlicht nicht durchdringen kann.

27) Tief-

27) Tiefſinnige Betrachtungen.

a) Die Natur der Seele.

b) Anfang und Urgrund der Welt.

Anmerk. Tiefe, ſehr tiefe Abgründe! Wer nicht
bergmänniſch klettern kann, der bleibe oben.
Man wird mir einwenden: dies und das ſa=
gen auch dieſe ....iſten und jene ....iſten.
Was geht mich das an?

28) Die Welt Gottes iſt ſehr gut.

29) Es iſt, lebt, regiert ein Gott.

Anmerk. In dieſem Hauptſtükke iſt ein Etwas,
(ich habe es Weltweſen genannt) das Vielen
recht ſehr misfallen wird. Es thut mir leid.
Ich kann aber Nichts wider, ſondern nur für
die Wahrheit.

30) Die göttlichen Eigenſchaften.

31) Die Seele iſt unſterblich.

Anmerk. Von dieſen beyden Hauptſtükken muß
man Verſchiedenes in die allernatürlichſte oder
evangeliſche Religion hinübernehmen, um ſie
recht zu verſtehn.

32) Die natürliche und die philoſophiſche Re=
ligion.

Anmerk. Beyde ſind am Final=Inhalte nicht
verſchieden. Aber die (populäre) gemeine na=
türliche Religion läßt ſich nicht in die Entwik=
kelung der Beweiſe ein; ſondern ruft nur das
Gewiſſen (das iſt, die praktiſche, unſer eigen
Thun und Laſſen beurtheilende Vernunft) zu
Hülfe, Glaubenspflicht anzupreiſen.

33) Staatsſchulen der bürgerlichen Religion.

A 5

Anmerk.

Anmerk. Wenn auf diesen Vorschlag geachtet wird; dann erst kanns geschehn, daß die Intoleranz, die Hydra, alle ihre Köpfe verliert, und ihr keiner mehr anwächst.

34) Gedanken über die Gerechtigkeit Gottes.

Anmerk. Auch hier ist Vieles brauchbar, um das Evangelium recht (das heißt doch wohl mit Vernunft?) zu verstehn.

35) Offenbarung, Propheten, Wunderthäter.

Anmerk. Ein Dorn im Auge der Philosophaster unsers Jahrhunderts, die einen Ekel, sogar an diesen Worten, geschweige an den Sachen, haben, weil sie es in ihrer Philosophie so genau wissen, was Gott kann, und nicht kann, und was er, um philosophisch zu handeln, thun darf und nicht thun darf.

V. Penson und Blackmann von der allernatürlichsten Religion.

Anmerk. Ist Blackmanns Geschichte wahr? Ey! Warum sollte sie denn nicht wahr seyn?

36) Blackmanns Urtheil über das alte Testament.

Anmerk. Nur ein Mohrischer, so geführter, Philosoph konnte, was hier gesagt ist, so gradeweg, ohne Wehmuth, und ohne viele Versicherung seines guten Zwecks sagen, die doch im Grunde Nichts hilft. Gesagt ist eben Dasselbe, und noch Mehr, was ich auslasse, zwar sehr oft, von Philosophen und von Witzlingen; aus guter und aus nicht guter Absicht. Aber geholfen hat es noch nicht genug. Man sehe die Schulbänke auch der armen Bauerkinder! Wel-

Welches große Buch liegt da? Die ganze H. S., das heißt, drey Vierthel von der ewigen Weise des Judenthums; und ein Vierthel Evangelium zur allmähligen Abstellung die⸗ ser ewigen Weise.

37) Desselben Vorbereitung, das neue Testa⸗ ment zu lesen.

38) Blackmann lernt die Wichtigkeit einer philosophischen Untersuchung des Neuen Te⸗ staments.

39) Pensons Hypothese von dem Zwekke Jesu und der Apostel.

Anmerk. Er ist gar nicht der ungeheuren Mei⸗ nung (ich sage es mit Wehmuth) der ungeheu⸗ ren Meinung des teutschen Fragmenten⸗ schreibers.

40) Desselben Wegräumung gewisser Schwie⸗ rigkeiten.

41) Desselben vorgängige Nachricht von eini⸗ gen Lehren.

Anmerk. Die Zeiten sind nicht darnach. Sonst würden mir Viele, Viele gern einen bittern Kelch darreichen, dafür, daß ich des Engel⸗ länders Gedanken dieser Art Auszugsweise übersetzt, und mit Anmerkungen eines andern Nordamerikanischen Engländers bereichert habe.

42) Pensons und Blackmanns Unterhandlun⸗ lungen über die allernatürlichste Religion.

Anmerk. Blackmann stirbt eines sonderbaren To⸗ des. Ich habe für die Wahrscheinlichkeit der Erzählung gar nicht gesorgt.

VI.

VI. Die allernatürlichste Religion in Fragen und Antworten.

Anmerk. Ich sollte dies schreiben können und wollen. Darum hat mir Gott mein Leben gefristet. Das weis ich. Dies einzige Hauptstück wird einst (wenn ich ferner lebe) verbessert und vervollständigt herauskommen. Wagen aber durft ichs nicht, drüber hinzusterben. Doch, warum das Aergerniß mit Penson und Blackmann? Ich will verblümt antworten. Man kann nicht auf Triebsand fest bauen, ohne Voranstalten.

43) Etwas von der Liebenswürdigkeit Jesu.

44) Etwas von Jesu und der Apostel Sittenlehre.

45) Das Evangelium, oder die fröhliche Botschaft von dem Allvater.

46) Erste weltkundige Geschichte des Evangeliums.

47) Kurzer Inhalt des Evangeliums, oder der Christuslehre.

48) Beweis und der jetzund rathsame Vortrag des Evangeliums.

49) Die christliche Gottseligkeit.

50) Etwas von den Christgenossen.

Man=

Mancher der (in 49.) das Gebet an den Herrn Jesum lieset, wird sich sehr wundern, daß Eine der deutlichsten Hauptsachen des Evangeliums — in so vielen 100 Jahren — gänzlich — und fast allenthalben — verkannt ist. In Jesu Namen zu Gott beten — ach das bedeutet sehr viel Trostreiches — sehr viel der menschlichen Natur Angemeßnes — was die Apostolischen Gemeinen wohl wußten, und die spätern gänzlich verlernt haben. Ich sah schon lange Dämmerung dieses Lichtes; aber spät gings mir ganz auf. Gelobt sey der Ewige, welcher zu unserm Heile, zu unserm Troste im Leben und Sterben, Eins ist mit Jesu, und als ein Jesus (ein Seligmacher) erkannt und angebetet seyn will. Gelobet sey Jesus, der Gekreuzigte, der Auferstandene, der in die Himmel Erhabne, dessen Bruderliebe zu uns, durch ihre Harmonie mit der Barmherzigkeit und Liebe Gottes, allwissend wirkt und allmächtig!

Und

Und nun, mein Buch, du beſter Sohn meines Geiſtes, geh zu deinen Leſern! Ih=rer ſind nicht Viel! — Unter den Weni=gen findeſt du, (aber ach wie ſelten!) die, deren ganzes Geſchäft iſt — Vormund=ſchaft für die Menſchheit — im engen, im weiten Bezirke. Entweder auf Für=ſtenſtühlen — oder in dieſer und jener Brüderverſammlung — oder am Schreibpulte, wo zwey der ſchönſten und ehrwürdigſten Schweſtern, die jemals ge=weſen ſind (und ſich einander nicht entbeh=ren können) — Vernunft und Offen=barung — ihnen beſtändig zur Seite ſtehn!

Unter den erſten iſt:

L. F. F.

H. D.

Landesvater zu A. D.

Wie sehr Er es ist, weis zwar am besten das Land und das dortige Ph . . . . t. Aber gar nicht unbekannt ist es auch in vielen Ländern.

Wohin Er kömmt, gewinnt Er sich Herzen. Und in der Zurückhaltung ist Er doch weniger geübt, als die meisten Fürsten. Denn Er glaubt es nicht zu bedürfen.

Wenn Sein geliebtes Volk Ihm Zeit übrig läßt; so liebt Er die Lectüre, und benutzt die Jagd; diese, um den Leib, jene, um die Seele gesund zu erhalten. Darum ist Ihm ernsthafte Belehrung lieber, als bloß behagender Witz, ob Ihm gleich auch dieser lieb ist zu gewissen Zeiten.

Du kömmst also vor Ihn. — Bey Seinem Namen vergißt die Ehrerbietung gern, daß Er ein Durchlauchtigster ist. Und das verschuldet Er selbst.

Weißt du, mit welcher Miene du Ihm erscheinen mußt? Mit der Miene des devotesten Danks und des ehrerbietigsten Vertrauns.

B

trauns. — Das hat dieser verehrungs-
würdige Er um deinen Vater verdient, in
Schicksalen, die nicht immer gleich seyn
konnten.　Er wird dich gut aufnehmen
— Er wird, ob Er gleich selbst es weiß,
doch Rathgeber suchen und finden, was
von deinem Nutzbaren, Ihm oder Seinem Lande — schon jetzund — nutzbar sey.
Ist Ihm Dieses und Jenes an dir (oder
vielmehr an deiner Erzählung von Penson
und Blackmann) weniger gefällig; so sprich
bescheiden und nicht verzagt: Wer weiß es
besser, als Du, Gnädigster, daß
mein Vater fehlen kann?

Doch was fürcht ich? Er denkt und
lebt nach der Rechtgläubigkeit Seines Gewissens; und haßt nicht die Freymüthigkeit
der andern.

Um Schutz für dich sollst du keinen
Sterblichen anflehn. Wohl dir, wenn du
gemishandelt scheinst! — Und für deinen
Vater sey unbekümmert!! Er ist vergnügt,
wenn nur Einige aus Achtsamkeit auf das,
was du sagst, deiner und seiner vergessen.

I. Das

I. Das bürgerliche Leben und der Staat.

1) Patriotismus und bürgerliche Zufriedenheit.

Wie leben diejenigen **Völker**, die **keine Obrigkeit** haben? — In der gar nicht wünschwürdigen rohen Freyheit; nicht zahlreich, sondern sehr zerstreut, auch in den fruchtbarsten Ländern; sie leben von Fischerey, Jagd, Viehzucht und sehr geringem Ackerbau; ohne Handwerke, Künste, Wissenschaften und Religion; entweder höchst armselig und einförmig, oder (wenn sie einen Besitz haben) in der größten Unsicherheit vor groben Beleidigungen, und in fast beständigen kleinen Mordkriegen, wenn sie Nachbaren haben.

Welches soll der **Zweck der Regierung** seyn? — Die innerliche und äußerliche Sicherheit des Volks, und überhaupt das gemeine Beste desselben, in diesem menschlichen Leben aller und jeder Stände.

Es ist also wohl nicht das **Volk** um der Regierung oder **um der Regenten willen?** — So wenig, als das Haus des Dachs willen ist.

Aber

Aber, es muß doch wohl ein Hauptzweck
der Regierung seyn, daß die Bürger und ihre
Nachkommen, auf dem Wege der Rechtgläu=
bigkeit, ewig selig, und durch Unrechtgläubig=
keit nicht verdammt werden? — Nein! Son=
dern dieser Grundsatz ist ein Europäischer Wahn=
sinn gewesen von Constantins bis auf unsre Zei=
ten. Dieser Wahnsinn hat manchen Thron er=
schüttert, Königsmorde veranlaßt, Untersuchung
und Wahrheit unterdrückt, die Stockmeister und
die Henker beschäftigt, und (die Indien mitge=
rechnet) sehr vielen Millionen Menschen, und
mehrentheils auf die erbärmlichste Art, das Le=
ben gekostet. Nach der Apostel Lehre aber sollen
wir sogar mit Heiden und Juden, unter dem
Schutze der Obrigkeit, ein geruhiges und stilles
Leben führen, und den Arm der Obrigkeit nicht
reizen, die Menschen in die Straße der Recht=
gläubigkeit hineingeisseln zu lassen.

Welchen Schriftstellern müßte man ra=
then, einige Jahre unter die Wilden zu gehn,
daß sie klüger würden? — Den unbesonnenen
Lobpreisern des rohen Zustandes, in welchem
man sein Weib den Gästen anbietet, wie in
Grönland; Eltern, Kinder und Brüder sich
einander verkaufen, wie in Guinea; wo die Kunst
verstanden wird, die Haut der Hirnschädel ganz
abzunehmen, ohne den Menschen zu tödten; wo
man Gelegenheit hat, ein Stück seines eignen
Leibes braten und essen zu sehn, oder seinen abge=
schnitt=

schnittnen Finger in die Tobackspfeife stopfen zu
lassen, wie in Canada und bey den Caraiben.

Was ist denn **Wahres in den Lobeser:**
hebungen solcher Völker? — Wo kein
Geld ist, da ist auch kein Geiz, kein Proceß,
und kein Dieb. Wo Jeder thut, was er will,
und leidet, was er muß; da ist keine Contribu=
tion, keine Accise, und keine Contrebande. Wo
eine Nation die andre mördrisch beschleicht und
überfällt, da ist kein Soldat. Und, wo kein
Gott geglaubt wird, da ist keine Spanische In=
quisition, da widerruft man keine Edicte von
Nantes, und da ist es erlaubt, in Glaubenssa=
chen auf mehr, als auf dreyerley Art zu irren,
welches, wenn man Vollbürger seyn will, in
H. R. R. D. N. bisher verboten ist.

Was richten die **Lobpreiser der rohen**
Wildheit aus? — Sie ändern in Europa
nichts Anders, als daß ihre gläubigen Leser das
Europäische Gute weniger schmekken, und die
Lasten, die sie ohne Aufhören forttragen, mehr
fühlen.

Womit hat der so sehr gerühmte **Patriar:**
chalische Zustand der Menschen einige Aehn=
lichkeit? — Mit dem Zustande unter einem
Pohlnischen Edelmanne, der 300 Sklaven aus=
rüsten kann, wie Abraham, oder 400, wie Esau,
oder so viele, daß die Söhne, (wie Simeon und
Levi) alle Bürger eines benachbarten Städtchens
erwürgen können, ohne ein Gericht zu befürchten.

B 3

Wie

Wie schreibt und redet und denkt ein Wahr=
heit=kennender Menschenfreund von dem
Schickfale der Nationen, besonders der
feinigen? — Er ist weit besser, als es un=
ruhigen Köpfen und ihren gläubigen Lesern scheint.
Dafür hat der Allvater gesorgt, und wird ferner
forgen.

Warum müssen wir in beschwerlichen Din=
gen auch alsdann gehorchen, wenn es scheint,
daß die Vergehung verborgen bleiben wür=
de? — Erstlich weil dieser Schein öfter trügt,
als nicht trügt; zweitens weil ein Uebertreter ein
oft beunruhigtes Gewissen hat; drittens, weil
jeder Unterthan versprochen hat, zu gehorchen,
und, wenn er Treu auf Glauben zu brechen ge=
wohnt wird, kein zuverläßiger Mensch mehr
bleibt; viertens, weil jeder ungehorsame Unter=
than, der sich den aufgelegten Lasten entzieht, die
Last der gehorsamen erschwert, welches mit der
Billigkeit streitet.

Ist es patriotisch, unser Vaterland, unsre
Regierungsform, unsre Sitten, unsre Schrift=
steller (u. s. w.) zum Verdrusse Andrer prahle=
risch und unhöflich in Gesprächen und
Schriften vorzuziehn? — Das soll nicht
einmal geschehn, wenns auch mit Wahrheit ge=
schehn kann. Gutes kann daraus nicht erfolgen.
Böses, bis auf Blutvergießen, ist schon oft dar=
aus erfolgt. Die beste Ausweichung bey solchen
Gesprächen, wenn sie unangenehm werden, ist:
Du,

Du, mein Freund, haft Gelegenheit ge=
habt, das Gute in deinem Lande, ich
aber in meinem Lande, genauer kennen
zu lernen.

> Anmerk. Eben so unnütz und oft schädlich sind die
> Disputationen für die neuen oder alten Schrift=
> steller; für den Vorzug der Wissenschaften und
> Professoren auf Universitäten, oder verschiedner
> Prediger in einer Stadt. Ich lese Klopstock lie=
> ber als Milton und Bodmer. Ich kanns aber
> leiden, daß Andre anders empfinden.

Welches ist unser natürliches Vaterland?
— Wo wir die erste Bildung bis an die männ=
liche Jugend bekommen haben. Hingegen ist
unser angenommnes Vaterland, wo wir bür=
gerlichen Gehorsam, oder gar Amtstreue ange=
loben.

Hat das natürliche oder das angenommene
Vaterland den Vorzug, wenn die Pflich=
ten in Streit kommen? — Das ange=
nommne. Denn da ist ein freywilliges Verspre=
chen geschehen. Das Versprechen der auswärts
angeworbenen Kriegsmänner sollte also immer
ganz freywillig seyn.

Darf man sein Vaterland wider das
Verbot der Gesetze verändern? — Nicht
ohne die äußerste Noth. Aber die Intoleranz
und andre Unterdrückung der Menschenrechte
können Ausnahmen machen. Noth hat frey=
lich wohl Gebot. Denn auch in Noth ist

Thun

Thun und Laſſen in unſrer Macht. Aber Noth, wahre Noth, hat ein etwas anderes Gebot, wie der gewöhnliche Zuſtand.

Könnte denn nicht das Regiment an manchen Orten beſtehn mit geringerer Belaſtigung des Volks? — Das kann wohl ſeyn. Aber welche menſchliche Einrichtung kann nicht vollkommner gedacht werden? — Wer nicht Verſtand, Gelegenheit und Freymüthigkeit genug hat, Rathgeber der Großen zu ſeyn; der ſoll ſich und Andre mit ſolchen (obgleich wahren) Gedanken nicht unterhalten. Ein merkwürdig Exempel der Gedankenpflicht.

Was würden diejenigen, die über die Regierungsform, und über die Abgaben, und über den Zwang zum Soldatenſtande murren, bald erfahren, wenn ſie in andre Länder zögen? — Daß es daſelbſt in einigen Stükken beſſer, in andern Stükken ſchlimmer iſt, und Eins das Andre ſo ziemlich erſetzt.

Wie erfahren wir, welche Perſon oder Geſellſchaft die höchſte Obrigkeit ſey, wider deren Willen wir den Unterobrigkeiten nicht gehorchen müſſen; und wie erfahren wir, was ſie von uns wolle? — Aus der öffentlichen unwiderſprochnen Sage, aus Edikten (u. ſ. w.) Hier iſt es Pflicht, ohne allen Zweifel zu glauben, damit wir uns auch einen beſchwerlichen und doch willigen Gehorſam erleichtern, obgleich
ein

ein Grübler mit seinem thörichten **Vielleicht**
uns manche schwer beantwortliche Einwürfe ma=
chen könnte.

> Anmerk. In der vernünftigen Welt werden viel
> tausend Dinge glaubwürdig, zuverläffig, wahr
> und wirklich genannt, wenn ihre Wichtigkeit und
> Wahrscheinlichkeit groß genug ist, um mit Zu=
> verläffigkeit darnach zu handeln, und sich bey
> den erdenklichen Zweifelsgründen keinen Augen=
> blick aufzuhalten.

Wer ist ein eingeschränkter Monarch?
— Derjenige, welcher versprochen hat, Nichts
zu befehlen, was wider verschiedne Staatsgrund=
gesetze ist, oder alsdann keinen Gehorsam zu er=
warten, oder den Ungehorsam nicht zu ahnden.

Wer ist ein unumschränkter Monarch?
— Der gar nichts versprochen hat, als was sich
von selbst versteht, kein Tyrann zu seyn, und
nicht blutdürstig zu handeln, wenn sein Volk
ihn für blödsinnig oder wahnsinnig erklären muß,
und eine Zwischenregierung verordnet.

Warum sollte an den Höfen der erblichen
Reiche sehr vorzüglich auf sittliche Grundsätze
und Reinheit der Sitten, und auf Ehrbar=
keit des andern Geschlechts gehalten werden? —
Erstlich, weil an der Ueberzeugung des Volks,
daß ein benamtes Kind vom Hause diesen Na=
men mit Recht trage, so viel gelegen ist; zu ge=
schweigen, daß auch im Privatstande der Ehe=
bruch des andern Geschlechts von weit schreckli=

chern

chern Folgen ist, als der Ehebruch des ersten;
zweitens weil Sitten sich weit gewisser forterben,
als das Blut.

> Anmerk. Solche und andre Grundsätze: wenn ich
> einen Herrn haben muß, was liegt mir dar-
> an, ob er a heiße und b sey: sind aus der As-
> terphilosophie unsrer Zeiten. Es ist ja nicht die
> Frage, was Dir besonders daran liege, sondern
> ob die Meisten nicht anders denken, und ob diese
> Gedanken der Meisten nicht werth sind, beybe-
> halten zu werden.

Welcher Staat ist eine Republik? — Wo
ein Collegium das Recht des Monarchen hat,
und wo es gewissen Ständen zukömmt, das regierende Collegium (wenn es nicht erblich ist) zu
erwählen.

Wie vielerley Regierungsformen sind
da, oder lassen sich erdenken? — Sehr vielerley, durch Mischung monarchischer und republika-
nischer Rechte, kurz, nach Verschiedenheit der
Staatsgrundgesetze.

Welche Regierungsform kann die beste
werden, wenn der Hof der Allvaterlehre gemäß handelt, redet und denkt? — Die unum-
schränkte Erbmonarchie.

> Anmerk. Diese Allvaterlehre ist die sogenannte na-
> türliche Religion, oder der Satz: Gott richtet
> hier und dort die Menschen nach der Ge-
> meinnützigkeit oder Gemeinschädlichkeit ihrer
> Thaten, Absichten und Neigungen. Dieser
> Satz leidet sehr viele und ganz verschiedene Ne-
> benlehren. Davon weiter unten. In solcher
> Erbmo-

Erbmonarchie ist, mit Willen des Monarchen, die Regierung doch immer größtentheils (den Staat N. N. und N. N. und N. N. ausgenommen) in den Händen der Collegien erfahrner Männer. Der Monarch sagt nur: Besser so, als wirksamer Zank und Unruhe. Ein Parlament aus allen Theilen und Ständen des Reichs, welches gar kein Recht zu entscheiden, sondern nur zu benachrichtigen, hätte, und zwar vor den Ohren des Monarchen, wäre vielleicht in solchem Staate nicht übel. Der Grund, warum diese Regierung die beste werden kann, ist, (nebst andern Ursachen) die natürliche Maxime eines uneingeschränkten Monarchen: Unter allen meinen Unterthanen soll die mindstmögliche Ungleichheit der Rechte seyn.

2) Unruhige Zeiten und Krieg.

Welcher Zustand eines Staats ist schlimmer, als die schlechtste Regierungsform, wenn sie auch sehr gemisbraucht wird? — Die Anarchie, der innerliche Krieg, oder der oftmalige Wechsel der Regenten, besonders wenn vorausgesehn wird, daß die mehrentheils blutige Gährung sich durch keinen bessern Zustand endigen wird, als der vorige war.

Welches Recht hat ein Volk gegen eine Regierung, welche in wichtigen Dingen gegen die Staatsgrundgesetze, oder überhaupt sehr allgemein-misfällig, regiert? — Das Recht, von seinen weisen Vormündern untersuchen zu lassen, ob solche Abweichung gemeinschädlich und unerträglich

träglich werde und bleibe, oder ob sie nicht vielleicht gar wünschenswürdig sey. Im ersten Falle
hat das Volk ein Recht, die Folgen seiner Wider-
setzlichkeit zu schätzen nach der vierfachen Wahrscheinlichkeit, ob sie erfolgen, wie viel Menschen sie
betreffen, wie wichtig sie jedem sind, und wie lange
sie dauren; wobey dennoch in Betrachtung kömmt,
wie theur der gehoffte Vortheil erkauft werden muß.

> Anmerk. 1) Eine jede Provinz, die sich selbst in
> dergleichen Fällen vermeint helfen zu können,
> nimmt den Namen eines Volks an. 2) Es gibt
> sonderbare Capitulationspunkte, z. E. nur einem
> Constantinopelschen, Römischen, Wittenbergi-
> schen, Schweizerischen, Hochkirchlichen, Claus-
> senburgischen Glauben zu haben, seit Lebens rein
> und unverändert zu behalten, und alle andre
> Glaubensverwandte entweder nicht zuzulassen,
> oder zu verjagen, oder mehr und weniger zu
> drükken; und ihnen keine Kirche zu erlauben,
> oder zwar Kirchen doch keine Thürmer, oder
> zwar Thürmer, doch keine Glokken, oder zwar
> Glokken, doch kein Geläute; oder ein veto mehr
> zu achten, als tausend andre Stimmen, u. s. w.

Wen kann man mit Recht für einen Tyrannen halten? — Ders so gemacht hat, daß
er gewiß verlohren ist, wenn anfangs auch nur
der 10te oder 20ste Theil des Volks gegen ihn die
Waffen zu ergreifen, Gelegenheit hat.

> Anmerk. Einige Exempel einer großen Beleidi-
> gung gewisser Privatpersonen oder Privatstände
> machen keinen Tyrannen in der politischen Be-
> deutung des Wortes.

Warum

Warum ſind die Lehrer und Bücher nicht zu
dulden, die den Tyrannenmord (der durch
Ueberfall und Privatgewalt geſchieht) anrathen?
— Aus folgenden Urſachen: 1) Kein Regent
iſt ſo gut und weiſe, daß er nicht von einigen We-
rigen ſollte für einen Tyrannen gehalten werden.
2) Kein Menſch, der nicht raſend oder wahnſin-
nig iſt, kann ſo Etwas thun, mit einer feſtſte-
henden Selbſtbilligung der That. 3) Würden
ſolche unbeſonnene Lehrer gehört; ſo geſchähe es
bald, daß Europa von Großveziexen mit wak-
kelndem Kopfe regiert, und von Wollüſtlingen
und Grauſamen mit Serail ⸗ Befehlen geplagt
würde.

Was ſoll eine Staatsregierung thun an einem Menſchen, der jetzund nicht Regent iſt, deſſen Leben aber, wegen ſeiner Geburt und vorigen
Umſtände, und wegen der Lage des Volks, ein
gewiſſer **Mittelpunkt des Aufruhrs und des
Blutvergießens** bleibt, und der alſo (wenn
er weiſe und gottſelig genug wäre, wünſchen ſollte,
nicht zu leben? — Sie darf und ſoll den Wunſch
erfüllen, den ein ſolcher Unglücklicher haben ſollte,
wenn der Zweck der Sicherheit ſonſt nicht kann
erhalten werden.

Wodurch werden mehrentheils tyranniſche
regierende Regenten? — Durch übertyran-
niſche **Rathgeber.**

Welche Art des **Rechts,** verſchont zu werden,
hat ein ſolcher? — Das Recht eines Sterblichen,

lichen, der, bey mislingender Unternehmung gegen ihn, nur desto ärger und gemeinschädlicher wird.

Darf Jemand, wider den Willen der höchsten Obrigkeit Staatsveränderung befördern? — Nicht aus Rache, Herrschsucht, Gewinnsucht und Ruhmsucht; sondern allenfalls aus Gewissenhaftigkeit und Liebe zu seinem unterdrückten Volke, mit dem Vorsatze, den Erfolg einer mislingenden Unternehmung heldenmässig zu ertragen.

>Anmerk. Die Vorsehung und Zulassung Gottes regiert nach Regeln, die wir nicht verstehn, auch aus der Geschichte nicht lernen können. Der Einzige seiner Art in unsrer Zeit mußte sich und Viele dem Ausfalle zweyer Loose unterwerfen. Auf dem einen stund: Rebell, Insurgent, und auf dem andern: Held, Retter seines Volks, Freund der Majestäten, Stifter eines Ordens!

Wer ist ein Held? — Wer mit Tapferkeit in wissentlicher großen Gefahr wahre Menschenwohlfahrt zu retten sucht, und wahrscheinlicher Weise auch fähig ist.

>Anmerk. Der Heldenmuth ist selten bloß auf Gewissenhaftigkeit, oder bloß auf Menschenliebe, oder bloß auf Beydes gegründet. Oft trägt Ruhmliebe Viel dazu bey, oft andre Hoffnung, oft die Nothwendigkeit vorwärts zu gehn, weil man nicht mehr still stehn, vielweniger rückwärts kommen kann.

Wie

Wie müssen wir uns verhalten in unruhigen Zeiten des Staates, wenn Partheyen sind, und Niemand recht weis, wer aufgehört oder angefangen hat, höchster Regent zu seyn? — Haben wir alsdann zu Heldenthaten keinen Beruf oder keine Gelegenheit: so gehorchen wir mit Recht, an jedem Tage, demjenigen, der Gewalt über uns hat. Denn das abgedrungne, oder damals nicht verstandne, Versprechen, beständig zu bleiben, ist unerfüllbar. Niemanden ist damit gedient, daß wir wider den Stachel ausschlagen, ohne ihn zu zerbrechen oder abzustumpfen.

Erinnre dich einiger Trostgründe eines Menschenfreundes wider die bleibende Gefahr vor Kriegesnoth, und wider die Lasten einer beständigen Zurüstung zum Kriege! — 1) Der Kriegsstand bessert manchen ruchlosen gefährlichen Menschen bis auf einen gewissen Grad, und macht ihn unfurchtbar für die Unschuldigen. 2) Hörte die Gefahr des Krieges von aussenher auf; so würde ein viehisch wollüstiges Hofleben, Tyranney und Aufruhr zunehmen. 3) Wenn Millionen durch Krieg leiden; so leidet doch ein jeder Einzelner nur den millionsten Theil des ganzen Elendes. Und dieser ist nicht größer, als andre Arten des Leidens der Einzelnen. 4) Ohne stehende Armeen wären die Kriege ganzer Nationen viel unregelmäßiger, boshafter und blutiger. 5) Die meisten im Kriege Sterbenden leiden in der That nicht mehr, als die auf dem Krankenlager.

lager. 6) Ohne Krieg würde das weibliche Ge=
schlecht, dessen ein Theil am Kindergebähren
stirbt, zu selten werden für die Zahl der Männer,
und also mehr Vielmännerey, oder von der schlimm=
sten Art des Ehebruchs seyn.

Wird die Zeit kommen, da kein Krieg
mehr bevorsteht? — Nein. Denn die Schlä=
gereyen und Prozesse unter Privatpersonen hören
nicht auf; die Herrschsucht stirbt nicht aus; das
Recht eines Staates gegen den andern ist oft=
mals zweifelhaft und wird partheiisch beurtheilt;
aus Funken am unrechten Orte werden immer
Feuersbrünste.

Welches ist von beyden Seiten der Zweck
des Krieges? — Die Hoffnung beßrer Frie=
densbedingungen, als vor dem Kriege angebo=
ten wurden.

Welche Bedingungen scheinen einem Regen=
ten (von gewöhnlicher Menschenart) besser? —
Wodurch er mehr Land und Volk bekömmt,
und jährlich mehr Geld entweder in die Schatz=
kammer, oder zum Aufwande, besonders auf
Soldaten.

Anmerk. Dadurch hofft er, künftig keinen andern
Krieg zu haben, als welchen er selbst will; das
ist, entweder immer seinen Willen bey andern
Staaten durchzusetzen, oder sie angreifen und
fast oberherrschaftlich strafen zu können. .

Welcher Krieg ist einem gewissenhaf=
ten Regenten gerecht, und darum rathsam? —
Der=

Derjenige, der gerechte Ursachen hat, und dar=
um rathsam ist, weil er, wahrscheinlicher Wei=
se, seinem Volke durch den darauf folgenden Frie=
den eine solche Verbindung mit andern Staaten
schaffen wird, welche ihm besser ist; als der
ietzige Zustand.

Welcher Krieg hat gerechte Ursachen? —
1) Der Krieg gegen ein Räubervolk, oder gegen
einen Raubmonarchen, wie Alexander der Kleine
den Indianern war. 2) Der Krieg zur Erhal=
tung oder Wiederherstellung eines unentbehrlichen
Gleichgewichts in dem Staatensysteme. Hierbey
hat das juristische Recht oder das Deductions=
recht (welches überdieß mehrentheils eine Spie=
gelfechterey ist) Wenig oder gar Nichts zu sagen.
3) Der Krieg in sonderbarer und seltner Noth,
der einem Staate unentbehrlich ist, weil er sonst
durch innerliche Gährung und Aufruhr umkom=
men wird, besonders, wenn der bekriegte Staat
zur Gährung Etwas beyträgt. 4) Der Krieg,
der die Absicht hat, einem andern Staate auf
die Finger zu klopfen, der sich nicht gescheut hat,
unsern Mitbürgern ein unerträglich Unrecht zu
thun, und nicht nur die geforderte Genugthuung
abschlägt, sondern auch die Repressalien als Krieg
behandelt. 5) Der Krieg, worein man, um
ein unentbehrlich Bündniß zu machen oder zu un=
terhalten, oder ein Versprechen zu erfüllen, hin=
eingezogen wird. 6) Die letzte und kleinste Ur=

C   sache

sache eines gerechten Krieges ist für alte, wahre
und nicht abgemachte Prätensionen des Mo=
narchen an andre Länder, vorausgesetzt, daß
man einsieht, daß ihm von der andern Seite
dies Recht bloß aus Habsucht und Herrschsucht,
nicht aber aus vernünstiger Besorgniß eines ge=
störten Gleichgewichts, versagt wird.   Dies aus
der Zeugung von Ur=Ur=Ur=Großvater abgelei=
tete Juristenrecht gilt allerdings in den Fällen,
wo wichtigere Völkerrechte schweigen.   Man
sollte doch aber bey diesen Kriegen für das Cor-
pus Juris die Artikel nicht vergessen von den
Verträgen, von den Abtretungen und von den
Verjährungen. (Sat prata biberunt.)

> **Anmerk.** Es giebt Kriege, die von beyden Seiten
> gerecht sind, aber mehr sind von beyden Seiten
> ungerecht.

Warum muß ein Unterthan sich nicht damit
beschäftigen, **das Recht des,** von seinem Re=
genten befohlnen oder geführten, **Krieges zu be=
urtheilen?** — Weil er es nicht versteht, in=
dem viele Umstände von ihm nicht untersucht wer=
den können; weil es zu Nichts hilft, und er un=
terdessen etwas Beßres vornehmen kann.

Wer hat Recht, sich in den **Kriegsstand zu
begeben?** — Wer sich darinnen am gemein=
nützigsten für Menschen zu beschäftigen glaubt.
Denn wenn nicht genug freywillig hineinkom=
men: so zwingt der Regent desto mehr Un=
freywillige.

Wel=

Welchen Schaden muß der Kriegs=
mann nicht thun? — Der ihm nicht befoh=
len, oder kein taugliches (und nicht das gelinde=
ste) Mittel ist, das Befohlne zu erfüllen.

Darf ein Staat, Truppen für Geld über=
lassen? — In gewissen Umständen. 1) Wenn
es ihm an Truppen mangelt, die Uebung und
Erfahrung gnug haben. 2) Wenn der Handel
zugleich entweder eine Folge oder eine Ursache ei=
nes nützlichen Bündnisses ist. 3) Wenn nicht
Geiz, Wollust und Prachtliebe, sondern dieses der
Zweck ist, bey der Größe der Staatsschulden, vie=
len tausenden, zu sehr gedrückten Menschen, ihre
Last zu erleichtern.

Anmerk. Auch Bergwerke, Schiffarth und Sumpf=
arbeit verkürzen vielen Menschen das Leben.

Welchen Grund haben alle, unter den Staa=
ten gleichsam verabredete, Rechte des Krie=
ges? — Diesen, daß durch Beobachtung der=
selben sich beyde kriegführende besser befinden,
als wenn solche Abreden aufhörten.

Durch welchen Vertrag sollten die Rechte
des Krieges erweitert werden? — Durch
ein beständiges allgemeines Cartel, die Ueber=
läufer im Frieden und Kriege auszuliefern, we=
nigstens nicht in Dienste zu nehmen.

Ist es denn recht, solche Menschen, welche
während der Ausübung eines Meineides sich zum
neuen Eide anbieten, wieder in Eid zu neh=
men?

C 2

men? — Es wird für recht gehalten, weil man die Wichtigkeit des Eides nicht bedenkt. Mich dünkt, es könnte gnug seyn, daß ein solcher Ueberläufer sich feierlich der Strafe der Desertion unterwirft.

Ist es recht, einen solchen **Spion**, der es nicht für Geld, sondern aus Patriotismus und Heldenmuth für seinen Staat ist, **für dies gute Werk zu hänken?** — Eben so recht, als auf einem Vorposten eine Schildwache, die recht fleissig Acht giebt, zum Schweigen zu bringen.

Darf man die feindlichen **Landesverräther** und eidbrüchige Correspondenten **belohnen?** — Ja, so lange es kein verabredetes Kriegsrecht ist, es nicht zu thun. Denn im Kriege ist es erlaubt, Alles, was der Feind uns zum Schaden thut, nachzuahmen, wenn er sonst dadurch stärker, und wir schwächer würden.

Was sollte Jemand, der die **Absicht der Desertion** hegt, bedenken? — 1) Ist sie recht. 2) Wie lange quält und beunruhigt mich der Gedanke schon vor dem Versuche? 3) Wie unwahrscheinlich ist nach der Erfahrung der glückliche Erfolg, wie wahrscheinlich mein Unglück? 4) Wenn sie gelingt, bin ich denn viel besser dran, und welche Unschuldige ziehe ich ins Unglück? 5) Wäre es also nicht besser auf Mittel zu denken, in meinem jetzigen Zustande mein Schicksal zu erleichtern?

3. Reli-

3. Religion und Toleranz im Staate.

Welche ist die beste Stütze der schweren Krone? — Die Bürgerreligion des Regenten und des Volkes. Deren Inhalt ist: Die Gottheit richtet hier und dort die Menschen nach der Gemeinnützigkeit oder Gemeinschädlichkeit der Thaten, der Absichten, der Neigungen.

> Anmerk. Den Inhalt dieser Religion lasse der Staat alle Bürger lehren, nach einer Form, das von hernach ein Mehres. Dann erst ist eine vollkommne Toleranz möglich der Kirchen und Sekten, die eine Offenbarung (und wie ich selbst überzeugt bin, mit Recht) glauben, aber sich theils über den Sinn derselben streiten, theils über die Männer in Rom, oder in Constantinopel, oder über die Concilien, die, wie man sagt, der Rechtgläubige (anstatt Aller) soll denken lassen.

Warum soll der Staat auch nicht einmal die Atheisten hart behandeln? — Weil das Aufsehn, wie auf andre unnatürliche Sünden, schadet; weil Härte doch Niemanden bekehrt; und weil sie sich, durch die nöthige Androhung der Verheimlichung ihrer Personen, schon schlimm befinden, besonders wenn sie das Unglück hätten, mit Mehren von ihrer Art an eben demselben Orte verheimlicht zu werden.

> Anmerk. Der sonderbare Schluß einiger Atheisten mag wohl dieser seyn: ein solcher, sich widerspre-chende, Gott, als der Haufe dieser und jener Geistlichkeit glaubt und lehrt, ist nicht; also ist

kein

kein Gott; also muß ich die vor Augen liegenden Wirkungen, die man Gott zuschreibt, der Natur zuschreiben, oder dem Fatum, oder dem Ohngefehr. Die Verirrten bedenken nicht, daß dies lauter Nominaldinge, oder Namen ohne Wesen sind, und also niemals Etwas zu wirken vermögen.

Wie schikken sich die beyden Wörter, herrschende und Religion, auf einander? — Wie die Faust aufs Auge. Die Kirche (welche Blinden das Gesicht geben soll) ist durchs Herrschen blind geworden, hier mehr, dort weniger.

Welche waren sonder Zweifel die besten christlichen Kirchen? — Die ersten.

Welcherley Privatgesellschaften waren diese? — Liebreicher und barmherziger Brüder, die sich unter einander verbunden hatten, sehr gehorsame Unterthanen unter Obrigkeiten von allerley Religionen zu seyn; unter einander, durch Lehren, Zuhören und gemeinschaftliche Dienstleistung, Gutes zu thun und zu geniessen; Andre gern aufzunehmen, die daran Theil haben wollten; die Ohngötter, Götzendiener und Juden als Mitbürger zu behandeln, wenn die Obrigkeit sie leidet; wegen des Glaubens, des Bekenntnisses und des Abfalls die Obrigkeit nicht gegen ihre Mitbürger zu reizen; nie zu verfolgen, aber, wenns nöthig wäre, Verfolgung zu leiden, wegen der Lehre und Nachahmung ihres Herrn und seiner Jünger. Kurz, die Kirche war

war in Vergleichung mit dem Staate, eine Art Freymäurergeselischaft, nur daß sie, so viel ich weis, keine verheimlichte Statuten und keine verschloßne Thüren hatten.

Was hätte der Welt, besonders der gelehr= ten Welt, gefehlt, wenn die Kirchen, so un= abhängig von einander, unter dem Schuße der Obrigkeit, dasselbe geblieben wären, bis auf den heutigen Tag? — Sehr viele Dinge hätten uns alsdann gefehlt. Unter andern das Concilium zu Nicäa und zu Syrmium, Grego= rius VII, Alexander VI, Hussens Scheiterhau= fen, die Spanische Inquisition, die Verände= rung der Augsburgischen Confession, der gebra= tene Servetus, Düc D'Alba, die parisische Bluthochzeit, der letzte Aufstand in London ge= gen die keßerischen Catholiken, und wenn man das (von christlichen Spaniern nach) päbstlichem Geschenke unmenschlich entvölkerte Amerika mit= rechnet) die Hälfte des Blutvergießens seit Con= stantins Zeiten, und ein gutes Theil der Scharf= richter = Arbeiten.

Wenn der Staat in dem unwiderstehlichen alten Herkommen, keinen Mitregenten mehr hätte, welchen Kirchenverwandten oder Sectenverwandten müßte alsdann das ganz vollständige Bürgerrecht und Stan= desrecht ertheilt werden? — Allen, die erstlich ihre Kinder (unter Aufsicht des Staates)

C 4   beleh=

belehren und überzeugen ließen, daß Gott die
Menschen hier und dort richte nach der
Gemeinnützigkeit oder Gemeinschädlichkeit ihrer Thaten, Absichten und Neigungen; und die zweitens alle und jede, auch
die kriegerischen, Bürgerpflichten zu leisten, ver-
sprächen; und drittens, die, wenn sie die zahl-
reichsten wären, die Obrigkeit nicht zur Verfolgung der andern reizen würden.

> Anmerk. Jener Satz, mit seinem bürgerlich er-
> läutertem Inhalte, ist die ganze jetzund noth-
> wendige Bürgerreligion, da das Heidenthum
> aufgehört hat. Uebrigens sey dem Staate gleich-
> gültig ein Beschnittener und ein Getaufter, ein
> Anbeter eines drey-einigen, und ein Anbeter ei-
> nes ein-einigen Gottes! Fromme Wünsche!

Welche Sekten müßten nur geduldet,
in eine gewisse Zahl eingeschränkt, nicht mit dem
Vollbürger-Rechte begabt werden? — Diejenigen, welche durch ihre Religion verpflichtet
sind, keine Kriegsdienste zu thun, bey mancherley Gelegenheiten, Geld aus dem Lande, (es
sey an den Muffti oder Pabst) zu schiffen; diejenigen, welche, wegen der Menge ihrer Fest-
tage und Geistlichkeit, sich schwerlich gut ernähren; diejenigen, welche im Ernste lehren, daß
Alle, die ausser ihrer Kirche sterben, ewig und
ewig, (und wenns möglich wäre, noch länger),
des Teufels sind, weil Gott so ganz und gar gerecht sey; und welche also, wenn sie die zahl-
reichsten

reichſten ſind, aus herzlicher Seelenliebe, die
Menſchen bis in ihre Kirche hineingeiſſeln, damit wenigſtens ihre Nachkommenſchaft errettet
werde.

Welches iſt das kräftigſte Mittel, die Einigkeit des Glaubens in einem Lande zu unterhalten? — Die ganze Strenge der Spaniſchen
Inquiſition. Dagegen ſind ja das Verbot gewiſſer Bücher; das Verbot, ein Bethaus keine
Kirche zu nennen; die Verſagung des Vollbürgerrechts; die Abſetzung von bürgerlichen Aemtern, und ein wenig Landesverweiſung oder Con-
fiscation, lauter unwirkſame Kleinigkeiten.

> Anmerk. Wenigſtens auf der einen Seite iſt doch
> Vernunft in der Spaniſchen Inquiſition! Da iſt
> doch Mittel und Zweck einander angemeſſen. Ein
> Paar Menſchen jährlich verbrannt! damit ganze
> Millionen nicht ewig in der Hölle brennen.
> Würde die Inquiſition in H.... eingeführt; ſo
> wäre nach Abſterben dieſer Generation nicht zu
> befürchten, daß Reformirt-Denkende und Re-
> formirt-Redende in den erſten Staats-Aem-
> tern ſäßen.

Erinnre dich einiger **Troſtgründe** der (ihres Gewiſſens wegen) **Verfolgten**, Geplagten
und **Eingeſchränkten**? — 1) Es giebt innerliche Selbſtzufriedenheit, des Gewiſſens halber,
Etwas Aeußerliches willig zu entbehren, zu fürchten, zu leiden. 2) Die Verfolgten halten unter einander eine engere Brüderſchaft, die etwas

C 5. Gutes

Gutes wirkt in der Seele und im äufferlichen Zustande.

Welche Dinge heißen zuweilen **Verfolgung,** aber mit **Unrecht?** — Wenn eine Gemeine die Lehrer und Bücher, welche offenbar paradox sind, nicht für die ihrigen erkennen will. In dieser Behauptung (wenn sie thätig angegriffen wird) muß sie billiger Weise von der Obrigkeit geschützt werden, wie die Freymäurer = Gesellschaft, wenn sie sagt: dieser und jener ist kein ächter Bruder, und darf sich nicht in unsre Loge drängen.

Was ist aber eine **Gemeine?** — Eine geschloffene Gesellschaft von Menschen, welche sich zur Einigkeit eines Glaubens = Bekenntnisses verpflichten, und wieder dasselbe nichts zu thun und zu lehren, so lange sie Gemeinglieder seyn und heißen wollen.

Wie vielerley ist die Toleranz? — Dreyerley, die **häusliche,** die **kirchliche,** und die **bürgerliche.**

Wer bestimmt die **häusliche Toleranz,** oder des Umganges? — Ein jeder Mensch selbst oder der Hausvater, z. E. ob er wolle sein Haus an einen Reformirten oder an einen Juden vermiethen, ihm seine Tochter geben, seinem Sohne erlauben, bey ihm in die Lehre zu gehn.

Wer sollte die **kirchliche Toleranz** bestimmen? — Mich dünkt, die Hausväter der Gemei-

Gemeine, nach dem Rath der Lehrer und der Aelteſten, z. E., ob der oder der, welcher ſo oder ſo, lehrt oder ſchreibt, noch ein lutheriſcher Lehrer in ihrer Gemeine heiſſen könne.

Wer beſtimmt die bürgerliche Toleranz? — Ganz allein die höchſte Obrigkeit, z. E., ob, wie viele, mit welchen Bedingungen, im Lande wohnen ſollen, Juden, Menoniten, Herrnhüter, Unitarier, das iſt, ſolche, welche einen nur ein-einigen, nicht drey-einigen, Gott glauben.

Was iſt im eigentlichen Verſtande Religions-Verfolgung? — Nicht die häusliche, nicht die kirchliche, ſondern bloß die bürgerliche Intoleranz. Sie wird aber nicht Verfolgung, ſondern Religionseifer genannt, von denen, welche ſie für klug und recht halten.

Wann werden die unklugen und ungerechten Religions-Verfolgungen aufhören? — Wenn allenthalben, Joſephe, Friederiche, und Franze regieren; wenn ſolche Regenten ſich nicht mehr nach dem alten Herkommen zu richten brauchen; wenn unter Aufſicht des Staats, nicht der Prieſterſchaft, die Kinder aller Bürger in der obgenannten **Bürgerreligion** unterrichtet werden; wenn jede große und kleine Gemeine von einander unabhängig iſt, und jede Chriſtengemeine eine ganz freywillige Brüderſchaft

derschaft wird, wie sie zu der Apostel Zeiten
war. Amen!

Anmerk. Man lese von der Bürgerreligion Mehr
unten IV, 33.

4) Die Gesetzgebung und Staatsverwaltung.

Wo muß man an manchen Orten die Gesetze
zusammen suchen? — Aus den Fürsten-
Verordnungen, aus dem Landrechte, aus dem
Sachsenspiegel, aus den Reichsgesetzen, aus
dem Römischen Rechte, aus dem Canonischen
Rechte, aus dem Herkommen, u. s. w.

Können alle Regenten, deren Gesetze in einer solchen krummen Lage sind, eine grade
Linie daraus machen? — Nein, das ist ihnen
durch Reichsgesetze und Hausverträge verboten.
Auch ist die Sache nicht leicht.

Warum ist den ohnmächtigern Regenten das
Recht der letzten Instanz in Proceßsachen
versagt? — Ich weis keine andre Ursache, als
weil sie ohnmächtiger sind.

Hilft es Etwas, daß die Juristischen
Fakultäten die eigentlichen Richter in einem
ansehnlichen Theile Teutschlandes, in mancherley Proceßfragen, sind? — Etwas. Denn
welches wohlgemeintes Herkommen hilft nicht
Etwas?

Kann man denn wohl die Gesetzgebung be-
stellen ohne das Römische Recht, oder andre
alte,

alte, verlegne, auswärtige Geſetzbücher? —
Man kann ſehr Vieles, wenn man es, ohne
Widerſpruch der Mächtigern, darf; wenn man
es will, und gute Werkzeuge hat.

> Anmerk. In N. N. giebt Richter und Sachwalter
> eine anſehnliche Strafe, wenn er des Römiſchen
> Rechts mit einer Sylbe erwähnt.

Wer muß, bey Anwendung der Geſetze,
mehr auf die Worte des Geſetzes ſehn? —
Der Unterthan und Unterrichter, und der Beamte, der ſeine Inſtruction hat. Hingegen die
Majeſtät, und das höchſte Gericht, welches ohne
Appellation im Namen der Majeſtät urtheilt,
kann ſchon mehr von den Worten abweichen,
und nach der Billigkeit (die aus den, ganz beſondern im Geſetze verſchwiegenen, Umſtänden erkenn-
bar iſt) urtheilen.

Welches Land könnte ſich einer leicht-ver-
ſtändlichen Geſetzgebung rühmen? — Dasjenige, wo ein jeder, der zur Leſerwelt gehört,
durch Hülfe eines guten Lehrers in einem halben
Jahre, lernen könnte, die ganze Geſetzſammlung
verſtehn, und die einzelnen Geſetze, in jedem vorkommenden Falle, ſelbſt auffuchen.

> Anmerk. Wenn man die rechte Ordnung und
> Schreibart wählt, und einen Theil in den an-
> dern am rechten Orte hineincitirt, kann, dünkt
> mich, ein neues Geſetzbuch (eines von fremden
> und alten Geſetzen unabhängigen Regenten) nicht
> 2 oder 3 Alphabete füllen.

2) Alle

2) Alle Jahre in dem Staatskalender die Abänderungen und Zusätze, mit Citation der Hauptstükke laconisch und deutlich!

3) Alle 10 Jahre eine neue Ausgabe des Gesetzbuches, in welche die 10jährige Veränderung, an den gehörigen Orten eingerückt, wäre!

4) Die nöthigen Ausnahmen und Zusätze für gewisse Provinzen, Stände, Beamte u. s. w. kommen nicht ins allgemeine Gesetzbuch, oder stehn so rubricirt, daß sie der, welcher sie nicht zu wissen bedarf, leicht vorbey schlagen kann!

5) Ein alphabetisches Verzeichnis der, in dem Gesetze und in Processen gültigen, Bedeutung der Wörter, scheint mir unentbehrlich, um den Gesetzen und Processen eine unschädliche Kürze zu geben.

6) Die nothwendigen Formalitäten, die, als Zeichen einer vollkommnen Abschliessung eines Vertrages (bey Ehe, Schenkung, Kauf, Pacht, Abtretung u. s. w.) sollen gültig seyn, sind sehr wichtig, und gehören in das Verzeichniß von der Wortbedeutung. Denn ein entflogenes Wort (in einem hernach vergeßnen Zusammenhange) ist kein Vertrag.

Sage einige Mittel, die Processe zu vermindern? — Eine deutliche Gesetzgebung; die Registrirung derer Wörter und der Thatbeschuldigungen, welche Injurien heissen sollen; die Abweisung aller Fragen von vorgegebnen Versprechungen und Verträgen, wenn der Kläger lange Zeit widerrechtlich versäumt hätte, sich durch Unterschrift und Zeugen zu beglaubigen, u. s. w.

Anmerk.

Anmerk. Viele Proceſſe wären, wenn die Richter
wollten oder müßten, in einer Sitzung geen-
digt. Z. E. A. verlangt (nach einem angeführten Titel des Geſetzes) Rechtshülfe wegen einer
liquiden Foderung, die ſchon hätte bezahlt ſeyn
ſollen. B. geſteht, die Foderung ſey liquid, die
Zeit der Zahlbarkeit ſchon vorbey. Was iſt
nun noch zu proceſſiren? Auch würden die Proceſſe erleichtert durch Laconismus in den Gerichts-
formalitäten, durch Verſagung unnöthiger Fri-
ſten, und durch Strafgeſetze gegen die muthwil-
lige Einmiſchung fremder, zur Sache nicht gehöriger, Dinge, Zeugniſſe und Documente,
u. ſ. w. Fromme Wünſche!

Welche Strafen großer Verbrechen ſind
die vorzüglichſten? — Die am meiſten oder
gnug abſchrekken, und, bey dieſem Zwecke heimlich gelinder ſind, als ſie ſcheinen.

Erlaubt die Vernunft und die Menſchlich-
keit Todesſtrafen? — Das Geſetz verordnet
Todesſtrafen aus allgemeinen Gründen zum Be-
ſten der Unſchuldigen, welche durch die Angſt vor
gewaltthätigen und groben Beleidigungen an
Leib, Leben und Gütern faſt täglich leiden, und
welche gegen die Dieberey viele koſtbare Anſtalten machen müſſen. Ein grober Verbrecher, der
dies weis oder wiſſen kann, hat die Todesgefahr
gewählt. Leidet er den Tod, ſo wiſſen wir doch,
ſelbſt nach der Bürgerreligion, daß er in der
Welt des Allvaters bleibe. Die Majeſtät kann
wegen ganz beſonderer Umſtände diſpenſiren.

Anmerk.

Anmerk. Ein unvorsichtiger, zorniger oder trun:
kener Todtschläger; eine Kindermörderinn, welche
bey der Entdeckung ihres Fehltritts lebenslang
harte Schickfale erwarten mußte; ein Mensch,
welchen halbe Noth einmal zu einer räuberischen,
diebischen oder betrügerischen Handlung verleitet
hat, kann nach Correction wieder ein tauglicher
Mensch werden, wenigstens an fremden Orten.
Aber wer vorsetzlich, gewaltsam oder listig gemor:
det hat; wer seines Handwerks ein Räuber, Dieb
oder grober Betrüger gewesen ist, und im Scla:
venstande auf immer sich selbst und dem Staate
zur Last leben, oder, um frey zu werden, gern
Menschen morden würde: der sollte, wie mich
dünkt, nicht leben. Nur muß seine Todesstrafe
auf die rechte Art feierlich und lehrreich gnug ge:
macht werden.

Welche Tortur ist rathsam? — Eines völlig überwiesenen groben Verbrechers, welcher einige ihm bekannte Umstände nicht sagen will, an
deren Bekanntwerdung dem Staate sehr gelegen ist.

Welche Verbrechen, so abscheulich sie auch
sind, müssen verheimlicht, folglich nicht öffent:
lich gestraft werden? — Diejenigen, welche
ungeachtet der Strafe häufiger würden, wenn
Viele ihre Möglichkeit lernten oder derselben lebhaft und lange erinnert würden.

Soll auch die Verstümmelung der im Leben Bleibenden eine Strafe seyn? — Nicht in
einem verfeinerten Volke. Lieber vom Leben!

Wenn

Wann ist Landesverweisung eine Unbil=
ligkeit gegen die Nachbaren? — Wenn wir
ihnen unbekannte Bösewichter und Unglückliche
zusenden, die wahrscheinlicher Weise daselbst eben
so wenig gut und glücklich werden, als sie es in
Freyheit bey uns seyn würden.

Welche Vergehungen wider die Policey pflegt
die Obrigkeit, nicht am Leibe, nicht durch
Infamie, sondern nur durch Geld zu be=
strafen? — Diejenigen, die in einem gewissen
Maaße nicht sehr gemeinschädlich sind, und we=
gen ihres höchstwahrscheinlichen Verborgenblei=
bens den Eigennutz stark und oft reizen, und des=
wegen (wie die Obrigkeit wohl weis) von vielen
sonst tugendhaften Menschen begangen werden.
Z. E. den Fürstenweg zu fahren; verbotne
Sporteln oder Geschenke zu nehmen; die öffent=
liche Hölzung wider das Verbot zu benutzen;
ein Theil seines Vermögens (bey harten Steu=
ren) zu verschweigen; dieses oder jenes aus dem
Lande oder ins Land zu bringen, u. s. w.

Anmerk. Solche Vergehungen sind so gewöhnlich
als eine mässige Näscherey der Bedienten; als
der mässige Unterschleif der Müller, Weber und
Schneider; als die Nachlässigkeit der Tagelöhner
und Bauleute, wenn sie keine Aufsicht scheuen.
Es wäre sonst nicht zu begreifen, wie einige Ar=
ten der Staatsbedienten bey sehr mässiger Be=
soldung sich so gut stehen, gleichwie auch die Com=
missarien und Lieferanten, bey Verträgen, die
für sie gar nicht vortheilhaft zu seyn scheinen.

D   Sey

Sey du selbst gerecht, auch in solchen Dingen; aber sey nicht allzustrenge in Beurtheilung deines Nächsten.

Ist man verbunden, alle **Vergehungen Anderer** der **Obrigkeit** anzuzeigen? — Nein! dies würde gar zu oft den häuslichen und nachbarlichen Frieden stören, Kinder und Eltern, Brüder und Schwestern erbittern.

In welchen Dingen darf man den Unterobrigkeiten nicht gehorchen? — Von denen wir gewiß wissen, oder stark vermuthen, daß sie wider den Willen der höchsten Obrigkeit befohlen werden, von treulosen Staatsdienern.

Warum darf ein Beamter nicht wider seine Instruction (obgleich weislich) handeln; und ein **Unterrichter nicht wider die Gesetze** (nach seinem Urtheile von der Billigkeit) urtheilen und strafen? — Weil diese willkührliche Ausnahmen alle Regelmäßigkeit in der Regierung aufheben würden, zum großen Schaden des Volks, dessen meiste Beamte und Richter etwas eigennützig sind, und wünschen partheiisch seyn zu dürfen, bey Vorschützung weiser und billiger Ausnahmen aus den Gesetzen.

Anmerk. Wer sich zum Helden, das ist, zum Leiden für Wohlthun (weil es wider die Instruction und Gesetze ist) berufen fühlt, der klage nicht über die Regenten, die ihn etwas dafür leiden lassen.

Was

Was sollte das **Adelrecht** seyn? — Die
vorzügliche Wählbarkeit der Nachkommen zu gewissen Hofstellen und Kriegsdiensten, zum An-
kauf der Landgüter, zur Pachtung der Domainen.
Es versteht sich bey sonst gleichen Umständen.

Welcher Adel ist mit größrer Gewißheit Adel;
der alte oder der neue? — Sonder Zweifel
der neue.

**Ist der Verkauf der Aemter, Regimen-
ter und Compagnien gemeinnützig?** —
Nein! Das ist nur rathsam oder erträglich bey
gewissen Modeämtern, wo weniger oder mehr
Amtstreue und Amtsfleiß von unerheblicher Wirkung ist.

**Welches ist das sicherste Mittel, das Schul-
wesen ganzer Länder und Provinzen zu
verbessern?** — Wenn man anfangs von jeder Art eine einzige Schule mit allen nöthigen
Kosten, und mit niemals einschlummernder Acti-
vität verbessert. Aber es muß eine Schule seyn,
deren angewachsene Schüler, nach 10 Jahren,
10 andre Schulen besetzen können. Es ist aber
10 mal 10 sonder Zweifel 100; und 10 mal
100 ist 1000. Also in 30 Jahren mehr, als
1000 gebesserte Schulen.

Anmerk. Der Anfang ist die Sammlung verbes-
serter Lehrbücher und Anweisungen ihres Ge-
brauchs. Sonst wird Wenig ausgerichtet. Wenn
die Lehrbücher von den besten Männern gemacht

D 2   werden;

werden; so kann doch erst die vierte oder fünfte
(immer sehr veränderte) Ausgabe das Werk seyn,
das stehend bleiben muß.   Die Männer, die
man zur Schulverbeßrung ruft, und nicht ver-
beßrungs-begierig gnug sind, müssen ohne Schaden ihrer Einkünfte in die Schulen versetzt werden, an deren Verbeßrung man fürs Erste noch
nicht denkt.   Die Bibliothek und das Natura-
liencabinet, die Sammlung von Kupferstichen
und Instrumenten der Stiftung, muß nicht
durch Zufall, sondern nach Plan zusammen kommen. Sonst ist und bleibt Chaos. Jede Stelle
der Wohnung muß lehrreich eingerichtet seyn
nach Plan, durch den Mahler, Tapetenmacher, Gärtner, Drechsler und Tischler. Die Schulverbesserer,
unter der Bedingung, daß sie von Anfang bis
zu Ende mitgearbeitet hätten, ihre Schule zur
Vollkommenheit zu bringen, müßten den Adel
oder noch beßre Ehrenzeichen erhalten.   Denn bezahlt können sie nicht werden. Die Mutterschule für
die Vornehmen muß zwar die bisher erfoderte
Pedanterey und Vielwisserey für unnütz schätzen;
aber doch, zur rechten Zeit, besser und geschwin-
der lehren, als in gewöhnlichen Schulen, bis die
Welt klüger wird.   Ein solches Institut, wenn
auch der Staat nur einen sehr mässigen Aufwand
darauf macht, wird wohl stehen. Einige Einkünfte zu solchen und andern guten Werken
ließen an gewissen Orten sich vielleicht hernehmen
aus unnütz gewordenen Stiftungen und Pfründen,
und aus Contributionen auf Seiten-Erbschaften,
Hagestolze, unfruchtbare Ehen, Ehescheidungen,
zugestandne Concubinate; ferner aus Leibrenten,
Lotterien; im Nothfalle aus Papiergeld in eingeschränkter Menge, und aus Erweiterungen
der Toleranz, und einem ausschliessenden Handel gewisser Art, zum Vortheile der Schul-

verbeß.

verbeßrung. Wichtig gnug ist diese Sache, um
sie niemals aus den Augen zu lassen.

Wie wird das Uebel kleiner an Seeplätzen,
und bey starken Garnisonen, wo die häufige
Unzucht nicht wohl gehindert werden kann? —
Man sorgt für das Leben und die Gesundheit der
Menschen, und für die Unverführbarkeit der Bür-
ger und Bürgerkinder, so gut als möglich.

Wann wird ein Lotto rathsam für einen
Staat? — Wenn mans den Nachbaren nicht
wehren kann, unsern Mitbürgern das Blut ab-
zuzapfen; überhaupt aber, wenn mehr Bankerute,
mehr Armuth, und mehr Betrug der Kinder
und des Gesindes rathsam werden.

Wie wehrte man vielleicht dem Auffommen
der Glücksspiele? — Wenn kein ander Werkzeug dazu erlaubt wäre, als worauf die gewöhnlichen dabey vorfallenden Betrügereyen, Affekte
und Händel abgemahlt stünden, mit passenden
Sinnsprüchen, und, wenn die Spielhäuser, wie
die Schenken, unter genauer Aufsicht wären.

Warum wäre es gut, daß der Staat die
Schenken, Spielhäuser, Tanzsäle und Schau-
spiele hielte; und auch den Buchhandel und Bil-
derhandel, folglich auch die Buchdruffereyen?
— Um die Polizey für die Gesundheit des
Leibes und der Seele zu erleichtern.

D 3 Anmerk.

Anmerk. So lange aber die Geistlichkeit den stärksten Einfluß in die Regierung, das Bücherwesen
betreffend, haben würde: so mag es damit nur
bey alter Freyheit bleiben.

Was ist vor allen **Policeygesetzen gegen
gewisse Unordnungen** zu überlegen? —
Ob etwas Unordnung so schlimme Folgen habe,
als der erwartliche Ungehorsam gegen die Gesetze,
und die Unzufriedenheit der Menschen über Ein-
schränkung der Freyheit.

Warum wird durch die **Trunkenheit** keine
Uebertretung der Gesetze entschuldigt? —
Weil sonst ein jeder, welcher Lust dazu hätte, sich
leicht trunken machen oder stellen würde.

Warum sollte das **Hausvaterrecht** durch
Polizey und Erbgesetze, so wenig, als möglich,
eingeschränkt werden? — Weil der Allvater
(wie die römische Geschichte zeigt) dafür gesorgt
hat, daß es selten gemisbraucht wird; und weil
hingegen die Kinder sich leichter reizen lassen,
störrig zu seyn, wenn sie äußerliche Rechte gegen
die Eltern haben.

Ist alles Tadelhafte, welches nicht seyn sollte,
(wie z. E. Etwas in den Zünften der Hand-
werker, in den Sitten der Universitäten)
von der Art, daß es durch strenge Mittel darf abgeschafft werden? — Es ist viel Krummes,
welches bricht, wenn man es mit Gewalt grade
machen will. Davon ist auch ein Exempel in
der Jntoleranz.

Wie

Wie pflegt manche **Polizey** nach einem geschehnen Unglück zu handeln? — Sie macht in Ansehung solcher Fälle gar scharfe und wachsame Gesetze, die so, wie das Unglück vergessen wird, gleichfalls vergessen werden. So sollte es nicht seyn.

> Anmerk. Z. E. Jemand trägt ein Fäßchen Pulver über die Gasse. Das Fäßchen ist nicht wohl verwahrt. Es fällt ein Funke darauf aus der Pfeife eines Mannes, der im mittelsten Stockwerke vor einem offnen Fenster Toback raucht. Nun wird bey 10 oder 50 Rthlr. Strafe verboten, Toback zu rauchen vor einem offnen Fenster.

Was kömmt in Betrachtung, um die **Contributionsarten** mit einander zu vergleichen? — 1) Ist sie nach dem Vermögen der Geber proportionirt? 2) Ist es schwer, das Gesetz zu betriegen? 3) Wie viel davon bleibt wohl kleben in den Händen der Einnehmer? 4) Ist sie unschädlich dem vortheilhaften Commerze und Verhältnisse mit Fremden? 5) Ist sie unpartheiisch in Ansehung aller nützlichen Stände? 6) Kann sie durch gelinde Mittel ohne viel Geschrey beygetrieben werden?

Wann ist **Papiergeld** einem Lande unschädlich? — So lange dasselbe völliges Vertraun beybehalten kann, so, daß mans im Lande (auch wohl in der Nachbarschaft) eben so lieb hat, als klingende Münze; weil des Papiergeldes nicht viel ist, weil man es in die Kassen nimmt, und

D 4 in

in einer Zahlbank täglich das Gefoderte kann versilbert werden.

Welche **Schmausereyen** sollten vornehmlich eingeschränkt werden? — Diejenigen, durch welche der Anfang der Ehe und ihre Fruchtbarkeit, besonders unter dem großen Haufen, belastigt wird.

Welche **Pracht** ist einem Lande am schädlichsten? — Diejenige, welche nicht einheimische, sondern fremde Waaren kauft und vernußt.

Was könnte durch ein **kleines Band am Knopfloche** ausgerichtet werden? — Daß 20 und mehr Grade des Ranges oder des Standes, ohne die geringste Pracht, kenntlich wären. Das Frauenzimmer könnte es am Kopfe tragen.

Wofür wird von der **Gesundheits-Commission** gesorgt? — Für zuverlässige Aerzte, Wundärzte und Apotheken; für die Gesundheit der Gassen und Brunnen; für das Verhalten bey ansteckenden Seuchen, nach zufällig genoßnen Giften, nach Bissen von tollen Hunden, u. s. w. daß kein ungesundes Küchengeräth und Tischgeräth im Schwange gehe; und daß feilgebotne Speisen und Getränke nicht mit ungesunden Sachen vermischt werden.

Welche könnten, so zu reden, die **sittlichen Unterhändler** der Landesregierung mit dem Volke seyn? — Einige zu diesem Zwecke bedungne

dungne Schriftsteller, Redner an öffentlichen Orten; Dichter, Schauspieler, Sänger und Bil-
dermacher. Vieles, was dadurch ausgerichtet
werden kann, ist durch Gesetze unmöglich.

> Anmerk. Nur solche Anstalten sind gnug wirksam,
> gegen den (schreckhaften und dem Betruge
> ausgesetzten) Aberglauben des großen Haufens
> unter den vornehmen und geringen Ständen.

Wo soll der **Ort des Begräbnisses**
seyn? — Am abgelegensten Orte auſſer den
Städten und Dörfern; eben so wenig in Kirchen
und auf Kirchhöfen, als in Speiſeſälen.

Darf man die **Einimpfung der Blat-
tern** durch Gesetze befehlen? — Eben so wenig, als einen Krebsschaden oder kalten Brand
schneiden zu laſſen.

Welchen liegenden, oder ſicher belegten, Vorrath kann man der **Schatzkammer** wünſchen? — Daß ſie eine Kaſſe der Landplagen
seyn kann.

Wie lange ſind die **Staatsschulden** erträglich? — So lange das Papiergeld wie
klingende Münze gilt; und ſo lange zu einer, von
Landplagen befreyten, Zeit der 10te Theil andrer Schulden jährlich kann getilgt werden; vorausgesetzt, es ſey höchſt wahrſcheinliche Sicherheit, daß die Einkünfte ſich nicht mindern.

Anmerk.

Anmerk. Eine etwas andre Rechnung wird, wenn das Capital niemals, aber auf ewig die Zinse soll bezahlt werden.

Welche Wittwenkassen sind am wenigsten unzuverlässig? — Diejenigen, denen durch Wohlthäter einiges Grundcapital gegeben wird; und die alsdann solche Einrichtungen machen, daß die Einnahme von den jährlichen Beyträgen und von der Zinse allezeit zureiche zu den versprochnen Pensionen und zu den Unkosten; indem Zufälle der dießjährigen Einnahme auch zu Zufällen der dießjährigen Ausgabe gemacht würden.

Wann können übergewöhnliche Zinsen erlaubt seyn? — Mit Willen beyder Partheyen, und mit Wissen der Obrigkeit, zu zweifelhaften Unternehmungen, die, wenn sie gelingen, dem Geldnehmer Viel einbringen, ihn aber ganz oder zum Theil insolvent machen, wenn sie mislingen.

Was habe ich eine Philaretie genannt? — Ein Landstädtchen mit vollkommner sittlichen Polizey; ein Herrnhut, ohne die Dogmatik der Herrnhüter zu haben; bestehend aus Ackerleuten, Gärtnern, Krämern und Handwerkern.

Anmerk. Hier würde Nichts Widersittliches, was in die Augen fällt, geduldet. Die äußerliche und innerliche Sicherheit würde von den Bürgern selbst ohne Unterschied besorgt, sogar die Nacht=

Nachtwache. Hier wäre die Mutter=Schule.
Hier würde die Hoffnung des Landes erzogen.
An die Häuser dieses Städtchens würden künftig
alle, noch nicht verdorbne, Waisenkinder ver=
theilt. Die Prinzen würden nach und nach zu
einiger Verwaltung des gemeinen Wesens dieses
Städtchens gezogen. Hier wären öffentliche Vor=
leser guter Schriften in den Wirthshäusern; hier
würden sorgfältig gereinigte Schauspiele von der
erwachsenen Jugend aufgeführt. Hier wäre das
Correktionshaus, wo nicht sowohl gezüchtigt, als
gebessert würde. Man frage nicht, woher dies
Städtchen die ersten darzu tüchtigen Einwohner
bekäme. Die besten jeder Art, welche die Be=
dingungen eingehn wollten, erhalten vom Staate
Wohlthaten auf 10 Jahr. Hernach bleiben alle,
von denen man es wünschen kann, ohne Wohl=
thaten. Aus ganz Teutschland würden sich wohl=
habende alte Männer, auch Wittwen mit Kin=
dern dahin begeben. Das Gesinde würde für
geringen Lohn dienen, weil ein philaretisches
Zeugniß, daß es sich 2 oder 3 Jahr wohl aufge=
führt hätte, ihnen anderswo zu den besten Stel=
len verhelfen würde. Diese Philaretie wäre, so
zu reden, die Mutterschule der sittlichen Polizey,
deren Verbesserung in Provinzen und großen
Städten erst nach einer solchen Voranstalt mög=
lich ist. Fromme Wünsche!

Wo ist es rathsam, die **Bevölkerung** stark
zu befördern? — Wo solche unbebaute Länder
sind, auf welchen fleißige Landleute, mit gehö=
riger Arbeitsamkeit und Sparsamkeit, so viel er=
arbeiten können, als ihr Bedürfniß erfodert;
und wo der Staat viele Kriegsmänner braucht.

Anmerk.

Anmerk. Kein brodloser Mensch muß frey umher=
gehn. Der fremden Armuth muß der Eingang
verschlossen werden. Hausirende Juden und
Christen, die ungerufen in die Häuser kommen,
machen Unsicherheit. Es muß rathsame Proportion
der nährenden und der ernährten Stände seyn.
Der Studirenden, der Krämer, des Hausge=
sindes, der Schenken, der Hausirer wird leicht
zu viel. Der ausführenden Fabriken ist niemals
gnug. Es schadet nicht, wenn einige vertheilte
Domainen 10 Procent weniger einbringen, wenn
nur dadurch frühe Ehen (deren Kinder nicht
betteln dürfen) befördert werden, und wenn es
nur dadurch möglich wird, die überflüssigen Städ=
ter aufs Land zu schaffen. Eine Vermehrung
der klein= handelnden Juden mehrt die Armuth
im Lande, wenn sie auch der Casse Etwas einzu=
bringen scheint. Fruchtbaum= Gärtner sind in
jedem dazu fähigen Lande zu wenig, so lange
der Cider nicht den Gebrauch des auswärtigen
Weins einschränken kann. Ein nicht verschloß=
nes Land kann die Polizey nicht sehr vervollkomm=
nen. Viele Wohnungen an der Gränze müssen
allen heimlichen Durchgang wehren, der ohne=
dies als straffällig öffentlich bekannt werden muß.

Wann ist es nicht gut, reiche Ausländer
ins Land zu ziehn? — Wenn sie verderbte
Sitten mitbringen, die noch nicht da sind; wenn
bey dem Reichthume ihr Geiz ein Magnet wird,
der die nöthige Nahrung der Eingebohrnen an
sich zieht; wenn ein noch unverderbtes Volk da=
durch erinnert wird, wie geehrt und gesucht man
des blossen Reichthums wegen seyn und bleiben
kann, wenn man auch missethäterisch gehandelt hat.

Wel=

Welcher Gesetze Verbesserung sindet
große Schwierigkeit? — Derjenigen, auf
welche die Erwartung des Eigenthumsrechtes
vieler Einheimischen und Auswärtigen immerfort beruht.

> Anmerk. Bey Veränderung solcher Gesetze wäre
> vielleicht eine Auskunft, wenn bestimmt würde,
> daß die schon lebenden Personen ihre Rechte und
> Erwartungen nach dem alten Gesetze behalten
> sollten. Mit dieser Bedingung könnten die Pfarr-
> dienste, Küsterdienste, Schuldienste, (u. s. w)
> gleicher gemacht, unnütze Bedienungen und Pfrün-
> den abgeschafft werden.

Welche Probe sollte ein neues Gesetzbuch aushalten? — Es müßte so vollkommen, als möglich, ausgefertigt und bekannt gemacht werden, aber in 10 oder 20 Jahren doch
nicht gelten, bis es mit aller Freyheit öffentlich
beurtheilt, hierauf durch die gesetzgebende Macht
abermals verbessert wäre, und alsdann rechts-
kräftig würde.

Wodurch könnte der jetzund so sehr gemis-
brauchte Eid ersetzt werden? — Durch die
Formel: Ich sage, ich gelobe, dieses mit dem
Andenken an den allwissenden und gerechten
Gott, und unterwerfe mich auch der oder der
namhaften obrigkeitlichen Strafe, falls ich un-
aufrichtig erfunden werde.

5. Der

5. Der Regent und sein Hof.

Welches ist das Ziel, nach welchem der **gute Regent** seine Richtung nimmt und zu behalten sucht? — Die Aehnlichkeit mit einem weisen, liebreichen und geliebten Hausvater des ganzen Volks, ohne Ausnahme irgend eines] Standes; oder (wenn er gottselig ist) die Aehnlichkeit mit Gott, dem Allvater aller Menschen.

Ist ein vorzüglich glänzender **Hof** eine Wohlthat fürs Land? — Die Hofleute sagens. Tausende aber, die an guten Anstalten für die Gesundheit, für gute Wege, für beßre Erziehung der Jugend, für Kornmagazine, für die arbeitsame Armuth Theil nehmen könnten, verneinen es. Dafür sind sie auch der große Hause.

Welches sollte billig einer der Sommerpalläste des Regenten seyn? — Die Reisekutsche, die ohne viele Umstände nach und nach durch alle Theile des Landes fährt. Auch da giebt es eine Jagd nach den entfernten Unterdrükkern des Volks.

Ist das **Concubinat** . . . . .? — Die Zügellosigkeit der nicht so zur Wollust gereizten Unterthanen in diesem Stükke wäre allerdings gemeinschädlicher, als ein Johannes ab Austria.

Anmerk.

Anmerk. Einige unvermeidliche Unvollkommenheiten wirken weit ärger, deswegen, weil sie in der moralischen Theorie himmelschreiend und abscheulich genannt werden, und weil also keine Belehrungen da sind, wie die Unvollkommenheit behandelt werden müsse, damit das kleinste Uebel, und Etwas Gutes daraus erfolge.

Welche Beförderungen füllen das Land mit Heuchlern? — Wenn man bey Beförderung zu Aemtern nicht nach Geschicklichkeit, Amtstreue und Amtsfleiß, sondern nach einer andern Art der Frömmigkeit, vorzüglich fragt.

Welcher Grund der Beförderungen bey Hofe ist noch abscheulicher? — Die Zügellosigkeit und die Religionsspötterey.

Darf ein Regent seine Unrechtgläubigkeit verschweigen, wenn an der Rechtgläubigkeit sein Fürstenhut hängt? — Vielleicht. Denn man hat mir gesagt, man könne nirgends mit dem Rechte der Vollbürgerschaft wohnen, ohne sich zu einem halben Dutzend Irrthümer zu bekennen.

Darf Jemand sein Glaubensbekenntniß verändern, um in einem größern Lande Regent zu werden? — Da das Bekenntniß um der Religion willen, und die Religion um der Menschen ist; so ist es immer möglich, daß nicht Geiz, Herrschsucht und Wollust, sondern die

edelsten

edelsten Beweggründe eine solche Veränderung anrathen, z. E. wenn ein übel geführtes Volk verlangt, ihr König solle nicht 7, sondern (die Beichte mitgerechnet) höchstens 3 Sakramente haben.

Wenn ein Land und Hof Bekenner eines verschiednen Glaubens enthält, wie soll denn die **patriotische Gottesverehrung** bey Hofe gehalten werden? — So, daß Unterthanen aus allen diesen Kirchen daran Theil nehmen können, ohne Anstoß anzutreffen. So soll, wie ich höre, die Gottesverehrung im philanthropischen Institute zu Dessau eingerichtet seyn.

Welches Hof = Fest ist noch wichtiger, als das **Geburtsfest** des Regenten? — **Das Jahr= fest der angetretenen Regierung.**

Welche neue Art der **Hoftrauer** wäre sehr patriotisch, besonders wenn man sie mit andern Einschränkungen verbände? — Die Hoftrauer in der Zeit der Landplagen, z. E. des Krieges, der theuren Zeit.

Wodurch würden die **Lobreden auf Re=** genten sehr nützlich werden? — Auf folgende Art: Sie müßten immer zwey Theile haben, **Thatsachen,** und daraus gefolgerte **Lobeser=** hebungen, oder, wenn die Thatsachen unangenehm haben seyn müssen, **Rechtfertigungen** derselben.

Anmerk.

Anmerk. Ich denke mir einen Orden der Patrio=
ten, vielleicht den 500ften Theil des Volks. Die=
sen würde ein Exemplar zur Kritik der Wahrheit
geschickt, die so heimlich wäre, daß kein Mensch
erfahren dürfte und könnte, welcher es wäre, der
über diesen und jenen in Frage kommenden Punkt
so oder so geurtheilt hätte. Das Urtheil, wenn
man mit dem Redner nicht übereinstimmte, würde
durch Zeichen angezeigt, z. E. 2 W hieße, es
wäre doppelt so viel wahr; $\dfrac{W}{2}$ es wäre halb so
viel wahr, u. s. w. Diese Zeichen würden auch so
geschrieben, daß man die Hand des Schreibers nicht
kennen könnte. Niemand sähe die Sammlung
von Urtheilen, als der Regent und sein geheimes
Cabinet. So könnten auf eine, von allen Sei=
ten ungefährliche, Art die Stimmen der Patrio=
ten gesammlet werden. Fromme Wünsche!

Wie geht es vielen **Hofnungen des Lan=
des?** — Sie lernen Vielerley, nur nicht
nach und nach das Regieren. Glückliches H = =
dein Erbe hat die Grafschaft H = =.

Wie erhält man die Hoffnung des Landes
wahrscheinlicher Weise k = =, damit sie einem
gesunden Alter entgegen wachse? — Man
versammle ein Collegium eines Hofkenners, ei=
nes Moralisten und eines Arztes. Vielleicht er=
finden sie Etwas.

Warum soll nichts Brauchbares, an der
Erziehung der Landeserben erspart wer=
den?

E

den? — Aus derselben Ursache, warum 2 mal 2, (aber nicht 2 und 1) zusammen 4 macht.

> Anmerk. An einem großen Hofe verlangte der Prinzeninformator eine Sammlung Landcharten, die etwa 20 Rthlr. kosten könnte. Es ward aber abgeschlagen, weil man in den Rechnungen fand, daß sein Herr Vater in solchen Jahren nur einen Atlas zu 3 Rthlr. gehabt hätte. Derselbe Mann ersuchte auch um einen Schreibmeister für den Prinzen. Nicht doch! Denn seines Herrn Vaters Informator war zugleich Schreibmeister gewesen. Bey dieser Gelegenheit muß ich auch sagen, mich dünkt, der Führer der Kindheit müsse nicht wünschen, Führer der männlich werdenden Jugend zu bleiben, sondern seines Nachfolgers Rathgeber und Freund zu werden. Solche Dinge mag ich nicht beweisen.

Kann und muß ein Prinz ohne alle Härte erzogen werden? — Allerdings. Aber es kostet Geld und Anstalt, ihn mit gnug Menschen von allerley Stande, und doch nur mit lauter solchen im Umgange zu erhalten, die ihn gewiß nichts Anders sehn und hören lassen, als was er sehn und hören soll nach dem Plane der Erziehung.

> Anmerk. Der beste Hof ist ein schlimmer Ort zu diesem Zwecke. Ein Landhaus, wo Alles was er sieht, (auch die Familien der Nachbaren) lehrreich wäre, ist rathsamer. Die Eltern können ihn mit sorgfältig gewählter und jedesmal gestimmter Gesellschaft oft besuchen, bis er in dem Städtchen und
> Amte

Amte Philaretia (wie erwähnt ist) ein Beysitzer
und Mitgenosse weislich erdachter und methodisch
veranstalteter Geschäfte werden kann. Ich habe
gesagt: ohne Härte soll er erzogen werden. Das
heißt nicht so viel, als ohne Beschwerlichkeit.
Denn es steht ihm ja ein ehrenvolles beschwer=
liches Leben bevor.

Ich will hier doch einige Anmerkungen über
die Wissenschaften eines Prinzen machen. 1)
Naturlehre und Naturbeschreibung, nicht
weiter, als es ihm dient, die Allvaterschaft Got=
tes sinnlich zu erkennen, auch zur Verbesserung
seines Landes und zur Fürsorge für die Gesund
heit der Menschen Vorschläge zu veranlassen und
zu prüfen. 2) Eine geographische und histo
rische Kammer neben einander. Die Wände
der ersten zeigen, sehr in die Augen fallend, die
chronologische Ordnung aller Begebenheiten und
Namen, die er merken soll. Aber umständlich
erzählt oder vorgelesen werden immer 10 gute
Thatsachen gegen eine schlimme derselben Art.
Die ganze Sittenlehre und Politik bey Gele=
genheit dieser Geschichte, wenn sie auch nicht
völlig so, (wie es ihm, sie zu wissen, dient)
wahr seyn sollten. Die nöthigen Definitionen
sittlicher Dinge werden bey diesen Erzählungen
alphabetisch nachgeschlagen. Denn ich setze vor=
aus, daß ein solches Buch da sey. Kein trock=
nes System in der Sittenlehre und Politik!
Aber wohl moralische Denksprüche, moralische
Lieder, moralisch=poetische Erzählungen oft an=
gebracht und dann memorirt! 3) Die geogra=
phische Kammer hat, sehr groß und sinnlich,
den Globus, die 4 Welttheile, Teutschland und
das Vaterland des Prinzen. Mehr braucht er

E 2   nicht

nicht zum Unterrichte, wenn die Geschichte darzu
Gelegenheit giebt.   Diese Charten müssen, wie
gesagt, sehr groß, und ja nicht mit zu vielen
Namen überladen seyn.   Steht ein Ort, der
vorkömmt, nicht auf der Charte; so wird bey
dem geographischen Wörterbuche beygeschrieben,
z. E. Pinneberg, 2½ Meilen von Hamburg,
ohngefehr noch einmal so viel westlich als nörd-
lich.   Dieses kann sogar durch einzelne Buchsta-
ben und Zahlen geschrieben werden, als $W\dfrac{N}{2}$.

Weg mit der alten Geographie. Da lag Klein-
Asien, da ohngefehr Pontus.   Genug!   4)
Schreiben, Rechnen, Deßiniren lernt er nach
und nach, um sich die Ordnung und Vollkommenheit seiner eignen Geschäfte zu erleichtern.
Genug!   5) Bey den mechanischen prakti-
schen Wissenschaften lernt er gelegentlich so viel
demonstrative Geometrie und Trigonometrie,
als ihm nöthig ist.   6) Von den optischen Wissenschaften und der Astronomie, die bekannten
Resultate mit Auslassung der schweren Beweise.
7) Logik? Metaphysik?   Wahrlich hier ist
gnug davon für ihn, in diesem Buche. 8) Schöne
Wissenschaften und Künste?   Er sehe, höre,
lese, schreibe in Gesellschaft seines Freundes, der
sie versteht und liebt.   Soll er selbst sich nicht darinnen üben?   In Nebenzeiten, wenn ers will.
9) Latein? Ach damit nicht gequält.   Ein Jahr
in dem rechten Alter rede ein guter Lateiner des
Vormittags mit ihm, wovon er sonst reden würde.
Hernach einen einzigen Vormittag in der Woche!
So weis und behält der Prinz gnug.   10) Ein
starker Kenner der deutschen und französischen
Sprache, der sie deutlich und richtig redet, un-
terrede sich mit ihm im Umgange und in Lehr-

                                    stunden

stunden von Realitäten, und übe ihn, Ueber-
setzungen, Auszüge, Aufsätze und Verbesserun-
gen des Fehlerhaften zu machen. In den Cor-
rekturen des Geschriebnen oder Gesagten mögen
zuweilen einige grammatikalische Kunstwörter und
Regeln angebracht werden. 11) In Religion
oder Christenthum keine Stunden! Eine gute
Sammlung gemahlter oder vielmehr in Kupfer
gestochner biblischer Geschichte! Die Sachen dabey erzählt, und anfangs als bloß geglaubte und
deswegen merkwürdige Sachen! Jesu Para-
beln, seine und seiner Jünger, ins Herz drin-
gende, Sittensprüche, Warnungen, Verheis-
sungen (in Beziehung auf dieses und jenes Leben) nur gelegentlich, wenn Verstand und Herz
geöffnet ist! So war der Ursprung der heiligen
Taufe, so des heiligen Abendmahls (heisse es
bey gewissen Anlässen) diesen und diesen sittlichen
Nutzen hat es und kann man davon haben. Das
Gebetbuch sey Auswahl des Besten aus einem
guten Gesangbuche. Anfangs werde nur von
Andern in seiner Gegenwart, mit kurzen nach-
drücklichen Worten und mit allen Zeichen wahrer
Empfindung, gebetet. Denn eine Sache der ersten Kindheit ist es nicht. Wenn er sich Gottes
freut; wenn er wichtige sittliche Vorsätze faßt,
wenn Reue über einen Fehltritt da ist, wenn er
wünscht (in der Vollkommenheit und Hoffnung)
ein auserwähltes (vorzügliches) Kind Gottes zu
seyn; dann helfe man ihm mit dazu geschickten
Worten beten, so lange er dieser Hülfe bedarf.
Man sehe mehr von diesen wichtigen Dingen in
den folgenden Theilen dieses Buches! Ich
schweige hier von den Leibesübungen, davon
ich nichts Besondres zu sagen weis.

E 3　　　　II. Das

II. Das Wichtigste der Tugendlehre.

6. Selbstliebe und Pflicht.

Welcher Wunsch der Menschen ist der aller-gemeinste und vernünftigste? — Der Wunsch, befreyt von Schmerz und Verdruß, zu-frieden und vergnügt, zu leben, bey angenehmer Aussicht in die künftigen Tage.

Wie nennt man den Drang der menschli-chen Natur zu diesem Wunsche? — Die Selbstliebe.

Ist es der Selbstliebe zuwider, uns zu einer liebreichen Denkart und Lebensart zu gewöh-nen? — Nein! Sondern eine liebreiche Denkart und Lebensart ist mit einer höchstangeneh-men Selbstbilligung, und vielen erfreuenden Folgen (in der menschlichen Gesellschaft und bey dem Andenken an den allgnädigen Allvater un-serer Mitmenschen) verbunden.

Kann die vernünftige Selbstliebe uns rathen, eigennützig zu denken, zu wünschen, zu han-deln? — Nein. Denn die Eigennützigkeit ist eine, uns selbst unangenehme und schädliche, Uebermacht andrer Neigungen über den Trieb zum Wohlwollen.

Kommt

Kömmt die Zufriedenheit und Glückſelig=
keit von ſelbſt? — Nein! Man muß ſie ſu=
chen, und wenn man ſie hat, ſorgfältig unter=
halten und vermehren.

Wie nennt man einen jeden richtigen, und
in unſerm Leben oft anwendbaren Rath zu einem
zufriednen und glückſeligen Leben zu gelangen? —
Eine Sittenregel.

Was bedeutet das, wenn man uns ſagt, die=
ſes oder jenes ſey unſre Pflicht, oder daß wir
dieſes thun, jenes laſſen müſſen? — Es be=
deutet Nichts Anders, als daß es (in Betrach=
tung unſers nahen, entfernten und ganzen Zu=
ſtandes) unſer eigen Beſtes ſey, nach dieſer
oder jenen Sittenregel zu handeln.

Müſſen wir bey Unterſuchung unſrer Pflich=
ten oftmals das Geſetz der Obrigkeit, den
Willen unſrer Vorgeſetzten, auch den Wunſch
und die Meinung andrer Menſchen, zu Rathe
ziehn? — Allerdings. Denn viele unſrer
Pflichten werden aus den Umſtänden, (das iſt,
aus denen in unſerm beſonderm Zuſtande erwart=
lichen Folgen unſers Thuns und Laſſens) erkannt.

Anmerk. 1) Derjenige, der uns Geſetze geben
darf, oder zu dürfen vermeint, nennt (und
zwar zuweilen ohne Beyſtimmung unſrer Ver=
nunft und unſers Vorſatzes) dasjenige unſre
Pflicht, was er uns befohlen hat zu thun, oder
zu laſſen, wenn wir nicht Ahndung von ihm

fürch=

fürchten wollen. Man sollte in solchen Umständen sagen oder denken: es ist mir befohlen, aufgelegt von dem oder dem. Und nicht immer: es ist meine Pflicht. 2) Unsre Pflicht gegen Gott und Menschen ist derjenige Theil unsrer (auf unser eigen Bestes) gerichteter Pflichten, der sich auf Gottes Wohlgefallen, und auf die Wünsche Andrer (wegen unsrer Verbindung mit ihnen) gründet. Davon unterscheidet man die Pflichten gegen uns selbst, bey deren Beurtheilung wir vorzüglich nur an unsre Person denken, an unsern Leib, an unsre Seele, an unser Leben, an unsern äusserlichen Zustand. Die meisten Pflichten aber sind vermischter Art.

7. Tugend und Laster.

Ist es uns nützlich, ohne Bedenken nach unsern Einfällen und Gewohnheiten zu handeln? — Nein. Denn solche Einfälle und Gewohnheiten sind gar oft den Sittenregeln zuwider, die wir Ursache haben, für richtig zu halten. Alsdann folgt Reue, Unzufriedenheit mit uns selbst, und Schaden.

Welchen Ehrennamen hat derjenige, der in seinen Gedanken, Wünschen und Thaten mit richtigen Sittenregeln mehr übereinstimmt, als die Meisten seines Volks, Geschlechts, Standes und Alters? — Er heißt ein Tugendhafter.

Anmerk.

Anmerk. Eine jede mit einer richtigen Sittenregel übereinſtimmende Neigung, heißt eine Tugend. Das Wort, die Tugend, aber bedeutet den Inbegriff aller Tugenden.

Wie nennt man einen Tugendhaften, der einen vorzüglichen und ſehr geübten Verſtand hat, ſeine und Anderer Zufriedenheit und Glückſeligkeit nach eigener Einſicht, zu befördern? — Einen Weiſen.

Was findet man in einer guten Sittenlehre? — Eine (zweckmäſſig) vollſtändige und wohlgeordnete Sammlung deutlicher, richtiger und einleuchtender Sittenregeln.

Welches iſt das Gegentheil der Tugend und Weisheit? — Die Untugend und Unweisheit. Ihre hohen Grade nennt man Laſterhaftigkeit und Thorheit.

Iſt wohl irgend eine Tugend, die gewöhnlicher Weiſe unſre Zufriedenheit ſtört, und irgend ein Laſter, welches gewöhnlicher Weiſe ſie befördert? — Nein! Die Ausnahmen ſind ſo ſelten, als das Gift in gewöhnlicher Nahrung, und als ein Dolchſtich, der zufälliger Weiſe ein verborgnes Geſchwür öffnet, und das Leben rettet. Der grade Weg zur Zufriedenheit oder zur Verminderung der Unzufriedenheit iſt Tugend, nicht Laſter. Dieſes iſt auch ſchon wahr in bloßer Betrachtung dieſes Menſchenlebens, ohne auf des

E 5

Allva-

Allvaters Regierung zu sehn, welche über unsre Seelen ewig fortdaurt.

Giebt es nicht einige Menschen, die bey einem ziemlich hohen Grade von Untugend ein angenehmers Leben führen, als einige Tugendhafte und Weise? — Das ist wohl wahrscheinlich; wegen ihrer Schicksale und Zufälle, denen der Tugendhafte und Untugendhafte gemeinschaftlich unterworfen ist. Aber ein jeder glückliche Zustand ist dem Tugendhaften und Weisen brauchbarer; ein jeder Unfall erträglicher.

Anmerk. Die Wahrheit dieses Ausspruchs wird erst recht einleuchtend den Gottesverehrern.

Ist ein Laster mit dem andern einig? — Keinesweges! Die Laster sowohl eines einzigen, als verschiedner, Menschen, kämpfen unter sich, gleich wie gegen die Tugend. Die eben darum fast immer unzufriedene Seele der Lasterhaften ist ihr Kampfplatz.

8. Das Gewissen.

Welche Art von Vorstellung giebt uns der Anblick fremder Tugend und Weissheit? — Eine höchst angenehme Vorstellung, welche mit dem sehnlichen Wunsch verknüpft ist, daß wir unter lauter tugendhaften und weisen Menschen leben möchten.

Was gefällt uns noch weit mehr, als der Anblick fremder Tugend und Weisheit? — Das Bewußtseyn, daß wir selbst auf dem Wege

ge der Tugend und Weisheit fortſchreiten,
oder ſchon weit gekommen ſind.

Anmerk. Die Seligkeit einer ſolchen Geſellſchaft,
eines ſolchen Bewußtſeyns (und noch Mehr) ver=
ſpricht uns der Glaube an einen Allvater unſterb=
licher Seelen, kurz, die Religion.

Wie nennt man dieſes natürliche Wohlge=
fallen an Tugend und Weisheit? — Das ſitt=
liche Gefühl oder das Gewiſſen, welches
ſich auch in dem Abſcheu an Laſtern zeigt.

Iſt das ſittliche Gefühl ſehr empfindſam
bey dem Andenken an gewöhnliche Tugenden
und Laſter? — Nein; ſondern weit empfind=
ſamer bey hohen oder ſeltnen Graden derſelben.
Das iſt natürlich.

Anmerk. Das Gewiſſen iſt gleichſam ein Augen=
maaß der Vernunft, Pflichten zu beurtheilen.
Es wird ſehr geſchärft und berichtigt durch die
Religion. Sonſt bleibt es ein Schmeichler des
Geizes, der Ehrſucht, der Rache, der Wolluſt,
beſonders bey Thaten, deren Verheimlichung
man hofft.

9. Vernunft und Belehrung.

Wie heißt der menſchliche Verſtand, darum,
weil er im Umgange mit Menſchen fähig wird,
die gewöhnlichen Erfolge in der Natur zu erken=
nen, und Tugend von Laſter, Weisheit von
Thorheit zu unterſcheiden? — Die menſch=
liche Vernunft.

Anmerk.

Anmerk. In einer andern Bedeutung wird die Vernunft, dem Zustande in der Kindheit, in der Trunkenheit, in starken Affecten, und im Wahnsinne, entgegen gesetzt. In einer dritten Bedeutung heißt die Vernunft, das Vermögen eines geübten Denkers, (auch ohne Vertraun auf geglaubte Offenbarung) das Daseyn Gottes, die Unsterblichkeit der Seelen, und den ewig daurenden Werth der Tugend und Weisheit zu erkennen.

Ist die Vernunft erfahrner und nachdenkender Menschen unter einander mehr einig oder mehr uneinig über Recht und Unrecht, über den Unterschied des Rathsamen und Unrathsamen, über Tugend und Laster? — Die erfahrnen Denker sind unter sich über weit mehr Punkte dieser Art einig, als uneinig. Ihre Widersprüche sind mehrentheils Misverständnisse in Worten; oder sie reden alsdann von verschiednen Zeiten, Orten und Umständen, deren Veränderung machen kann, daß auch die richtigste Vernunft das Urtheil über gleichbenamte Handlungen verändern muß.

Wie gelangen die Meisten zur Erkenntniß ihrer Sittenregeln, denen sie Beyfall geben? — Durch ihre Eltern, Lehrer und hochgeachtete Gesellschafter, und zwar eben so viel durch ihr Exempel, als durch ihren Unterricht.

Ist diese Folgsamkeit der Jugend, und des rohen Haufens gut für die Menschen? — Sie ist

ist der erste mögliche Schritt zur Tugend und
Weisheit.

10) Freiheit und Schuld im Thun und Laſſen.

Kann der Menſch zweifeln, ob es in ſeiner
Macht ſtehe, künftig in vielen Dingen anders
zu handeln, als er bisher gehandelt hat? —
Daran kann er nicht zweifeln.   Denn er ändert
ja wirklich ſehr oft ſein gewöhnliches Verfahren,
wenn er es ernſtlich will, und bey dieſem Willen bleibt; wenn er ſich zu rechter Zeit ſeines
Vorſatzes ſtark und lange genug erinnert; und
wenn er es ſich ſchwer oder gar unmöglich
macht, wider ſeinen Vorſatz zu handeln.

Wie heißt dieſe Macht über Thun und Laſſen, beſonders, wenn ſie durch den Anwachs
der Vernunft ſchon regierbarer geworden iſt,
und von uns ſelbſt erkannt wird? — Die Freyheit der Seele.   Dieſe iſt der Grund der
Regierbarkeit des Menſchen.

Durch welche Vorſtellungen iſt die freie Seele
regierbar? —   Durch Beweggründe, das
iſt, durch Vorſtellungen von guten oder ſchlim-
men Folgen ihres Thuns und Laſſens, und durch
Reizungen, oder ſolche Mittel, die uns der
wirkſamen Beweggründe erinnern.

Vermag der Menſch, künftig wider ſeine
bisher ſehr ſtarke Gewohnheit, zu handeln?

deln? — Er thut es oft, und vermag es also, wenn die Beweggründe und Reizungen stark genug vorgestellt werden.

Was bewegt den Menschen jedesmal zu seinem Thun und Lassen? — Die jedesmalige letzte Vorstellung, daß es ihm besser sey, so, als anders, zu handeln.

Geschieht das meiste Thun und Lassen des Menschen ohne oder mit Bewußtseyn desselben? — Das meiste geschieht ohne sein Bewußtseyn, aber nicht dasjenige, was er für wichtig hält oder worüber er sich stark vorgesetzt hat, es im vorkommenden Falle, nicht ohne Bewußtseyn zu thun oder zu lassen. Solche Handlungen geschehen gemeiniglich mit Bewußtseyn, oder sogar nach einem vorhergehenden Vorsatze.

Was müssen wir thun, um auch die unbewußten und geschwinden Handlungen mit den Pflichten, oder mit der Tugend und Weisheit, (das ist, mit unserm Besten) übereinstimmiger zu machen? — Wir müssen uns hüten, niemals, mit Bewußtseyn, in Gedanken, Wünschen, Worten und Thaten, die erkannten und gebilligten Sittenregeln zu übertreten. Wir müssen unsre Seele immer beschäftigen, mit dem, was gut und unschuldig ist. Denn aus Gedanken werden Wünsche; aus Wünschen, Thaten; aus Thaten, Gewohnheiten: aus Gewohnheiten, unbewußtes Thun und Lassen, dessen Unbewußtbewußtseyn hernach abzuändern, schwer, obgleich nicht unmöglich ist.

Ist der Mensch selbst Schuld an seinem Thun und Lassen, an seinen Gewohnheiten und an seiner Gemüthsart, wenn sie mit seinen Pflichten nicht übereinstimmen? — Der Mensch ist selbst daran Schuld. Denn es sind in ihm selbst, in seiner Seele, solche veränderliche Mängel und Unordnungen, ohne deren Wegschaffung er sich nicht bessert und nicht zufriedner wird; und die also (wenns nöthig ist) auch durch unangenehme Mittel, die in gewissen Umständen Strafe heissen, müssen vermindert, geschwächt, weggeschaft werden.

Anmerk. 1) Der Mensch ist zuweilen Mitursache einiger unangenehmen oder schädlichen Erfolge, an welchen er doch nicht Schuld ist, gleich wie er kein Verdienst hat, wenn seine Fehler oder seine gleichgültigen Handlungen, ohne seine Absicht, ein unvermuthliches zufälliges Gutes wirken.

2) Die Obrigkeit kann nicht allemal die innerliche Schuld des Menschen beurtheilen. Der Gesetzgeber droht auf Thaten solche Strafen, die er, zum allgemeinen Besten, für abschreckend genug hält. Er übt sie aus, oder dispensirt, in derselben Absicht auf das gemeine Beste. Der Unterrichter muß gemeiniglich nach den Worten des Gesetzes handeln. Die Abstrafung geschieht aber nicht so oft nach dem Grade der übeln Meinung von der Person und Absicht des Thäters, als nach dem Bedürf-

dürfniſſe, ſolche oder ähnliche Thaten zu verhindern, oder ihre Zahl einzuſchränken. Das Maas
der Bedürfniß, um den Geſtraften zu beſſern, iſt ſelten das Maas der exemplariſchen
Strafe.

3) Der Vater einer Familie ſieht ſchon mehr
auf die innerliche Schuld und Beßrung. Er
bedarf nicht ſo oft, exemplariſch zu ſtrafen.

4) Die Regierung des himmliſchen Allvaters über die Menſchenwelt kann nur aus der
Erfahrung erkannt werden. Wer ihn kennt, der
weis, daß das einzige Princip ſeiner Regierung
allväterliche Liebe, oder Allgnade, oder Vollkommenheit iſt. Unſre Natur, unſer Gewiſſen,
die Abhänglichkeit der Menſchen von einander,
und der bürgerliche Zuſtand, wozu Gott die
Menſchen (wenigſtens uns) antreibt, ſind ſeine
uns ſichtbare Zuchtmittel wider die Unweisheit
und Untugend, und ſeine hörbare Stimme, die
uns väterlich zur Weisheit und Tugend ruft und
zum brüderlichen Verhalten unter einander. Viele
Zufälle und Schickſale aber lenkt er nach uns unbekannten allväterlichen Regeln. Von dem allväterlichen Gerichte nach dieſem Leben weiter
unten!

Hat der Menſch eine zureichende Urſache zu ſeinen wirklich erfolgenden Vergehungen? — Eine Urſache, welche dazu
zwar zureicht, daß das Vergehen erfolgt, aber
welche auch zureichend iſt, ihn für nicht-ſchuld-
los, ja in gewiſſen Fällen für ſtraffällig und ſtraf-
würdig, zu erkennen, und nach dieſem Urtheile
mit ihm zu handeln, damit ſolche Urſachen des
Uebels

Uebels sich in ihm (und Andern) nicht stärken und
häufen, sondern geschwächt und vermindert
werden.

Ist es wahr, daß unser Schickfal unfehlbar so erfolge, als es erfolgen wird? — Allerdings. Aber jedes Schickfal hat einen Zusammenhang mit seiner vorhergehenden zureichenden Ursache. Und die Vergehungen des
Menschen, deren Ursachen auf künftig hin un-
wirksamer gemacht werden müssen, gehören zu
den Ursachen von vielen Schickfalen.

Anmerk. Weil die Fragen von der Prädestination,
von dem Determinismus, von dem bestimmten Schickfale, oder gegentheils von dem vorge-
gebenen, würfelmäßigen Zufalle in unserm Thun
und Lassen, kurz von Freyheit und Unfreyheit
desselben, im Beyseyn der Jugend, oft behandelt werden: so sind die vorhergehenden, und
einige der folgenden Fragen, für einen nicht geringen Theil der Jugend, nothwendig. Ich
hoffe sehr faßlich und gemeinnützig davon geredet zu haben. Der Leser fühle und entscheide.

Erfolgt unser Thun und Lassen durch
Zufälle oder von ohngefehr? — Es erfolgt aus Ursachen, deren wir uns oft, doch nicht
allemal, bewußt werden. Unbekannte Ursachen aber heissen ein Zufall oder Ohngefehr.

Anmerk. Es ist eben so mit dem Gedankenlaufe,
oder mit der Folge unsrer Vorstellungen. Die erste,

F   zweite,

zweite, dritte . . . . zehnte folgen als Ursache und Wirkung auf einander. Ein Theil dieser Folge kömmt nicht zu unserm Bewußtseyn. Alsdann sagen wir, daß wir von Ohngefehr auf solche Gedanken kommen.

Sind wir an jedem Einfalle, wenn er Böses wirkt, unschuldig? — Nein! Denn man weis oft, welche Einfälle besorglich sind, bey diesem Anblikke, an jenem Orte, bey solchen Gesprächen und Büchern, u. s. w.

Der Mensch hat also wohl viele unbekannte Pflichten, und begeht viele Thorheiten und Verschuldungen ohne Wissen? — Allerdings. Der Mensch wußte anfangs nicht zu sehen, zu hören und zu greifen. Er lernte Gehn durch Straucheln und Fallen. So ist es auch mit der Tugend und Klugheit.

Kannst du unbekannte Pflichten erfüllen? — Nein, so lange sie mir unbekannt bleiben. Aber es ist eine, (jeden Menschen) bekannte Pflicht, sich mehr von seinen unbekannten Pflichten bekannt zu machen; und er weis die Wege.

Ist Unwissenheit und Irrthum in Ansehung der Pflichten unschuldig? — Das können wir nicht einmal, selbst zu unsrer Rechtfertigung, glauben, wenn wir wissen, daß ein vorhergehender Leichtsinn, in der Sorge für unsre Seele, Ursache des Irrthums gewesen ist.

11. Die

11. Die Beſſerung des Menſchen.

Welche Seelenſorge ſollen wir der **Sorge** für das Leibliche vorziehn? — Die Sorge, ſchädliche Einfälle der Gedanken zu vermeiden; in unſern Pflichten nicht unwiſſend oder irrend zu bleiben; nicht in üble Gewohnheiten zu gerathen; auch nicht durch unſchuldige Handlungen; endlich die nöthigen Beßrungsmittel zu wiſſen und anzuwenden.

Iſt es jemals zu früh, tugendhaft und weiſe zu werden? — Eben ſo wenig, als geſund, ſtark, und munter zu ſeyn, oder eine ſolche Lebensart zu führen, daß man hernach ein geſundes, zufriedenes, fröhliches Alter erwarten kann.

Kann man nachholen, was verſäumt iſt, tugendhaft und weiſe zu werden? — Das kann kein Menſch wiſſen. Man mags denken, wenn man jetzund anfangen und fortfahren will, alles das Seinige zu thun. Aber je früher zu mir, deſto beſſer für euch, ruft die Weisheit und Tugend.

Iſt es jemals zu ſpät, oder der **Mühe** nicht mehr werth, den Weg der Tugend und Weisheit zu gehn, wenn man lange gezögert hat, und ihn anfangs dornicht findet? — Es wird niemals zu ſpät, und der Mühe nicht unwerth, ſich zu beſſern. Die Dornen werden bey dem Fort-

gange

gange immer seltner. Die Aussicht in die Gegend des Friedens mit sich selbst, eröffnet sich bald. Es finden sich weise Seelen. die uns durchhelfen, wenn wir nur ohne falsche Schaam, und ohne unweise Rechtfertigung dessen, was sie nicht billigen, ihren Rath verlangen.

> Anmerk. So wahr dieses ist, so wird es doch schwerlich ein Lasterhafter glauben, bis der Glaube an einen Allvater unsrer unsterblichen Seelen ihn auf eine andre Art theils warnt, theils aufrichtet und ermuntert.

Ist es nicht schwer, sich nach angewöhnten Lastern und Fehlern zu bessern? — Allerdings. Aber man muß. Es ist auch schwer, aus der Schlammgrube sich heraus zu arbeiten, oder einen alten Krebsschaden durch einen Schnitt heilen zu lassen.

Zu welchen Irrthümern wird Mancher verleitet durch die Schwierigkeit, sich zu bessern? — Daß er zu glauben sucht, und auch wohl glaubt, Unrecht sey Recht, Böses sey Gutes, dies und jenes Laster sey ein erträglicher Fehler.

> Anmerk. Zuweilen ist eine Aenderung des Orts und anderer Umstände zur baldigen, sichern und vollkommnen Beßrung nöthig, und doch auch wegen andrer hohen Pflichten nicht rathsam. Da wählt man das mindre Uebel nach Einsicht und Gewissen.

Wer

Wer in seinen Fehler einigemal zurückgefallen ist, muß der anfangen, an seiner Beßrung zu verzweifeln? — Nein! Denn es liegt nur daran, daß der Vorsatz seiner Beßrung nicht ernsthaft und beständig gnug war, und daß man nicht, mit gehöriger Klugheit, alle dazu dienende Mittel gebraucht hat.

Anmerk. Der schlimmste Bösewicht, muß sich beßern, je früher je lieber. Denn er wird es doch endlich thun, wenn die weise allväterliche Regierung (in diesem oder jenem Leben) auf eine schmerzhafte Art, weil es nicht anders seyn kann, ihn dieses Müssen gelehrt hat.

Uebertritt der Mensch jemals, wissentlich und vorsetzlich, eine Pflicht, die er in demselben Augenblikke für seine Pflicht erkennt? — Das kann er nicht thun, wenn er in demselben Augenblikke, die Pflicht für etwas hält, welches ihm (vorzüglicher Weise vor dem Gegentheile) rathsam ist, zu seinem eigenen Besten. Wenn ein Mensch so zu handeln scheint, so redet und handelt er in einem halb wahnsinnigen oder halb rasenden Affecte.

Wie geht das denn aber zu, daß der Mensch zuweilen das Gute vorher kennt; das Böse jetzund thut; und hernach die That bereut? — Alsdann war die letzte (oft unbewußte) Vorstellung vor der That anders, als die vorhergehende und nachfolgende.

F 3　　　Wem

Wem nun dieses oft widerfährt, in welchen innerlichen Zustand lebt derselbe? — In einem höchst unvollkommnen, oft sehr jämmerlichen Zustande seiner Seele.

Wie lange soll man nach einer Vergehung, oder untugendhaften Lebensart, die schmerzliche Reue befördern, nicht verhindern? — So lange, bis sie zur fernern sicheren Beßerung unentbehrlich ist. Aber die Zeit, Gutes zu thun, und nach der Beßrung unschuldige Freuden zu genießen, und Andern zu machen, sollen wir damit nicht verderben. Doch das geheime Verzeichniß unsrer begangnen Fehler und ihrer üblen Folgen müssen wir oft lesen.

12. Die Affecte und Neigungen.

Was ist ein Affect? — Eine heftige und die gewöhnliche Denkart unterbrechende Empfindung, welche entweder durch einen Zustand des Leibes, oder durch Begebenheiten, Nachrichten und Erinnerungen veranlaßt wird.

Anmerk. Vom Körper kommen der Affect des Schmerzes, ein sinnlicher Ekel und der Kitzel oder ein starkes Wohlbehagen. Die andern Affecte sind Freude und Hoffnung; Traurigkeit, Verdruß, Furcht, Schrekken und Verzweiflung: Mitleiden und zärtliche Liebe; Widerwillen, Haß, Zorn und Rachbegierde; starkes Bewundern und Staunen; mancherley Art der Eifersucht; heftige Reue und Entzükkung
der

der Andächtigen, und auch der Verliebten. Das heftige Lachen hat seine nächste Ursache, zuweilen mehr in der Seele, zuweilen mehr im Körper.

Welcher traurige Zustand nimmt zuweilen seinen Anfang in starken Affecten? — Blödsinn, Wahnsinn und Raserey.

Darf man einen Menschen, welcher im Affecte ist, eben so wie in seinem gewöhnlichen Zustande, beurtheilen und behandeln? — Keinesweges. Denn ein Affect ist mehrentheils ein bald vorübergehender Wahnsinn.

Welche sind die Sittenregeln gegen die schädlichen Arten und Grade der Affecte? — 1) Man soll sie an sich selbst, niemals billigen; 2) man soll keine Ehre in der affectvollen Empfindsamkeit suchen; 3) man soll die Reizung meiden, auch die Mienen, Bewegungen und Redensarten, welche solche Folgen haben, wodurch die Affecte gereizt werden; 4) man soll, wenn man den Anfang eines Affects merkt, alle Thaten (auch Worte) verschieben, worzu künftig noch gelegne Zeit ist; 5) man soll sich mit Freunden, (und wenns möglich ist, durch Geschäfte) zerstreuen; 6) man soll in Zwischenzeiten (für sich selbst und die Seinigen) die Cur seiner gewöhnlichsten und schlimmsten Leidenschaften eigentlich studiren; 7) man soll sich, nach dem Rathe seiner Freunde, Bußen

F 4 (der

(der im Affecte begangnen Thorheiten und Fehler) auflegen, gleichsam, als Denkzettel.

Welche an sich unschuldige und gute
Neigungen brechen dennoch zuweilen in
schädliche Affecte aus? — Die Reue nach
Fehlern, das Mitleiden, die Dankbarkeit; die
Liebe zwischen Eheleuten, Eltern, Kindern, Verwandten und Freunden; die Lust an schönen Werken der Natur, der Künste und Wissenschaften;
die Lust an der Geselligkeit; die Vaterlandsliebe;
der Abscheu an allgemeiner Verachtung; der
Trieb zur Geschäftigkeit; das Bestreben, Wahrheit zu erforschen; der Abscheu an Verschlimmerung des äusserlichen Zustandes; die Furcht vor
Schmerz, Krankheit und Lebensgefahr.

Welche Neigungen verleiten die Menschen nicht selten zum Unrecht und zur Untugend? — 1) Die Begierde jetzund schon
Gnug zu haben, bis an das Ende des läng-
sten Lebens, und bey allerley Zufällen; 2) die
Begierde, vor seines Gleichen hervorzuragen,
an Macht, Ansehn, Pracht und Aufwand, an
ausgebreitetem Ruhme, es sey der Schönheit,
der Artigkeit, der Klugheit, des Witzes, der
Kunst, der Wissenschaft, der Verdienste, und
sogar der Tugend, der Weisheit, der Gottseligkeit; 3) das Wohlgefallen an einem täglich bequemen, niemals mühsamen, lek-
kerhaften, oder täglich zerstreuten und rauschenden
Leben;

leben; an Spiel und ſtarkem Getränke; 4) die
Luſt an häufigem Bücherleſen, bloß zur un-
geprüften Ergötzung, ohne Abſicht auf Belehrung zur Weisheit und Tugend; 5) die Verliebung in eine Perſon, mit welcher man (höchſt
wahrſcheinlicher Weiſe) entweder niemals, oder
vielleicht doch erſt nach langer Zeit, wird können
in den Eheſtand treten; endlich 6) die ſo ſehr allgemeine Begierde, um ſolcher Zwekke willen,
ſeinen ſchon guten äuſſerlichen Zuſtand, bald
und im hohen Grade zu verbeſſern.

Welche Neigungen ſind ſchon in ihren geringſten Graden wider die Weisheit und Tugend? — Der Neid, der Haß
die Rachbegierde, die Schadenfreude, und die
kränkende Spottſucht.

Welche (zur rechten Zeit) bedachte Erfahrungen vermögen Etwas wider den
beſorglichen Ausbruch des Zorns? —
Der Zorn giebt dem Menſchen (beſonders dem
weiblichen Geſchlechte) eine ſcheußliche Geſtalt;
er handelt faſt allemal grade wider ſeine Abſicht;
er iſt der Geſundheit und dem Leben gefährlicher,
als manche Art der Unmäſſigkeit; er hat ſchon
manchen, ſonſt guten Menſchen auf den Richt-
platz geführt.

Welche iſt die vornehmſte Klugheitsregel gegen einen ſehr Zornigen und ſehr
Traurigen? — Man gebe ihm anfangs et-

F 5 was

was Recht, wenn er auch Unrecht hat; um gelegne Zeit zu seiner Zerstreuung oder Belehrung zu gewinnen.

Welche sind die nächsten Ursachen fast aller lasterhaften Thaten? — Die wollüstige und unzüchtige Sinnlichkeit; der Geiz; die Ehrsucht; die Herrschsucht; der widerspenstige Eigensinn, oder der Trieb zu einer unmöglichen Unabhängigkeit; die Rachbegierde; das Verlangen nach Müssiggang.

Welche sehr verhaßte Uebelthaten fließen aus diesen Quellen? — Der Mord und Todtschlag; der Raub, Diebstahl und Betrug; die Lästerung des ehrlichen Namens; der Meineid; der Ehebruch und die Hurerey; die vorsetzliche oder unvorsichtige Völlerey; und die Missethaten der Landesverräther und Aufrührer.

13. Etwas von Klugheit und böser List.

Welche junge Leute werden bald klüger, und ohne so vielen Schaden, als andre? — Diejenigen, welche es glauben, daß die Jugend (in Vergleichung mit dem Alter,) sehr unerfahren sey, und welche daher den Rath, die Belehrung, die Erinnerung und den Tadel von denen gern vernehmen und befolgen, die ihnen wohlwollen und erfahrner sind.

Durch

Durch welche Verstandesübung wird ein Mensch klüger, als er ist? — Durch etwas Belehrung in der Naturkunde; durch die Zunahme seiner Erkenntniß von der menschlichen Natur in unserm europäischen Zustande; durch einige Kenntniß des menschlichen Körpers; durch Erforschung der Gemüthsart derer, welche vielen Einfluß in unsre Wohlfahrt haben, und auf unser Verhalten Achtung geben; durch erregte Aufmerksamkeit auf den Urgrund der unter uns ausgebreiteten Vorurtheile; durch einigen Unterricht in der Lehre von der Wahrscheinlichkeit, oder vielmehr durch Uebung in dem Augenmaaße von derselben; und endlich durch ein oft gelesenes Verzeichniß unsrer eignen (gar zu zuversichtlichen) falschen Vermuthungen.

Welche starke Neigungen muß man bey jedem Menschen voraussetzen, bis man das Gegentheil erfährt? — Die Sorge für Leib und Leben; für Mittel des angewöhnten Unterhalts und bequemen Lebens; den Abscheu an ungewohnter Abhängigkeit von Andern; Liebe für Gemahl, Eltern, Kinder und Enkel; Abscheu an dem Verluste gewohnter Aemter, Würden, Titel, Achtung, besonders des ehrlichen Namens; Furcht vor Verschlimmerung des Vermögenszustandes; und der Hang eines Geschlechts zum andern, auch die darauf sich gründende Begierde, sich zu verheirathen.

Anmerk.

Anmerk. Wer mit Fürsten, Hofleuten, Adel, Kriegs-
männern, Gelehrten, Priestern, Kaufleuten,
Künstlern, Handwerkern, Bauren, einen be-
trächtlichen Umgang hat, muß ihre Maximen
studiren. Ein Buch von denen unter den
Ständen herrschenden Meinungen und Gewohnheiten, wäre dazu sehr nützlich.

Sage einige Sittenregeln der klugen Gefälligkeit? — 1) Sey und zeige dich aufmerksam auf die Wünsche der Menschen. 2)
Erinnre sie nicht, dessen sie nicht erinnert seyn
wollen. 3) Rede und schweige nach ihrem
Wunsche. 4) Laß Worte und Blikke überein-
stimmend seyn. 5) Sey freundlicher und dienst-
fertiger, als es erwartet wird. 6) Zeige keine
Aufmerksamkeit auf ihre Fehler und Mängel.
7) Sprich nicht, als ein Educator und Beicht-
vater derer, die dich für ihres Gleichen halten.
8) Zieh dich in keinem Stücke ihnen vor. 9)
Sprich Wenig von dir selbst. 10) Meide die
Dankfoderung. 11) Sey und zeige dich dank-
bar auch für Kleinigkeiten. 12) Entehre nicht
die Tugend und Unschuld, aus Liebe zur Gefälligkeit.

Welche Verbergung oder Verstellung des
innerlichen und äußerlichen Zustandes wird, in
seltnen Fällen, von der Klugheit erfodert, ohne
der Tugend zuwider zu seyn? — Diejenige
Verstellung, die, nach den Umständen das beste
Mittel ist, ein Uebel unter den Menschen zu ver-
hin-

hindern, und um welcher willen die strengsten
Sittenrichter Niemanden den Namen eines, die
Aufrichtigkeit und Redlichkeit liebenden,
Menschen absprechen.

> Anmerk. Exempel, die nicht leicht gemisbraucht
> werden, kann man anführen, aus dem Verhal-
> ten gegen Rasende, Wahnsinnige, Kranke, Af-
> fectvolle, Trunkne, und Feinde; das Verläug-
> nen bey unzeitig kommenden Besuchen; die vor-
> gegebnen Ursachen, diesem oder jenem kein Geld
> zu leihen; die Antworten, bey versuchtem Ab-
> fragen unsrer Geheimnisse, deren Bekanntma-
> chung nur schaden könnte; die nöthige Verstel-
> lung im Hofleben, im Kriegsstande, u. s. w.

Was ist Betrug im Handel, oder in Ansehung des Eigenthums? — Eine solche Verstellung und Unwahrhaftigkeit, wodurch man zu
gewinnen, seinen Verlust zu verhüten, und einen
Unschuldigen in Schaden zu setzen sucht, bey solchen Umständen, durch solche Thaten, und bey solchen Erfolgen, die, wenn sie allesammt bekannt wären, dem Thäter bey der Obrigkeit, und nach
dem Urtheile der Rechtschaffensten und Weisesten,
den Namen eines Betrügers zuziehn würden.

> Anmerk. Der Rechtschaffne und Tugendhafte bleibt
> von der Gefahr des Betruges (in jedem Zweifel)
> weit entfernt. Lieber entbehrt er Gewinn, und
> leidet Verlust. Die bekannten Sitten des Lan-
> des und Standes aber müssen großen Einfluß in
> unser Urtheil haben, ob dieser oder jener, we-
> gen

gen einer solchen That und Gewohnheit, wenigstens in unserm Herzen, den Namen eines betrügerischen Menschen verdiene. Der Richter aber ist mit Recht so strenge, als die Landesgesetze.

14. Menschlicher Friede, grobe Beleidigung, Eigenthum, Versprechen.

Was verspricht jeder Mensch dem andern, auch ohne Worte, durch das bloße Zusammenleben? — Den menschlichen Frieden, oder die Sicherheit vor groben Beleidigungen an Leib und Leben, an den Eheweibern und Kindern, an Gütern und Ehre, auch an der persönlichen Freyheit.

Welche Güter gehören Diesem oder Jenem? — Diejenigen, von denen er es weis, daß (bey Entstehung eines Anspruchs an dieselben) die Obrigkeit (oder die Weisheit unpartheyischer Schiedsrichter) sie ihm nicht absprechen würde, wenn sie auch die geheimsten Umstände wüßte, wie die Güter an ihn gekommen sind.

Gehören bloß Sachen und Geld zum Eigenthume? — Auch wohlerworbne Foderungen und Rechte.

In welchen Umständen mußt du das Deinige dennoch behandeln, als fremdes Gut?

Gut? — Wenn ich zwar weis, daß es das Meinige ist; aber wenn der unschuldige Besitzer und auch die Obrigkeit es nicht wissen kann, oder (wegen menschlicher Fehlbarkeit) für den Besitzer entschieden hat.

Welches Gesetz macht die Menschen vorsichtig, sich von fremden Gütern zu enthalten?—Das Gesetz der Wiedererstattung des mit Unrecht genoßnen Vortheils, oder des zugefügten Schadens.

Anmerk. Ueber die Art und den Grad der Wiedererstattung, besonders wenn fremdes Gut schon vererbt worden ist, giebt es viele Fragen, welche entschieden werden von der Obrigkeit, wenn geklagt und bewiesen ist; sonst aber von dem moralischen Gefühle des Besitzers.

Wenn nach Versprechen nicht Wort, oder nicht Treu auf Glauben gehalten wird, gehört das auch zu den groben Beleidigungen? — Allerdings; aber doch nur unter diesen Bedingungen: 1) wenn das Versprechen erlaubte und mögliche Dinge betrifft; 2) wenn es nicht gewaltsamer Weise erzwungen, oder hinterlistiger Weise abgelockt ist; 3) wenn der Versprechende bey solcher Vernunft war, welche die Gesetze zur Gültigkeit eines Versprechens erfordern; 4) wenn der Versprechende sich bewußt ist, oder durch deutliche unstreitige Worte angezeigt hat, daß er dasselbe, was hernach erwartet oder gefodert wird, habe versprechen wollen, nemlich dieselbe Sache,

in

in demselben Grade, so oft und auf so lange Zei=
ten; ohne weitere Abrede und Erklärung.

Sage die wichtigsten Sittenregeln in
Ansehung des Versprechens? — 1) Be=
sinne dich), ehe du versprechende Worte brauchst.
2) Erkläre sie, oder frage, wie der Andre sie
verstehe. 3) Gieb und nimm Schrift und Ab=
schrift, wenn künftiger Misverstand besorglich ist.
4) Erkläre die Worte nach dem Sinne dessen von
beyden, der in demselben Geschäfte Wohlthäter
war und bleibt. 5) Trage den Schaden, den
dein unerfülltes Versprechen durch deine Schuld,
einem Unschuldigen verursacht hat.

Wodurch sind die groben Beleidigun=
gen (besonders die gewaltthätigen) nicht sehr
häufig unter uns? — Das moralische Ge=
fühl, die Religion, und die Furcht vor der Ge=
genwehr, besonders vor der obrigkeitlichen Strafe,
hindert ihre Vermehrung.

Sage einige Sittenregeln von der Gegen=
wehr gegen gewaltthätige Beleidiger? —
1) Wehre dich nicht, wenn dein Leib und Leben
nicht in Gefahr bleibt, und du den Thäter bey
der Obrigkeit verklagen kannst. 2) Hast du Zeit
zu überlegen; so denke an die gelindesten Mittel
deiner Sicherheit. 3) In augenscheinlicher oder
plötzlicher Gefahr deines Lebens oder deiner Glie=
der (und im ähnlichen Schutze der Deinigen)
thue

thue das Erste das Beste, den gewaltthätigen Beleidiger (auch mit Gefahr seines Lebens, und seiner Glieder) kraftlos zu machen.

> Anmerk. Der Inhalt des Satzes, daß man grobe, besonders gewaltthätige Beleidigungen vermeiden müsse, und daß ein Mensch Recht habe, sich gegen grobe Beleidiger zu wehren, und sie (auch mit Beyhülfe der Rechtschaffnen) zu strafen, heißt man das strenge Recht der Natur.

15. Eheleute, Keuschheit, Eltern und Kinder.

Wie sollen wir uns in der Ehe verhalten? — 1) Nach dem deutlichen, unter uns üblichen, Ehevertrage; 2) nach den Sittenregeln der genauesten Freundschaft und Gemeinschaft; 3) nach der natürlichen Liebe zur Nachkommenschaft; 4) nach Mustern der glücklichsten Ehen, welche es sind durch die Tugend und Klugheit von beyden Seiten.

> Anmerk. 1) Ob es erlaubt seyn solle, auch durch einen etwas veränderten Vertrag Ehen zu schließen, ist Sache der Obrigkeit.
>
> 2) Viele Ehen wären glücklicher oder weniger unglücklich, wenn manche Gattinn bedächte, daß der Mann, für das Wohl der ganzen Familie, in der bürgerlichen Welt weit mehr zu thun und weit mehr zu leiden habe, als sie; und

G   also

also nicht so ganz sich nach ihr richten könne, wie sich sie nach einem Einzigen.

3) Die Abweichung eines Mannes von der ehelichen Treue ist ein schlimmes Laster, das versteht sich. Der Verdacht, daß er es thue, ist kränkend für die Frau. Aber so ganz und gar einerley Sache ist es doch nicht, als wenn die Frau dem Manne (wegen der Ungewißheit) alle natürliche und väterliche Liebe gegen die bisherigen und künftigen Kinder nimmt; und ihn überdieß (nach der Weltmode) einer weit empfindlichern Verspottung bloßstellt. Will die Frau sich von einem ungetreuen Manne nicht scheiden: so suche sie durch Sanftmuth, Geduld, Freundlichkeit und Verdienste, sein Herz zu behalten. Dies ist eine schwere, aber doch ganz richtige Regel der Weisheit für euch, beleidigte Weiber!

Erinnre dich des Wichtigsten wider die Hurerey und Unzucht? — 1) Sie wird (in den meisten Umständen) ein Gift des Leibes und der Seele. 2) Sie macht unfähiger zum glücklichen Ehestande, zur Zeugung gesunder Kinder, zum gesunden Alter. 3) Sie betrübt und beschimpft die Unsrigen. 4) Sie wird von der Obrigkeit an den meisten Orten noch gestraft. 5) Sie ist der Anlaß zur Grausamkeit des Kindermordes. 6) Die Christuslehre verbeut sie so strenge, als den Diebstahl.

Anmerk. Man unterscheidet mit Recht von Ehebruch und Hurerey das Concubinat, oder die unvoll-

unvollkommne Ehe; wenn die Obrigkeit sie wiſ‐
ſentlich zuläßt, wenn sie nicht wider Treue nach
Glauben, das iſt, nicht wider ein Verſprechen
geſchloſſen wird; oder wenn man, wegen beſon‐
drer Umſtände, von der zweyten Parthey ſeines
Verſprechens iſt entlediget worden.

Was iſt Blutſchande? — Unzucht, oder
unerlaubte Ehe mit zu nahen Verwandten, welche
mithin die häusliche Sittſamkeit, oder eine weiſe
Obrigkeit verbietet, den Ehevergleich zu ſchlieſſen.

Warum muß die Obrigkeit die Eheſchei‐
dung erſchweren, und nur in Nothfällen, bey
der Unglaublichkeit des Ehefriedens, erlauben? —
Weil ſonſt die Ehe, bey Vielen, faſt nichts An‐
ders würde, als ein Recht zur Beyſchläferey auf
eine Zeitlang.

Was iſt unnatürliche Unzucht? — Eine
Entzündung oder Befriedigung der Geilheit durch
eine willführlich verurſachte Einbildung, daß das
andre Geſchlecht da ſey, wo es nicht iſt.

Erinnre dich einiger rathſamen Vorſätze
weiſer und liebreicher Eltern?— 1) Die Ge‐
ſundheit, Leibesſtärke Munterkeit und Tugend mei‐
ner Kinder ſoll mir mehr gelten, als die Mode. 2)
Sie ſollen in der Kindheit und Jugend (auf eine
unſchuldige Art) ihres Lebens mehr genießen,
als hernach möglich iſt. 3) Mit Vorbereitun‐
gen zu dem folgenden Alter will ich ſie beſchäfti‐

gen,

gen, aber nicht quälen laſſen. 4) Sie ſollen
mir ganz unterworfen ſeyn, und ſo lange ich ſie
nähre, bleiben; aber deſto mehr erwünſchte und
zugeſtandne Freyheit haben. 5) Sie ſollen bald
anfangen und fortfahren, durch irgend eine Hülfe
in meinen eigenen Geſchäften, das Geld zu verdienen, welches ſie zu Wohlthaten oder Luſtbar-
keiten ihres Alters anwenden dürfen. 6) Ich
will ihre Achtung und Liebe in ſolchem Grade gewinnen, daß Allvater ihnen der lehrreichſte Name
Gottes werde. 7) Ich will, auch nach ihren
Fehltritten, das Unwahre nicht ſagen, was viele
Menſchen wünſchen lehrt, daß kein Gott ſeyn
möchte.

Welche Sittenregeln werden von er-
wachſenen Kindern nicht gnug bedacht und
befolgt? — 1) Erinnre dich oft, bey dem Anblikke hülfloſer Kinder, wie ſauer du deinen Eltern,
und aus Liebe, geworden biſt. 2) Hilf deinen
Eltern, in allem Anliegen, mit einer von allen
andern Menſchen unerkäuflichen Treue und Em-
ſigkeit; und komm ſogar ihren Winken zuvor;
thue Mehr, als ſie gern annehmen wollen. 3)
Sey deinen Eltern nicht beſchwerlich mit Zumuthungen; erwarte Weniger, als ſie unangeſodert
geben; iß dein eigen Brod; ſie haben dich gelehrt es zu verdienen. 4) Mache nicht Rechnung
auf Erbſchaft; ihre Größe und ihre Zeit iſt ungewiß; auch weißt du nicht, was die Eltern be-
ſchlieſſen,

schliessen, welche darinnen ganz frey sind, und zuweilen ihre (nicht lieblose) Ursache haben, etwas den Kindern Unerwartetes zu verordnen. 5) Beurtheile die Fehler deiner Eltern (auch sogar in deinen Gedanken) mit der höchstmöglichen Gelindigkeit; aber suche besser zu werden, als sie waren. 6) Bitte, daß sie dir keinen Stand und keinen Gatten aufbürden, vor welchen dich ekelt; aber wähle keinen, ohne ihre Einwilligung; oder (wenn dein Drang zu groß ist) so versprich und halt es edelmüthig, daß du (aus kindlicher Demuth) wegen eines solchen unvermeidlichen Schrittes, Nichts von ihnen haben oder annehmen wollest, dich in diesen, ihnen so misfälligen, Stand hinein zu kaufen, oder darinnen zu unterhalten. 7) Eben so denke bey dem Vorsaße einer Kirchenwahl. 8) Sey Allen, die dein Verhalten erfahren, ein Exempel, daß erwachsene Kinder nicht immer belastigen, sondern zuweilen Stützen und Trost des Alters sind.

Bey welchem Verhalten befinden sich Vormünder und Mündel, Lehrer und Lehrlinge, Herrschaften und Dienstboten am besten? — Bey einem Verhalten, welches sich von der einen Seite dem väterlichen, und von der andern Seite dem kindlichen täglich nähert.

16. B

16. Berufstreue. Arbeitſamkeit. Erwerb=
ſamkeit. Reichthum.

Welche Sittenregel iſt die reichhaltigſte
für ſolche, die für Amtsgeſchäfte, Com=
miſſionen, Arbeiten und Waaren bezahlt
werden? — Werde und bleibe gewohnt, ſo
zu handeln, daß, wenn man deine Art zu han=
deln auf der Stirne leſen könnte, die meiſten
Menſchen doch lieber mit dir, als mit den Mei=
ſten deines Standes, in ſolchen Geſchäften Etwas
zu ſchaffen haben wollten. Denn die Meiſten han=
deln entweder etwas betrügeriſch, oder doch eigen=
nützig und faullenzeriſch, welches denen, für die
ſie arbeiten, gar nicht angenehm iſt.

Welches iſt, wenn man wählen darf, das
beſte Maaß der, zur arbeitſamen Beſchäf=
tigung gewidmeten, Zeit, in geſunden Ta=
gen und ungeſchwächtem Alter? — Im Durch=
ſchnitt etwas weniger, als die Hälfte der Tage
und Nächte.

Welche Fragen werden von reichen Leu=
ten zu wenig überlegt? — 1) Ob nicht ein
Theil betrügeriſch erworben ſey, und Andern ge=
höre; 2) ob ſie nicht ſelbſt mehr Vergnügen, und
die Hoffnung beßrer Kinder hätten, wenn ſie ſich
ſelbſt und die Ihrigen in einen, nur ſichern und
wohlhabenden, Zuſtand verſetzten, durch Wohl=
thaten

thaten an Nothleidende, an Freunde und an gute
Stiftungen; und zwar bey ihrem Leben.

Welche Fürsorge für die Armen ist die
vernünftigste? — Man schaffe ihnen täglich,
so viele und so reichlich bezahlte Arbeit, daß sie
niemals, wenn sie arbeiten wollen, eine schmerz=
liche oder das Leben verkürzende, Noth leiden.

Welche Stände sind die wunschwür=
digsten? — Diejenigen der Mittelstände, in
welchen ein fleissiger und haushälterischer Mann,
bey kluger Ausübung der Wohlthätigkeit und
Gastfreyheit, in männlichen Jahren mit Recht
so viel erwerben kann, daß er, wahrscheinlicher
Weise kein hülfloses Alter, auch nicht die Hülf=
losigkeit seiner Wittwe und unerzognen Kinder
besorgen darf.

Erinnre dich des Wichtigsten für die
Arbeitsamkeit? — 1) Der Reiz zu derselben,
welcher in die Natur gelegt ist, hebt den Men=
schen empor, über den halbviehischen Zustand.
2) Sie bewahrt vor den meisten Lastern, und er=
leichtert die Beßrung. 3) Sie ist das allersicherste
Mittel, Unterhalt und Bequemlichkeit zu finden
und zu behalten. 4) Auch die allerreichste Per=
son sollte arbeitsam seyn. Denn auch sie ist in
Gefahr der Laster; die Langeweile (bey ewigen
Zerstreuungen) ist eine schlimme Plage; sie soll
denen vorleuchten, deren Fleiß sie verlangt, und

G 4   es

es giebt immer Menschen, die zu Viel arbeiten,
oder zu Viel entbehren müssen, und denen die
reichste Person (auch des weiblichen Geschlechts)
Arbeiten abnehmen, oder Früchte der Handar-
beit schenken kann.

> Anmerk. Nähme die Arbeitsamkeit in den Häusern
> der Vornehmen zu: so würde darinnen die Lust
> zum Spielen, zu schlüpfrigen Romanen, Lie-
> dern, Theaterstükken (u. s. w.) abnehmen. Wahr-
> lich kein Uebel!

Sage einige Sittenregeln von der Sparsamkeit, oder von dem vernünftigen Gebrauche
der Einkünfte? — 1) Halte alle nöthige Ver-
zeichnisse deines Vermögens, deiner Einkünfte,
deiner Ausgaben. 2) Jederzeit sey Alles im
Hause an der rechten Stelle. 3) Laß Nichts verderben, was Menschen nützen, oder ihnen geschenkt werden kann. 4) Sorge dafür, daß jeder beschloßne Aufwand das größte Gute, und
das mannigfaltigste Vergnügen schaffe, welches
damit erkauft werden kann. 5) Sey und bleibe
zugleich sparsam und freygebig; aber mehr sparsam in einem nicht begüterten Zustande; mehr
freygebig, im Reichthume; damit er sich nicht
häufe wider deine Pflicht und zum wirklichen
Schaden der Deinigen. 6) Meide Pracht, ho-
hes Spiel und Processe, so viel du kannst.

17. Freundschaft und Feindschaft.

Erinnre dich einiger Lehren von der
Freundschaft? — 1) Sey wohlwollend und
gefäl-

gefällig gegen alle Menſchen; ſo werden einige,
mit denen du umgehſt, vielleicht deine eigentlichen Freunde, und du der ihrige. 2) Denn die
eigentliche Freundſchaft iſt nur unter Tugendhaften, und ſelbſt unter ihnen ein ſeltnes Glück.
3) Wenn Ehegatten, Eltern und Kinder, und
Brüder einander gegenwärtig und Freunde ſind;
ſo bedürfen ſie keines andern. 4) Denn das mäſ-
ſige Wohlwollen Vieler gegen uns iſt (auſſer in
der Dichtkunſt) mehr werth, als die heldenmäſ-
ſige Freundſchaft eines Einzigen. 5) Ein neuer
Freund iſt ein neuer Wein, u. ſ. w. 6) Wo die
Mitwerberſchaft um Vortheile (die von beyden
Seiten ſehr gewünſcht werden) anfängt, da hat gemeiniglich die gewöhnliche Freundſchaft oder mancher Grad derſelben, ein Ende. 7) Hingegen das ge-
genſeitige abwechſelnde Bedürfniß der Hülfe zu
wichtigen Abſichten macht alle Pflichten der Freundſchaft leicht. 8) Die Verbindung der Jugend,
die ſie ſo nennt, iſt gemeiniglich keine lange dau-
rende Freundſchaft. Die folgende Ehe und Va-
terſchaft, und andre Dinge vertheilen die Aufmerkſamkeit und das Herz. 9) Ein jeder Grad
der Freundſchaft iſt doch Etwas werth, und nicht
zu verachten.

Erinnre dich einiger Lehren von Proceſſen? — 1) Unter 10 Proceſſen iſt nicht einer,
der den Gewinner in einen ſo guten Zuſtand ſetzt;
als er hätte haben können, wenn er bereitwillig
gnug geweſen wäre, die Sache durch befriedi-

gendes

gendes Nachgeben ohne Proceß zu endigen. 2) Unterdessen kann der, welcher vielerley Verhältnisse hat, doch nicht immer alle Processe vermeiden. 3) Zuweilen sind beyde Partheyen an dem Ja und Nein der Streitfrage vollkommen unschuldig, öfter aber beyderseits Schuld. 4) Es ist wider den erlaubten Zweck eines Processes, die Endigung desselben durch Formalitäten und Einmischung fremder Dinge zu erschweren, und noch vielmehr, wenn die fremden Dinge in Lästerung, Verläumdung und Verkleinerung bestehn. 5) Mit dieser Enthaltsamkeit vom Unrechte kann sogar gutes Vernehmen unter den Processirenden Statt finden.

Welches Verhältniß zwischen zwey Menschen oder Partheyen ist den Processen sehr ähnlich? — Das Verhältniß der Gegner in einer Amtssache, in einer Beförderung, in einer Mitwerbung, u. s. w. Nicht der Weiseste kann es immer vermeiden, Gegner zu werden. Aber er sucht übrigens das gute Vernehmen, wenns möglich ist, beyzubehalten.

Welches Verhältniß ist das abscheulichste unter Menschen? — Die Feindschaft, welche zuweilen unter Gegnern, und wegen übler Behandlung proceßmässiger Fragen, entsteht, und zuweilen aus einem Funken eine Feuersbrunst wird.

Wie

Wie ist ein Feind und ein Gegner unterschieden? — Der Feind hält sich für berechtigt oder genöthigt zu dem jämmerlichen Geschäfte,
den Feind auf mancherley Art zu schwächen und
zu kränken.

Welche Versöhnlichkeit ist immer eine Tugend? — Eine beständige Glaubwilligkeit, das
Bestmögliche von Gegnern und Feinden zu denken; ein Vorsatz, in Reden und Gegenbestre-
bungen gelinder zu seyn, als der Gegner zu verdienen scheint; ein lebendiger, und, sobald als
möglich, thätiger Wunsch, den Anfang, Fort-
gang und Wachsthum der Feindschaft zu verhindern, auch mit unserm äusserlichen Schaden, aus
menschlichem Wohlwollen, und weil die allerge-
rechteste Feindschaft von unsrer Seite dennoch
unsre Seele, an dem Wachsthume in Tugend und
Weisheit, und an der Zufriedenheit mit uns
selbst, sehr hindert.

Wann geschicht Vergebung? — Als-
dann, wenn der Beleidigte, nach bezeugter Reue
des Beleidigers, von Herzen versichert, daß er
die bezeugte Reue für aufrichtig halte, und das
vorige gute Vernehmen abermals wagen und fort-
setzen wolle. Doch nach den Umständen bedeutet das Wort Vergebung auch etwas Weniger.

Welche Beleidigungen sind (ausser den groben gewaltthätigen) am empfindlichsten? —
Lästern,

läſtern, Verläumden, Schelten, Verkleinern,
und unnöthiges Aufdekken der Fehler; ferner
Betrug, Verrath der anvertrauten Geheimniſ-
ſe, und eine aus Widerwillen geſchehene Verſagung ganz leichter Menſchendienſte.

18. Abgemeßne Erklärung vieler Tugen-den und Laſter.

Worinnen zeigt ſich die Aufrichtigkeit? —
In der Enthaltſamkeit von aller unnöthigen Ver-
ſtellung.

Was iſt die Redlichkeit? — Die Neigung bey allem Thun und Laſſen, welche Andre
angeht, ſolche Abſichten zu haben, die ein jeder
rechtſchaffne und kluge Menſch wiſſen mag.

Was iſt der Geiz? — Eine übertriebne
Sorge und Bemühung, das Vermögen zu mehren oder nicht zu vermindern; und eine Neigung
zu dieſem Zwekke ſolche Mittel anzuwenden, die
der vernünftigen Selbſtliebe und Nächſtenliebe
zuwider ſind.

Wer iſt dienſtfertig? — Derjenige, welcher Luſt und Fertigkeit hat, Menſchen zu dienen
durch Sachen, Hülfe, Geld und Rath.

Was meidet der Demüthige? — Den
Hochmuth, oder die zu hohe Meinung von
ſeinen äuſſerlichen und innerlichen Vorzügen.

Wie heißt das äuſſerliche Verfahren eines
Hochmüthigen? — Stolz in Mienen, Worten, Titeln und äuſſerlichem Aufzuge.

Was

Was erfodert die Bescheidenheit? — Die Meidung des Stolzes und zu kühner Zumuthungen.

Wer beschäftigt sich in Gedanken, Wünschen, Worten und Werken zu viel mit seiner Ehre, oder auf unerlaubte und thörichte Art? — Der Ehrsüchtige.

Wer sorgt zu wenig für einen ehrlichen und guten Namen? — Der Niederträchtige.

Was erfodert die Höflichkeit? — Daß wir die äusserlichen Zeichen der Achtung gegen Menschen wissen und (so wie es ihrem und unserm Alter, Geschlechte und Stande gemäß ist) nicht versäumen.

Wodurch wird man misfällig? — Durch Mangel des Mitleidens und der Mitfreude, durch Undienstfertigkeit, Stolz, Unhöflichkeit, Rechthaberey, mürrisches Wesen, unnützes Tadeln, und alle Arten der Unklugheit im Umgange.

Warum ist die Gefälligkeit so wichtig, da sie doch mehrentheils Kleinigkeiten betrifft? — Weil viel Kleines ein Großes macht, und wir nicht oft Gelegenheit zu wichtigen Dienstleistungen haben; die Gefälligkeit aber allezeit in unsrer Macht steht.

In welchem Gemüthszustande ist die Gefälligkeit und Klugheit schwer? — In starken Affecten.

Welche

Welche Affecte sind der Sanftmuth zuwider? — Zorn und Rachbegierde.

Woran hat die Rachbegierde, ohne weitern Zweck, ein Wohlgefallen? — An der Kränkung des Gegners. Auch der Zornige sucht zu kränken, aber mit Absicht auf Wirkungen für seine Sicherheit, oder des Andern Beßrung.

Wie handelt der Billige? — Er braucht sein Recht und seine Freyheit nicht zum vermeidlichen Schaden und Verdrusse der Menschen.

Was gehört zur Leutseligkeit oder Menschenfreundschaft? — Sanftmuth, Gelindigkeit, Billigkeit, Dienstfertigkeit und Gefälligkeit.

Wodurch befördert man die Undankbarkeit? — Wenn man sie vorrückt; von Leuten, denen man gedient hat, Dank fodert; und von den geleisteten Diensten viel Rühmens macht.

Wodurch werden die Viel = Schwäzer so misfällig? — Weil sie Andre nicht zu Worten kommen lassen, und oft unbedachtsam reden.

Welchen falschen Schein nimmt der Schmeichler an aus unredlicher Absicht? — Einer weit größern Hochachtung, Freundschaft und Ergebenheit, als er gegen die Betrognen hat.

Wodurch sucht der Heuchler hervorzuragen, und Andre zu hintergehen? — Durch den Schein der Gewissenhaftigkeit und Gottseligkeit.

Wer

Wer iſt zu blöde? — Wer ſich ſelbſt und andern guten Menſchen zu wenig zutraut, die Beſcheidenheit übertreibt, und deswegen weniger Gutes empfängt und ausrichtet, als er ſonſt könnte.

Wie handelt ein Verwegner? — Er ſetzt ſich und Andre oft in unnöthige Gefahr, weil er ihre Größe nicht kennt, oder Ehre und Zeitvertreib darin ſucht.

Beſchreibe einen Muthigen oder Tapfern? — Er kennt die nöthigen Gefahren; weiß, daß er ſie übernehmen muß; behält Gegenwart des Geiſtes; kann mehr Schmerz vertragen, als die Meiſten, und ſcheut auch Lebensgefahren nicht, wenn ſie nöthig ſind.

Wie leidet der Geduldige? — Ohne übertriebnes und beſchwerliches Klagen; mit dem Gedanken, das Leiden ſey ein gewöhnlich Loos der Menſchen; es werde immer erträglicher, als man vorher gedacht hat; es ſey nicht heftig, oder reibe uns bald auf; es ſey ſowohl Saame als Würze der künftigen Freuden; es müſſe gute Folgen von großer Erheblichkeit haben, ſonſt würde es Gott nicht zulaſſen. Mit ſolchen Gedanken tröſtet er ſich, braucht Gegenmittel, verzweifelt niemals, und beſchäftigt oder zerſtreut ſich (in einem verdrießlichen oder ſchmerzhaften Zuſtande) ſo gut er kann.

Wer

Wer ist in guten Tagen übermüthig? — Wer sich auf böse nicht vorbereitet, die guten durch Stolz oder durch unvorsichtige Lustigkeit misbraucht, und dabey der Noth seiner leidenden Brüder vergißt, oder nicht davon hören mag.

Welche Menschen haben einen gleichmüthigen festen Charakter? — Die Muthigen, die Geduldigen, die im Glück nicht übermüthig sind, und bey einerley guten Gewohnheiten bleiben.

Wer führt ein leichtsinniges Leben? — Wer an die künftigen (auch die nächsten) Zeiten zu wenig, und an der Vervollkommnung seiner Seele zu selten, und nicht ernsthaft gnug denkt.

Wer lebt mäßig? — Wer die Leckerhaftigkeit gering schätzt, die Völlerey und Trunkenheit verabscheut, und bey jedem Genusse denkt, theils an seine Gesundheit; theils an die nöthige Sparsamkeit; theils an den Reiz zu gewissen Lastern, den die Uebermaaße giebt; endlich an das mancherley Gute, was er thun kann, wenn er sich und den Seinigen Dies und Jenes versagt.

Erinnre dich des Wichtigsten wider die Trunkenheit? — Sie setzt den Menschen in einen kleinern oder größern Wahnsinn; sie giebt ihm ein scheußliches, oder doch wenigstens sehr nachtheiliges Ansehen; sie reizt stark zu den schlimmsten Affecten, zu ehrsüchtiger Verwegenheit, zur Rachbegierde, zur Unzucht; sie schwächt
die

die Sinne und den ganzem Körper, auch den Verstand; sie ist der Erwerbsamkeit und Sparsamkeit zuwider; sie gibt Anlaß zur Feindschaft, und erschwert die Freundschaft, auch das gute Verhältniß aller Hausgenossen.

Sage das Wichtigste wider das hohe Spiel? — Es verderbt die Zeit; es beunruhigt die Seele; ist Reizung zum Betruge; gebiert Argwohn und Zank; bereichert in der länge fast Niemanden, aber stürzt Viele in Sorgen und Armuth.

Welchen Nutzen hat die Schamhaftigkeit und Ehrbarkeit? — Sie bewahrt vor Unzucht, Hurerey und Ehebruch.

Was vermeidet ein ehrbarer Mensch? — Alles, was ihn selbst oder Andre zu unzüchtigen Gedanken, Wünschen und Thaten leicht veranlassen kann, z. E. gewisse Bücher, Gemählde, Bildsäulen, Lieder, Schauspiele, Witzeleyen, Anspielungen; ferner gewisse Mienen, Stellungen, Arten sich zu kleiden, auch Dreistigkeiten mit dem andern Geschlechte; und selbst die zärtlichen und wollüstigen Caressen gegen seinen Ehegatten, im Beyseyn anderer Personen.

Wie nennt man die Herrschaft der Vernunft und des Vorsatzes, über die Neigungen und Affecte in starken Reizungen derselben? — Die Mässigung.

Was nennt man tadelhafte Wollust? — Einen gewöhnlichen Gemüthszustand, welcher

H   aus

aus Liebe zum Wohlbehagen, der Gesundheit, der Mäßigkeit, der Ehrbarkeit, der Arbeitsamkeit und der Sparsamkeit zuwider ist.

Wer ist leicht genügsam und zufrieden? — Der Mäßige, der Arbeitsame, der Nichtwollüstige, der Nichtgeizige, der Nichtehrsüchtige, und der Gottselige, wenn die Vorsehung ihm nicht sonderbare Trübsale sendet, und wenn er in einer Gesellschaft lebt, welche ihm, und welcher er selbst wohlgefällig ist.

19. Leben, Glückseligkeit, gutes Vernehmen der Menschen.

Warum ist die Liebe des Lebens so allgemein? — Aus verschiedenen Ursachen. 1) Die Eltern und Lehrer warnen immer vor Lebensgefahr. 2) Es wird bey Begräbnissen viel geweint, und der Abgeschiedene beklagt. 3) Man redet so, als wenn der lebendige Mensch noch Beschwerlichkeit und Schmerzen empfände von der Finsterniß des Grabes, von den Würmern und von der Verwesung. 4) Die anwachsende Vernunft lernt auch einsehen, daß das hiesige Leben im Ganzen ein guter Zustand sey, die Grundlage alles Genusses, alles Umganges, aller Geschäfte, aller Absichten. 5) Daher scheinen bey der Nähe des Todes manche schwere, und zum Theil vieljährige, Bemühungen vereitelt. 6) Und das künf-

künftige Leben der Seele umständlich und lebhaft
genug zu denken, ist in manchen Zeiten schwer.
7) Bey vielen unter uns kömmt noch hinzu eine
gar zu furchtbare (aber falsche) Vorstellung von
dem wahren allväterlichen Gerichte über die be=
gangenen Sünden.

Erinnere dich des Wichtigsten gegen die
Selbsttödtung? — 1) Man muß dem ersten
Gedanken daran nicht Raum lassen. Denn er
beruht fast immer auf einem thörichten Irrthume
von dem Erfolge, von der Größe, und von der
Dauer eines bevorstehenden Uebels; er kömmt
unter tausendmal nicht einmal zur Ausübung;
dennoch bringt seine Fortsetzung oder Wiederholung
einen solchen Menschen zuweilen in Schande, im=
mer in Disharmonie mit sich selbst, und in sol=
che Verwirrung, die ihn hindert, die noch mög=
lichen Mittel wider sein Uebel zu sehen und anzu=
wenden. 2) Kömmt der Gedanke aus gekränk=
tem Geize, aus beleidigter Ehrsucht, aus mis=
lungenem Eigensinne in der Verliebung, oder
gar aus Rache gegen Personen, denen man durch
die Ausführung Verdruß machen will; so soll
man bedenken, daß man mit diesem Herzen kein
glücklicher Ankömmling in dem Geisterreiche wer=
den kann. 3) Man denke an das Leiden, wel=
ches man durch Aeusserung solcher Gedanken den
Seinigen macht, und durch Ausführung dersel=
ben machen würde. 4) Wäre es auch wahr, daß kein
vergnügter Theil dieses Lebens bevorstehe: so ist

es

es doch immer möglich, den Rest nützlich für Andre
zuzubringen. 5) Je achtbarer der Name ist, welchen man von Seiten der Vernunft und Rechtschaffenheit hat, desto mehr schadet das Beyspiel
einer leichtsinnigen Geringschätzung des Lebens,
welche der Menschenwelt sehr schädlich ist.
6) Man sündigt gewiß nicht, wenn man gedul-
dig leidet; aber man ist doch wenigstens in Gefahr, zu sündigen, wenn man die angewiesenen
Schuljahre seines Lebens verkürzt. 7) Man muß
Nichts Wichtiges, das verschoben werden kann,
ohne eine feststehende Billigung des Gewissens un-
ternehmen. Diese wird in einer gottseligen Seele,
deren Standpunct nicht durch Affecte verrückt
ist, was die Selbsttödtung betrifft, nicht erfolgen.

> Anmerk. Mir ist es besonders merkwürdig, daß
> der Herr Jesus und die heiligen Apostel den Ih-
> rigen nicht den Rath hinterlassen haben, schwe-
> ren Verfolgungen durch eine beschleunigte Him-
> melsreise auszuweichen.

Welcher Duell hat einige Entschuldigungs-
gründe für sich? — Derjenige, der nicht aus
Haß oder Rachsucht, vielweniger aus Mordsucht
angekündigt oder angenommen wird; sondern
nach gewissen Thatsachen, wegen der Nothwendigkeit einer traurigen Wahl (in einem mit Vorurtheilen angesteckten Stande) entweder zu duel-
liren, oder auf immer die unentbehrliche und zugleich gemeinnützige Ehre zu verlieren, und selbst
von

von den Seinigen und allen Bekannten verachtet zu werden.

Ist es durchgängig ohne Ausnahme,
unsre Pflicht, so lange zu leben als wir können,
und einen jeden gewissen nahen Tod zu vermeiden? — Nein! Nicht durchgängig ohne
Ausnahme. Es giebt Umstände, wo wir ein
Recht haben, dem gewissen Tode lieber entgegen
zu gehn, als das Leben durch ein solch Verfahren
zu erkaufen, wodurch viel Gutes verhindert, und
viel Böses befördert würde.

> Anmerk. Zu einem solchen freywilligen Tode ver-
> pflichtet zuweilen Menschenfreundschaft, Patrio-
> tismus, Standespflicht, Dankbarkeit, und die
> Ehre der weiblichen Keuschheit.

Wessen Leben und Freyheit zu retten, muß man auch dem wahrscheinlich-
sten Tode nicht ausweichen? — Das
Leben und die Freyheit unsers Landesvaters
zu retten, oder solcher Menschen, an deren
Leben und Freyheit fast eben so viel gelegen ist;
denen wir sehr verbunden sind; die eben das für
uns thun würden.

Was ist Glückseligkeit? — Nicht Wollust, nicht Reichthum, nicht Pracht, nicht Ruhm,
nicht hoher Stand, sondern gutes Gewissen,
Freude in der Gottseligkeit, Gesundheit, gutes
Vernehmen mit den Unsrigen, und ein zufriednes

arbeit-

arbeitsames Leben, mit abwechselnder Geselligkeit und Ergötzung.

Welches Gute wird verhindert durch die fast
allgemeine und auf uns sehr wirksame Mode
des überflüssigen Aufwandes? — Das
Glück des stillen häuslichen Lebens, und die Lust
und Möglichkeit, sich bald zu verheirathen, da
es so schwer ist, eine Familie standesmäßig zu
ernähren.

Wer ist leicht mit denen Menschen, womit er umgehn muß, zufrieden? — Wer
gelernt hat, ihres Wohlwollens zu genießen und
ihnen zu dienen; und dennoch ihre persönliche
Denkart und Lebensart (welche nicht er, sondern
sie verantworten müssen) gut genug zu finden,
ohne, durch vergebliches und misfälliges Bestreben, sie nach seiner Denkart und Lebensart um-
modeln zu wollen.

Wie ist Neid und Nacheiferung unterschieden? — Den Neid betrübt der Genuß, den
ein Andrer von gewissen Vortheilen hat; die
Nacheiferung sucht für sich selbst ähnliche zu
erwerben.

Ist das tugendhafte und unschuldige Verhalten des einen Menschen und des andern Menschen,
in Ansehung gewisser Dinge, unter einander ganz
ähnlich und gleich? — Keinesweges. Z. E.
zwischen dem Geize und der Verschwendung liegt
die strengere und gelindere Sparsamkeit, die klei-
nere

nere und die größere Liebe zur Geselligkeit, Gastfreyheit und Freygebigkeit. Diese Verschiedenheit der Charactere macht den einen
dem andern, wenn er vernünftig denkt, nicht
tadelnswürdig. So ist es mit allen unschuldigen Dingen, in Ansehung gewisser Umstände und Lebensarten. Zwey entgegengesetzte
Laster sind die beyden Enden einer Linie, die verschiedene Abtheilungen hat, worinnen Alles verschieden, obgleich unschuldig, ist.

III. Vernunft im Denken, Vermu-
then und Fürwahrhalten.

---

20. Sinne. Gedankenlauf. Gedächtniß.

Ist der Lauf oder die Richtung unsrer Gedanken oftmals in unsrer Macht? —
Allerdings. Dessen ist sich ein Jeder bewußt. Und
darauf gründet sich Bitte, Rath und Warnung,
sich und Andre mit diesen oder jenen Gedanken
nicht zu quälen; dies oder das sicher zu glauben;
an diesem und jenem nicht zu zweifeln.

Wann mischt sich leicht falsche Einbildung ein in unser Sehn und Hören, und andre

H 4   Arten

Arten des sinnlichen Wahrnehmens der Dinge? —
In Affecten; in der Vorerwartung solcher Dinge,
die wir zu sehn und zu hören vermeinen; in
Krankheit, Trunkenheit und Wahnsinn, und
bey jedem Mangel der gehörigen Aufmerksamkeit.

Erinnren wir uns allezeit, kurz oder lange
hernach, unsrer sinnlichen Wahrnehmungen,
grade so, wie sie waren? — Nicht allezeit;
sondern zuweilen verwechseln wir Zeiten, Oerter,
Personen und Umstände; denken die geschehenen
Dinge in veränderter Ordnung, im höhern oder
niedrigern Grade, als sie wirklich hatten.

Wodurch kann man die Wiederkehr gewisser Gedanken befördern oder vermeiden? — Durch Befördrung oder Vermeidung
derer Dinge, wodurch (wie wir wissen) solche
Gedanken gereizt werden.

Wodurch wird ein Gedanke an eine
vormals gedachte Sache leicht erregt? —
Durch Reizungen der Gedanken an ähnliche Sachen, oder an solche, die an demselben Orte,
oder zu derselben Zeit, oder kurz vorher, kurz
nachher, gedacht wurden. Daher führen uns
die Ursachen vorwärts in die Wirkungen, und
diese rückwärts in die Ursachen. Alles Memoriren gründet sich auf diese Regel.

Warum sollen wir in den Weg, den unsre
Gedanken nehmen, oftmals vorwärts sehen?

hen? — Weil auf diesem Wege unsre Neigungen, Gewohnheiten und Vorsätze in Bereit-
schaft stehn, uns zu Mienen, Worten und
Thaten zu veranlassen. Daher ist die Pflicht
in Ansehung unsers Gedankenlaufes sehr
wichtig.

Was sollte niemals memorirt werden? —
Was man nicht versteht, folglich auch nicht
glaubt; auch nicht dasjenige, welches (wenn
man nicht auf Worte sehn will) aus dem Umgange und dem Unterrichte schon weis.

Sage einige der nützlichsten Uebungen
des Gedächtnisses? — Die Ordnung lehr-
reicher Begebenheiten; die Beweise wichtiger
Lehren und die Bedeutung wichtiger Wörter im
Verstande zu behalten; imgleichen nachdrückliche
Sittensprüche und Gesänge zu memoriren.

21. Grundsätze der Vernunft. Lauf der Natur. Aberglaube.

Welche Sätze nennt man einleuchtende
Grundsätze? — Diejenigen, an welchen
Niemand zweifelt, der sie recht versteht, und die
gemeine menschliche Erfahrung hat.

Anmerk. Z. E. des Menschen Wille bewegt seine
Glieder. Ein Theil unsers Schicksals kömmt
von unserm Thun und Lassen. Es ist einiges

H 5

Ueber

Uebel in der Welt. Es ist besser, vernichtet werden, als auch nur in der geringsten Gefahr stehen, auf ewig ein unglückseliges peinvolles Wesen zu bleiben. Alles, was geschieht, hat seine Ursache, die es wirkt. Kein Bad treibt einen bösen Geist aus dem Menschen, wenn einer darinnen wäre. Geschehene Dinge werden nicht ungeschehen. Ein Schuldiger wird nicht unschuldig, wenn ein Andrer dafür leidet. Wem einige dieser Exempel misfallen, mag andre dafür wählen.

Wird wohl hie und da mancher Lehrsatz, als glaubwürdig, uns vorgehalten, welcher doch streitet mit den einleuchtenden Grundsätzen der Vernunft? — Ich habe das wohl gehört. Aber wenn zugleich redliche und kluge Leute mir so Etwas zu glauben vorhalten; so glaube ich, daß sie in einer mir ganz unbekannten Bedeutung der Worte reden oder schreiben, womit mir, bis ich Etwas davon verstehe, gar nicht gedient seyn kann.

Welche (besonders unter dem großen Haufen) herrschende Meinungen und Sagen sind abergläubisch? — Die falschen, durch keine Erfahrung, durch kein glaubwürdiges Zeugniß bestätigte Sagen und Meinungen von wunderbaren Kräften gewisser Personen, Thiere, Kräuter, Wörter, Ceremonien und anderer Dinge.

Anmerk. Der Aberglaube ist immer gewesen; hier dieser, dort jener. Die Kinder und der große Haufe hören gern mit Aufmerksamkeit wunderbare

bare Dinge. Sie sind auch glaubwillig, wenn
sie erzählt werden. Gute, böse und gleichgül-
tige Absichten der Andern bedienen sich dieser
durchgängigen Beschaffenheit der menschlichen
Natur. Alsdann verrückt die Erwartung solcher Dinge die Augen und Ohren gewisser Menschen, daß sie nicht recht sehen, nicht recht hören,
und sich Erfahrungen einbilden, die sie nicht haben. Dichter erdichten abergläubische Dinge
mit Fleiß, um zu ergötzen. Das weis nicht ein
Jeder. Daraus werden Sagen, die man später als
Geschichte nachschreibt. Mancher Aberglaube
ist auch wohl aus Misverstand ganz wahrer Erzählungen entstanden. Ein kurzes wohlgeordne-
tes Register abergläubischer Meinungen, die
noch bey uns, hie und da, gelten, wäre ein nütz-
liches Buch.

Was verlangt ein vernünftiger Mensch,
wenn ihm sehr wunderbare Begebenheiten
erzählt werden, welche wider den (unter erfahrnen Menschen) bekannten Lauf der Natur, das
ist, nach seiner Meinung, ausser-natürlich
sind? — Er verlangt sehr starke Beweise,
daß sie geschehn sind. Sonst glaubt ers nicht,
weil die Erfahrnen ihn gelehrt haben, daß unter
1000 Erzählungen aussernatürlicher Dinge gewiß kaum eine einzige ist, deren Falschheit ihnen
nicht alsobald einleuchtend seyn sollte.

22.

22. Wahrscheinlichkeit und Pflicht des vernünftigen Glaubens.

Welche Sätze heissen natürlich wahr, oder natürlich gewiß? — Diejenigen, die mit einer zahlreichen, und durch keine Ausnahme geschwächten, Erfahrung übereinstimmen. Z. E. es ist wahr, daß die dichte bleyerne Kugel, wenn man sie ins Wasser wirft, sinken werde.

Welche Sachen heissen natürlicher Weise wahrscheinlich? — Diejenigen, die, wenn man die bekannten Umstände genau überlegt, mehr Erfahrungen für sich, als Ausnahmen wider sich, haben. Z. E. daß es innerhalb 3 Monaten in diesem Lande irgend einmal regnen werde.

Was ist zuverlässig wahr (fide dignum)? — Das Höchstwahrscheinliche, besonders wenn es auf mancherley Art höchstwahrscheinlich ist.

Beruht die Klugheit, Tugend und Gewissenhaftigkeit des menschlichen Thuns und Lassens, öfter auf völlige Gewißheit, oder auf Wahrscheinlichkeit der Begebenheiten und der Folgen in einzelnen Fällen? — Oefter nur auf Wahrscheinlichkeit der Begebenheiten und Folgen.

Anmerk. Eine völlige, strenge, einleuchtende Gewißheit ist nur in der Zahlenlehre und Meßkunst, so lange man sie nicht auf bestimmte Sachen anwendet;

wendet; und in einigen andern einleuchtenden
Grundsätzen, und ihren gleichfalls einleuchtenden
Folgen (deren Zusammenhang man Metaphysik
heißt). Z. E. überhaupt von Daseyn, von Möglichkeit mancher Art, von Ursache und Wirkung,
von Zeit und Raum, von Ewigkeit und Uner-
meßlichkeit, von Nothwendigkeit und Ohngefehr
mancher Art, u. s. w. Das Nützliche dieser
tiefsinnigen Lehrsätze muß nicht zusammenstehn,
sondern da, wo es brauchbar ist, zerstreut angebracht werden, um Klugheit, Tugend, Weisheit und Gottseligkeit unter den Menschen zu befördern, wie in diesem Catechismus.

Kann man sich denn demohngeachtet auf
die Gewißheit der Sittenlehre verlassen?
— Ja. Denn völlig wahr und gewiß sind dennoch die Regeln von der Rathsamkeit der Handlungen, bey der geringern oder größern Vermuthlichkeit der Begebenheiten und Folgen gewisser Art.

Wie nennt man zwey oder mehr Vermuthungen, davon vielleicht gar keine, aber gewiß
nicht mehr, als eine, eintrifft, das ist; wahr
wird, oder wahr ist? — Man nennt eine jede,
einer jeden andern zuwider, oder widrig. Z. E.
Philander ist heute entweder in Hamburg, oder
in London, oder in Paris, u. s. w.

Wann heissen zwey widrige Vermuthungen,
eine der andern widersprechend? — Wenn
eine unfehlbar wahr, die andre unfehlbar falsch
ist, oder falsch wird, wie Ja und Nein in derselben Sache.

Wann

Wann heissen zwey oder mehr Vermuthungen gleich? — Wenn eine jede so wahrscheinlich, oder so unwahrscheinlich ist, als jede andre.

Welche Wetten sind gewiß wirksam? — Wenn der Eine für das Ja, der Andre für das Nein derselben Sache wettet.

Welche Wetten bleiben zuweilen unwirksam? — Wenn die Behauptungen der Wettenden zwar widrig, aber nicht widersprechend sind. Z. E. A soll einen Wurf mit einem Würfel thun. Er wettet für 3, B aber für 4 Augen.

Wie mißt man die Wettbarkeit (certabilitatem) einer Vermuthung? — Man zählt a, oder die gleichvermuthlichen Fälle, wodurch das Ja (der Affirmation); und man zählet n, oder die Zahl gleichvermuthlicher Fälle, wodurch das Nein derselben Sache entschieden wird. Alsdann ist der Bruch) $\dfrac{a}{n}$ die Größe der Wettbarkeit für das Ja; und $\dfrac{n}{a}$ für das Nein. Der Erste wettet, a gegen n, für Ja; der Andre, n gegen a, für Nein. Z. E. Wer 6 Loose hat in einer Lotterie von 10 Loosen, worinnen ein Gewinn ist, kann 6 gegen 4 wetten, daß er ihn bekomme.

Zeige

Zeige die Grade der Wettbarkeit in auf=
steigender Ordnung?

$$\ldots \frac{1}{5},\ \frac{1}{4},\ \frac{1}{3},\ \frac{1}{2},\ 1, 2, 3, 4, 5, \ldots$$

Die Totalzahlen sind hier Zähler, deren Neñer 1 ist.

Z. E. $\frac{1}{1},\ \frac{2}{1},\ \frac{3}{1},\ \frac{4}{1},\ \frac{5}{1}$, u. f. w.

Wie lange bleibt das Wettbare unwahr=
scheinlich? — Bis an den Grad 1 oder $\frac{1}{1}$.
Dieser Grad ist der erste Grad der Unwahrschein=
lichkeit, wenn man rückwärts zählt, und der
Wahrscheinlichkeit, wenn vorwärts gezählt wird.

Wenn die Wettbarkeit $\frac{a}{n}$ ist, was ist denn
die Vermuthlichkeit oder Möglichkeit (exfpe-
ctabilitas)? — Die Möglichkeit ist alsdann
$\frac{a}{n+a}$, oder kürzer $\frac{a}{t}$, weil man t für a + n nimt.
Die Wettbarkeit, daß man mit 2 Würfeln in
einem Wurfe 7 Augen wirft, ist $\frac{6}{30}$ oder $\frac{1}{5}$.

Also ist die Möglichkeit $\frac{1}{5+1} = \frac{1}{6}$

Wie

Wie groß ist die Summe der Möglich-keiten des Ja und des Nein derselben Sa-che? — Diese Summe ist allemal 1, oder Eins.

Wann ist ein Recht zu einer Vermuthung wunschwürdig? — Wenn das Product des gehofften Vortheils und seiner Möglichkeit grösser ist, als das Product des befürchteten Schadens und seiner Möglichkeit.

Anmerk. Es sey $\frac{3}{4}$ Möglichkeit, daß mein Schiff vor den 1. Junius nach Philadelphia komme; folglich $\frac{1}{4}$, daß es nicht komme. In jenem Falle gewinne ich 1000; in diesem Falle verliere ich 2000. So ist 1000. $\frac{3}{4}$ grösser, als 2000. $\frac{1}{4}$. Also ist diese Vermuthung eine wunschwürdige Sache.

Wie viel ist ein wunschwürdig Recht zu einer Vermuthung werth? — Das Pro-duct des Vortheils und seiner Möglichkeit, wenn davon subtrahirt ist, das Product des Schadens und seiner Möglichkeit.

Wann ist eine Vermuthung verwerf-lich? — Wenn das Product des Vortheils und seiner Möglichkeit kleiner ist, als das Pro-duct des Schadens und seiner Möglichkeit.

Wie

Wie viel ist es werth, von einer verwerflichen Vermuthung befreit zu werden? — Das Product des Schadens und seiner Möglichkeit, wenn davon subtrahirt ist, das Product des Vortheils und seiner Möglichkeit.

Was heißt ein Casualzustand? — Ein solcher Zustand, der so und anders werden kann, und abhänglich ist von dem Ausfalle einer, oder mehrer, unzertrennlichen Vermuthungen.

Wann ist ein Casualzustand wünschswürdig? — Wenn die Grösse des Werthes aller darinnen unzertrennlichen wunschwürdigen Vermuthungen grösser ist, als der Werth, befreit zu werden von allen darinnen unzertrennlichen verwerflichen Vermuthungen.

Wann ist ein Casualzustand, welcher in der Geldrechnung wunschwürdig ist, doch verwerflich nach der Sittlichkeit? — Wenn, im Falle des Mislingens, die dauerhafte Zufriedenheit mehr leiden, als im Falle des Gelingens gewinnen wird. Z. E. Ein Handwerksmann, der 500 Rthlr. besitzt, muß dafür keine ungewisse Hoffnung kaufen, wenn sie auch an sich 2000 Rthlr. werth ist.

Was heissen Erfodernisse (requisita) einer Hauptsache? — Die möglichen Dinge, die (allesammt ohne Ausnahme) wahr seyn müssen, um die Hauptsache wahr zu machen. Z. E. Wenn Freund A und Freund B heute zu mir kommen

J   müssen,

müſſen, wofern ich von einer Sache ſoll benach-
richtigt werden; ſo iſt zu meiner Benachrichtigung die Ankunft von A ein Erfoderniß, und
auch die Ankunft von B.

Was heiſſen Behelfe (auxilia) einer Hauptſache? — Die möglichen Dinge, deren nur
eins wahr ſeyn muß, um die Hauptſache wahr
zu machen. Wenn ſowohl A als B mich benachrichtigen kann; ſo iſt die Ankunft von A ein Behelf, und die Ankunft von B ein andrer Behelf
zu meiner Benachrichtigung.

Wie mißt man die Möglichkeit einer Sache,
zu welcher viele Erfoderniſſe gehören? — Aus
dem Producte der Möglichkeiten der Erfoderniſſe. Z. E. Die Möglichkeit mit zwey
Würfeln 6 zu werfen (welche $\frac{5}{36}$ iſt), heiſſe ^{1}m;

die Möglichkeit 3 zu werfen, (welche $\frac{2}{36}$ iſt) heiße

^{2}m; ſo iſt die Möglichkeit, in dem erſten
Wurfe ſowohl 6, als in dem andern 3 zu werfen,

^{1}m ^{2}m $= \dfrac{10}{1296} = \dfrac{5}{648}$. Und eben ſo wäre

es, wenn in dem erſten Wurfe 3, in dem andern 6 fallen müßten, um einen einzigen Gewinn zu erhalten.

Aber

Aber wenn eine Sache viele Behelfe hat, wie mißt man alsdann ihre Möglichkeit? — Durch die Differenz zwischen 1 und zwischen dem Producte der Erfodernisse, die zum Nein-sagen gehören, das ist, die allesammt eintreffen müssen, wenn das Nein der vermutheten Sache erfolgen soll.

Anmerk. Man denke eine Lotterie; die Anzahl der Gewinne heisse g, der Nieten n; folglich aller Loose $g + n$. Jedes einzelne Loos hat allerdings die Möglichkeit $\frac{g}{g + n}$, einen Gewinn zu bekommen. Aber, wenn schon einige Loose gezogen sind, so ändert sich die Möglichkeit jedes andern. Das muß man merken, wenn man aus solchen, von einander abhänglichen, Erfodernissen oder Behelfen die Möglichkeit einer Sache berechnet. Z. E. Wenn eine Sache nur dadurch geschicht, daß 3 Loose ohne Ausnahme gewinnen; so ist die Möglichkeit dieser Sache

nicht $\frac{g}{g + n} \cdot \frac{g}{g + n} \cdot \frac{g}{g + n}$

sondern $\frac{g}{g + n} \cdot \frac{g - 1}{(g + n) - 1} \cdot \frac{g - 2}{(g + n) - 2}$

Solcher Künste bedarf man nicht, wenn die 3 Loose in verschiednen (ganz gleich eingerichteten) Lotterien stehn. Denn alsdann bleibt jedes Erfoderniß dem andern gleich. So ist es auch mit den, von einander abhänglichen, Behelfen. Gesetzt eine Sache hängt davon ab, daß wenigstens eins von 3 Loosen gewinnend ist; so ist die

J 2   Mög-

Möglichkeit dieser Sache

$$\text{nicht } 1 - \left(\left(\frac{n}{g+n} \right) \cdot \left(\frac{n}{g+n} \right) \cdot \left(\frac{n}{g+n} \right) \right)$$

$$\text{sondern } 1 - \left(\left(\frac{n}{g+n} \right) \cdot \frac{n-1}{(g+n)-1} \cdot \frac{n-2}{(g+n)-2} \right)$$

$$= 1 - \left(\left(\frac{n}{t} \right) \cdot \left(\frac{n-1}{t-1} \right) \cdot \left(\frac{n-2}{t-2} \right) \right)$$

Wie viel Versetzungen leiden 2, 3, 4, 5 Dinge? — Zwey leiden 2; drey leiden 2. 3; vier leiden 2. 3. 4; fünf leiden 2. 3. 4. 5.

Wie viel Versetzungen leiden Dinge, deren Anzahl n ist? — Dies wird bestimmt durch das große Product der Zahl n, das ist, durch 2. 3. 4 ... n, oder durch n . n — 1 . n — 2 . n — 3 ..... bis die letzte Zahl 2 wird.

Es bestehe die Möglichkeit m, aus den Erfoderniffen a b c d (u. f. w.) in dieser vorgeschriebenen Ordnung. Nun sey M eine andre Möglichkeit, die zwar dieselben Erfoderniffe hat, aber ohne vorgeschriebene Ordnung derselben: wie kann man denn M aus m schliessen? — M wird gefunden, wenn man m, als einen Erfolg von vielen gleichen Behelfen ansieht, deren Anzahl so groß ist, als die Anzahl der Erfoderniffe a, b, c, d u. f. w. (woraus m erkannt wird) Versetzungen leiden. Z. E. Die Möglichkeit, mit einem Würfel nach einan-

einander 2, darauf 1, darauf 5 zu werfen,

ist $\frac{1}{6} \cdot \frac{1}{6} \cdot \frac{1}{6} = \frac{1}{216}$. Ist aber die Ord-

nung gleichgültig; so wird die Möglichkeit

$$1 - \left(\frac{215}{216} \cdot \frac{215}{216} \cdot \frac{215}{216} \right).$$

Wenn man die Möglichkeit m etliche mal versuchen darf, falls sie anfangs nicht eintrifft; wie erkennt man die neue Möglichkeit M? — Man sieht m als einen Behelf dieser neuen Möglichkeit an, und die Zahl solcher Behelfe ist gleich der Zahl der erlaubten Versuche.

Wie groß ist die Möglichkeit des Gewinns im Lotto? — Bey einem bestimmten Auszuge $\frac{1}{90}$. Das ist klar. Bey einem unbestimmten Auszuge $\frac{1}{18}$; denn es sind 90 Numern; nur 5 sind dem Spieler Glück; also kömmt $\frac{5}{90} = \frac{1}{18}$.

Bey einer Ambe kömmt $\frac{1}{400\frac{1}{2}}$; denn es sind 4005 Amben; nur 10 davon sind dem Spieler Glück. Also kömmt $\frac{10}{4005} = \frac{1}{400\frac{1}{2}}$.

J 3 Bey

Bey einer Terne $\dfrac{1}{11748}$; denn es sind

117480 Ternen; davon sind nur 10 des Spielers Glück. Also ist die Möglichkeit dieses Glückes

$$\dfrac{10}{117480} = \dfrac{1}{11748}.$$

Bey einer Quaterne $\dfrac{1}{471038}$; denn es

sind 2355190 Quaternen; davon sind nur 5 des Spielers Glück. Es ist also die Möglichkeit des-selben $\dfrac{5}{2355190} = \dfrac{1}{471038}.$

Anmerk. 1) Man kann also sehn, wie übel die Spieler mit dem Lotto spielen. Denn wenn (die Kosten für Null gerechnet) unpartheiisch verfah-ren würde; so sollte das Lotto den Einsatz aus-geben so oftmal; als die Nenner der Möglich-keiten anzeigen.

2) Es sind (wie leicht zu erweisen ist) in je-der Zahl, welche n heißt) Amben $\dfrac{n(n-1)}{2}$;

Ternen $\dfrac{n(n-1)(n-2)}{2\quad 3}$;

Quaternen $\dfrac{n(n-1)(n-2)(n-3)}{2\quad 3\quad 4}$ u. s. w.

Wie soll man einen möglichen Erfolg, von guter oder schlimmer Art, in Ansehung der Menschheit schätzen? — Nach Ueberle-gung

gung einer vierfachen Möglichkeit. 1) Des wirklichen Erfolges, 2) der Ausbreitung desselben über
viele Menschen, 3) der Wichtigkeit, und 4) der
Dauer desselben.

Sizt man jemals so im Glück oder
Unglück, daß man mehr Glück, oder mehr Unglück erwarten dürfe, als wenn man zu spielen
erst anfinge? — Nein. Alle vorige Spiele
geben die folgenden nicht an, wenn ein je=
des ein wahres richtiges Spiel ist.

Wann müssen wir eben so handeln, als
wenn das Unwahrscheinlichste höchst
wahrscheinlich, oder gewiß wäre? — Wenn
wir, falls das Unwahrscheinliche nicht eintrifft, nur
im verächtlichen Grade verlieren, und sonst in sehr
hohem Grade gewinnen. Bey dieser Rechnung
wird Befreiung vom Uebel für Gewinn, und Ent=
behrung des Guten für Verlust gerechnet.

Ist dasjenige von vielen Dingen, deren eins
wahr seyn muß, schon wahrscheinlich, was größre
Möglichkeit hat, als ein jedes andre von diesen
Dingen? — Nicht allemal; nemlich alsdann
nicht, wenn die Summe der Möglichkeiten der
andern Dinge mehr, als ½ ausmachen.

Welcher Menschen Vermuthungen
trügen am seltensten? — Die Vermuthungen der aufmerksamen, belehrten, erfahrnen und
klugen Menschen, welche in wichtigen Angelegen-

J 4   heiten

heiten an alle bekannte und erkennbare Umstände
der Personen und Gegenstände denken, ehe sie
sich zu einem etwas feststehenden Grade der Vermuthung entschliessen, nach welchem sie ihr
Thun und Lassen einrichten, oder Andern Rath
geben wollen.

Erinnre dich einiger Sittenregeln in Ansehung des rathsamen Zweifelns, Vermuthens
und Glaubens, oder unsrer Glaubenspflicht?
— 1) Zweifle oft, ob du die Vorzüge habest,
die du dir vorstellest. 2) Zweifle, ob Andre
(in Vergleichung mit dir) so unverständig, ohn-
mächtig und schlimm sind. 3) Hege nicht mit
Fleiß solche schwach-veranlaßte Zweifel, welche
dir die Freuden des Wohlwollens gegen diesen
oder jenen unter deinen Nächsten verderben könnten. 4) Glaube, was du glauben mußt, um
ein getreuer und ruhiger Unterthan zu seyn, wenn
du es glauben kannst. 5) Wenn du etwas Bessers thun kannst; so bekümmere dich nicht darum,
in welcher Bedeutung der Worte dasjenige entweder wahr oder glaublich seyn möchte, was
(den Worten nach) wider die einleuchtenden
Grundsätze der Vernunft gelehrt und dir zu glauben empfohlen wird. 6) Von unsichtbaren und
zukünftigen Dingen (wovon die Menschen Nichts
erfahren können) glaube und vermuthe Nichts
Furchtbares, wenn die Vermuthung dich nicht
bessern, und auf dem Wege der Beßrung zugleich

gleich beruhigen kann. 7) Aber glaube (mit Abscheu am Zweifel) die Gewissenslehren von solchen überirdischen und nachirdischen Dingen, welche die belehrte Vernunft darum gern glaubt, weil solcher Glaube uns bessert, und, bey dem Vorsatze der Beßrung, mit unserm Daseyn zufriedner macht. 8) Sey auch glaubwillig in Ansehung dessen, womit die Gewissenslehren einen richtigen Zusammenhang haben, so daß sie dadurch glaublicher und kräftiger werden. 9) Liebe also deine Gewissenswahrheiten, die dich bessern und trösten; laß die Zweifel und Einwendungen dawider nicht willkommen seyn; befestige dein Herz in denselben, durch fleissiges Andenken, und durch eine noch fleissigere Ausübung. 10) Bürde deine persönliche Glaubenspflicht Niemanden auf. Denn wie dein Gesicht, deine Gestalt und Leibeskraft; also hat dein Verstand und dein Herz Aehnlichkeit und Unähnlichkeit mit andern Menschen im verschiednen Grade.

Anmerk. Auf diese Glaubenspflicht hat man sich bisher oft (mit andern Worten) berufen, ohne sie so deutlich zu lehren. Man hat die Freyheit, die Schuld und das Verdienst der Menschen nicht recht erkannt in Ansehung der Gedankenpflicht und Glaubenspflicht. Wahr ist es, es giebt Sätze, die der Mensch gar nicht zu bezweifeln; andere, die er gar nicht zu glauben vermag. Aber diese sind nur der kleinste und (im Thun oder Lassen) unwirksamste Theil der menschlichen Erkenntnisse und Lehren.

23. Zeugnisse und Geschichte.

Was ist zu untersuchen bey Aussagen von Zeugen in wichtigen Dingen? — 1) Waren sie fähig und aufmerksam gnug, die bezeugten Sachen richtig zu sehn und zu hören, 2) und so lange richtig und genau zu behalten? 3) Wollen sie die Wahrheit ganz sagen, wie sie sie wissen? 4) Drükken sie sich so aus, daß wir sie recht verstehn? 5) Wie wahrscheinlich oder unwahrscheinlich in sich selbst, ist die bezeugte Sache nach dem Laufe der Natur, bey denen, auch ohne ihr Zeugniß, schon bekannten Umständen?

Durch welche Uebereinstimmung von achtbaren Zeugen wird die bezeugte Sache völlig gewiß, so wunderbar sie seyn mag? — Durch diejenige Uebereinstimmung, welche in ihrer Abrede nicht gegründet seyn kann, und welche verursacht, daß sie mit Uebereinstimmung so handeln, als es wider die menschliche Natur wäre, wenn sie die bezeugte Sache ausgedacht, oder sich nur eingebildet hätten.

Was vertritt die Stelle der Zeugen bey Erforschung heimlicher Thaten und Absichten der Menschen? — Die Uebereinstimmung vieler vorhergehenden und nachfolgenden Umstände, davon ein jeder die That und Absicht schon wahrscheinlich macht, und gegen deren

Ueber-

Uebereinstimmung Nichts Kräftiges kann entgegengesetzt werden. So kommen die Criminalgerichte in manchen Dingen zu ihrer Art der Gewißheit.

Wodurch ist Vieles ungewiß und verdächtig in späten Erzählungen alter Geschichte? — Die ersten Geschichtschreiber aller alten Völker haben sonder Zweifel aus Sagen, Gedichten und Liedern nach Belieben das zusammengeschrieben, was ihnen zweckmässig schien. Und auf diese stützen sich die spätern Geschichtschreiber.

Warum ist auch Vieles verdächtig in Geschichtschreibern, welche die Begebenheiten ihrer Zeit erzählen? — Sie waren bey den wenigsten Begebenheiten zuverlässige Augenzeugen. Sie schrieben Vieles mit wissentlicher oder unwissentlicher Partheylichkeit für und wider Personen, Stände, Partheyen und Völker.

Welche Geschichte von alten ausser-natürlichen Dingen haben gewiß etwas Falsches? — Diejenigen, worinnen zugleich erzählt wird, daß ein ganzes Volk und ihre Nachbaren diese wunderbaren Dinge sollen gesehen oder zuverlässig gehört haben, ohne davon gerührt, erschreckt und zu einem solchen Thun und Lassen bewegt zu werden, wie es die menschliche Natur mit sich bringt.

Anmerk.

Anmerk. Die Geschichte Aegyptens und Canaans, in einem gewissen Zeitpuncte, kann hierbey zur Verstandesübung junger Leute gemacht werden, deren Verstand scharf zu seyn bedarf. Die ausser-natürlichen Dinge, die im N. Testamente er-zählt werden, harmoniren mit ihren erzählten und auch weltkundigen Wirkungen, wenn man sich von den Umständen der damaligen Zeit un-terrichtet hat.

Welche Art der Geschichte habe ich dir zu glauben, oder gern zu lesen em-pfohlen, auch vor geschehener Untersuchung, ob Alles und Jedes, oder wie Viel davon wahr sey? — Diejenige Art, die mein Herz bessert, mich mit meinem Zustande zufriedner macht; oder meinen Verstand mit Gedanken an man-cherley erwartlichen Folgen des Thuns und Las-sens bereichert, oder mir wenigstens in Zwischen-zeiten ein Vergnügen macht, das unschuldig ist.

Anmerk. Man kann durch Hülfe der Archive, der Documente, der Monumente, der Mün-zen, (u. s. w.) Geschichte zusammenschreiben, da-von fast alle Theile zuverlässig gnug sind. Aber wie wenig lehrreich für den Menschen sind doch viele dieser Art? Successionen, Geburten, Ver-mählungen, Kriege, Schlachten, Friedensver-träge, Todesfälle, Jahrzahlen und Urheber der Städte und Klöster, Privilegien, Prätensionen, Urglanz der Familien; Rechte, die nicht mehr recht sind; das Glück der Ketzermacher und das Unglück der Ketzer; Parlementsschlüsse der Con-cilien; Beweise, daß nicht Hans sondern Kunz,

kein

kein Franzos sondern ein Teutscher, der Erfin.
der gewisser Künste oder Lehrsätze gewesen sey;
reichhaltige Register von Büchern, die Niemand
mehr liest, von Meinungen, die Niemand mehr
glaubt! Du Mensch, was lernst du daraus,
du Mensch, wenn du nicht Lobpreiser und De-
ductionsmacher oder ein Orakel solcher Männer
werden willst?

Welche Lebensbeschreibungen (wenn
wir nicht noch etwas Bessers zu thun wissen) sollen wir lesen? — Die Lebensbeschreibungen
der besten Menschen unsers Geschlechts, Alters,
Standes und Berufs, wenn sie zugleich lehrreich
und anmuthig geschrieben sind.

> Anmerk. In der heutigen vornehmen Welt ist des
> Lesens und Schreibens zu viel; aber zu wenig
> Zeit zur Anwendung und zum Genusse der schon
> erworbnen practischen Erkenntnisse.

Welche Theile der Naturbeschreibung
muß man für wahr erkennen? — Diejenigen,
welche jetzund in der Leserwelt durchgängig bekannt sind, und (ohne Widerspruch Vieler) geglaubt werden.

> Anmerk. Dasselbe gilt auch von den Beschreibun-
> gen der Völker, ihrer Lebensarten, Künste,
> Sitten und Religionen. Doch müssen wir im-
> mer etwas Misverstand und Partheylichkeit in
> den Nachrichten vermuthen.

24. Anhänglichkeit an väterlicher Religion.

Ist es gewiß, daß viel Irrthum unter den Menschen ist in dem Religionsglauben von Gott und Göttern, von Engeln und Teufeln, von Strafen und Belohnungen der Seelen nach dem Tode des Leibes, und von den Mitteln, im guten Verhältnisse mit der Gottheit zu stehn? — Das ist gewiß gnug. Denn über sehr viele Fragen, die dazu gehören, wird hier dies, und etwas Anders dort, gelehrt, und dem Glauben der Jugend und des großen Haufens empfohlen, von den öffentlichen Lehrern, und in ihren Büchern. Nun sind von zwey sich einander widersprechenden Lehren und Aussprüchen wohl zuweilen beyde falsch, aber niemals beyde wahr.

Ist es leicht in dem Glauben abzuweichen, von der uns beygebrachten Religion unsrer Eltern, und der mit ihnen übereinstimmenden Lehrer? — Das kann in gewöhnlichen Zeitumständen nicht leicht seyn. Denn sehr Wenige nur thun es. Und diese sehr Wenigen sind von zweyerley Art. Einige werfen aus leichtsinniger und wilder Lasterhaftigkeit, mit der Religion der Eltern, alle Scheu vor einer Gottheit aus ihrem Herzen. Andre gerathen in Zweifel oder in einige Glaubensveränderung, weil das

Zwei-

Zweifeln oder ein etwas veränderter Glaube ihnen eine Gedankenpflicht oder Glaubenspflicht scheint. Dazu werden sie gemeiniglich veranlaßt durch eine persönliche Schwergläubigkeit, durch die auffallendsten Irrthümer in ihrer Jugendlehre, durch die erlernten unmethodischen Beweise der Wahrheiten, und durch erworbne Einsichten, besonders durch Hülfe gewisser Gespräche und Bücher.

Welches ist (nebst andern) die wirksamste Ursache der höchst gewöhnlichen Stand= haftigkeit in der väterlichen Religion? — Die, der Jugend eingeschärfte, Furcht, daß Gott sie scharf (auch wohl ewig) strafen werde, wenn sie zweifelte, oder abwiche, wobey man ihr im= mer mit Abscheu von dem zeitlichen und ewigen wohlverdienten Unglücke der Andersglaubenden Vieles vorgespiegelt hat.

Haben deine Eltern und Lehrer dich auch so in Furcht gesetzt vor Zweifeln, Un= tersuchen und Andersglauben? — Nein. Sie haben mir zwar gewisse Lehrsätze, als Gewissens= wahrheiten, angepriesen, und ihre Glaubwür= digkeit zu zeigen gesucht; aber mich auch ver= sichert, daß ich in gar keine Seelengefahr käme, durch So= glauben, oder Anders = glauben, durch Mehr= glauben, oder Minder= glauben; wenn ich nur erstlich so zu leben suchte, wie der weise und gütige Allvater der Menschen es mir rathen

und

und befehlen würde, falls ich seine Stimme hören könnte; und wenn ich nur nicht, um regellos
zu leben, unvernünftig zu zweifeln oder Gewif-
senswahrheiten zu verwerfen suchte.

> Anmerk. 1) Eine solche Art des Unterrichts ist der
> Saame der vollkommensten Nächstenliebe gegen
> andere Religionsverwandte, Christen, Juden,
> Mahomedaner, Heiden und bloß philosophische
> Gottesverehrer, auch solche, die, aus Liebe der
> Wahrheit, die Noth der Zweifel erdulden. 2) Die
> ersten Anhänger einer guten aber dem Publikum
> auffallenden Sache, sind immer im gewissen
> Grade Märtyrer, bis sie in einen freundschaft-
> lichen Krais kommen, wo mehr Familien eben
> Dasselbe billigen und thun.

25. Das Auslegen, Untersuchen und Be- weisen eines Vortrags.

Wie hilft man sich bey Auslegung undeut-
licher Stellen wichtiger alter Schriften und
Bücher? — 1) Durch Vorerkenntniß des
Zwecks dieser Bücher und solcher Stellen. 2)
Durch deutliche Stellen desselben Buchs (oder
ähnlicher Bücher) von denselben Sachen. 3)
Durch Noten gelehrter Männer, die einen Uner-
fahrnen zuweilen auf Bedeutungen aufmerksam
machen, deren Richtigkeit aus dem Zwecke und
Zusammenhange einleuchtend ist. 4) Durch
Vermuthung, daß von den ersten und fernern

Abschrei-

Abschreibern Etwas verschrieben, ausgelassen, eingeschoben und versetzt ist.

Wie müssen wir die besorgliche Dunkelheit, oder den Misverstand unsers eignen Vortrags verhüten? — 1) Durch Zusetzung anderer gleichgültigen Ausdrücke. 2) Durch förmliche Umgränzung (Definition) der Bedeutung eines Ausdrucks, damit man nicht zu Viel und nicht zu Wenig, auch nichts Anders, als, was wir wollen, bey unsern Worten denke. 3) Ist nur Gefahr, daß zu Viel dabey gedacht werde; so macht man die nöthigen Ausnahmen; hingegen dehnt man die Bedeutung eines Wortes durch andre Worte aus, wenn sonst vielleicht zu Wenig dabey gedacht würde. 4) Zuweilen wird man deutlicher, wenn man den Ursprung, den Zweck und die Wirkung der genannten Sache anführt; oder einige ihrer Theile; das Ganze, wozu sie gehört; andre ihr ähnliche Dinge; oder ihr Gegentheil; oder den Ort, die Zeit, die Umstände, in welchen man sie antrifft.

Wie schaffen wir Glauben denen Theilen unsers Vortrags, die sonst vielleicht bezweifelt würden? — 1) Durch äusserliche Beweise, 2) durch innerliche.

Welche äusserliche Beweise pflegt man zu gebrauchen? — Versicherungen und Gründe, daß man selbst die Wahrheit genau untersucht

K   habe,

habe, gewiß wiſſe, und aufrichtig zu ſagen und
zu lehren Urſache habe; ferner, daß die Sache
in aller vernünftigen Welt, oder von großen
Männern, als unſtreitig angenommen werde;
daß die Zeit kommen werde, da die Zuhörer und
Leſer aus eigner Einſicht die Sache glauben können, die man ihnen jetzund zu ihrem eignen Be-
ſten zu glauben und auszuüben empfehle. In
Thatſachen aber führt man zum Beweiſe an, Zeugen, Documente, Geſchichtſchreiber, Münzen,
andre Denkmäler, Briefe, u. ſ. w.

**Wie beweiſet man Etwas durch in-
nerliche Beweiſe?** — 1) Man beweiſet die
Wahrheit oder Wahrſcheinlichkeit ſolcher Urſachen, bey ſolchen Umſtänden, aus der zugeſtandnen (oder leicht erweislichen) Wahrheit ſolcher Erfolge. 2) Man beweiſet die Wahrheit
oder Wahrſcheinlichkeit ſolcher Erfolge, bey ſolchen Umſtänden, aus der zugeſtandnen (oder
leicht erweislichen) Wahrheit ſolcher Urſachen.
3) Man beweiſet dasjenige, was von einer Sache
noch nicht geglaubt wird, aus dem, was von ihr
ſchon geglaubt wird, weil das Geglaubte das
Nichtgeglaubte (nach dem Laufe der Natur, oder
nach einem andern Vorerkenntniſſe und Einge-
ſtändniſſe) unzertrennlich mit ſich bringt. 4).
Man beweiſt, daß Etwas nicht wahr oder nicht
wahrſcheinlich ſey, weil andre Dinge wahr oder
wahrſcheinlich ſind, wodurch jene vorgegebne
Wahr-

Wahrheit und Wahrscheinlichkeit bestritten wird.
) Man beweist die Wahrheit des einzigen übrig
ebliebenen Falles von vielen Fällen daraus, daß
ie übrigen allesammt verwerflich sind, und daß
och (den ersten mit eingeschlossen) wenigstens
iner unfehlbar wahr seyn muß. 6) Ueberhaupt
eweist man (wenns nur auf die Ausdrücke an-
ömmt) einen gleichgeltenden Satz aus dem an-
ern, und einen Weniger in sich fassenden, aus
inem Mehr in sich fassenden, wenn der bewei-
nde Satz eher verstanden wird, und eher Bey-
all findet, als der bewiesene.

Durch welche Fehler wird ein Beweis
(der kein blosses Ueberredungsmittel seyn soll)
nbündig? — 1) Wenn in den zum Be-
eise angeführten Sätzen Falsches oder Ungewis-
s ist, das zur Sache gehört; 2) wenn sie (ge-
tzt sie wären wahr und gewiß) die vorgenommne
Sache nicht beweisen, welches oft dadurch ge-
hieht, daß die Bedeutung der Worte wissentlich
der unwissentlich verändert wird.

Welche Ueberredungsmittel sind zuwei-
n anstatt der bündigen Beweise rathsam? —
Man benutzt die bey den Lesern und Zuhörern
hon geltenden Denkarten, Lehrsätze, Meinun-
en und Auslegungen, wenn man sie auch selbst
ben nicht für bündig hält Man führt sie zuwei-
n nur durch einen Wink oder durch zweck-
lässige Vergleichungen in solche Gedanken,

K 2 welche

welche Reizungen der Aufmerksamkeit und des Beyfalls sind. Man erwähnet einiger Dinge, die nicht zur Sache gehören, um zu zeigen, man stimme in vielen wichtigen Dingen mit den Lesern und Zuhörern überein, und meine es nicht übel mit ihnen.

Wann ist dieses erlaubt und rathsam? — Wenn die Sache, wovon wir überreden wollen, wahr und gut ist, und wenn die bündigen Beweise wegen Schwachheit und Verwöhnung der Lehrlinge, oder wegen Kürze der Zeit, unmöglich sind, oder nicht gnug wirken.

> Anmerk. Diese Lehrweisheit beobachteten auch der Herr Jesus und die heiligen Apostel. Es heißt: so ist erfüllt; wie leset ihr? Die Christen (hieß es im Vortrage an Jüden) haben auch ein Allerheiligstes; einen Hohenpriester, Mittler und Fürsprecher; Gnadenstuhl, Blutsprengung, Versöhnung, Opfer, Reinigung; Osterlamm ohne Fehler und Süßteig. Sie haben alle diese eure Heiligthümer; aber in einer vernünftigern, erhabnern, Bedeutung. Das war die von dem Geiste Gottes gebilligte Lehrweisheit für die damaligen Zeiten. Aber wir, wir sollten keine ausführliche Lehrpuncte daraus machen.

Wodurch überreden sich fälschlich viele Menschen, daß sie ihre Glaubensartikel nicht ohne guten Grund annehmen, sondern Rechenschaft davon geben kön-

en? — Weil sie ihren Lehrern und Lehrbü-
chern, eben so leichtgläubig zutrauen, daß das,
was zum Beweise angeführt ist, ein Beweis sey,
als sie ihnen glauben, daß die Lehrsäße wahr seyn.

> **Anmerk.** Davon werden sie überredet durch die
> Wörter: Denn, Weil, Darum, Also, Folg-
> lich; also ist sonnenklar, oder durch beygesezte
> biblische Sprüche, welche, in ihrem Zusammen-
> hange betrachtet, so Etwas gar nicht bedeuten
> und beweisen.

Ist eine Sache allemal falsch, wenn sie bisher von ihren Vertheidigern schlecht bewiesen ist? — Nicht allemal; eben so wenig,
als eine Parthey allemal Unrecht hat, wenn der
Sachwalter ihre Gründe verkennt, vernachlässigt,
verwirrt vorträgt, und schlecht beweiset.

> **Anmerk.** Man geht im Beweisen vorwärts,
> wenn man die Beweisgründe eher vorträgt, als
> das Bewiesene; rückwärts aber, wenn man
> zuerst sagt, was man beweisen wolle, alsdann
> einen Beweis anführt, hierauf den Beweis des
> Beweises. Oft sind beyde Beweisarten in einem
> Vortrage vermischt.

26. Wahrheit. Irrthum. Meinung.

Was nennt man wahr oder eine Wahrheit? — Alles das, woran wir nicht zweifeln
können, wegen der Natur des menschlichen Verstandes; oder nicht dürfen, wegen einer Glaubenspflicht.

K 3   Was

Was ist also die Wahrheit? — Die Wahrheit ist die Uebereinstimmung der entschei= denden oder vermuthenden Urtheile und Aus= sprüche, mit denen, welche der geübteste Men= schenverstand, nach angestellter Erfahrung, oder nach Prüfung der Erkenntnißgründe, gleich= falls und beständig, behaupten würde.

Anmerk. Die gewöhnliche Erklärung, sie sey Ueber= einstimmung unsrer Urtheile mit den Sachen, scheint mir nicht lehrreich gnug. Denn die Sa= chen (welche etwas ganz anders sind, als unsre Vorstellungen) haben zwar regelmässigen Einfluß in die Urtheile, aber eigentlich keine Ueberein= stimmung mit ihnen.

Kann ein Mensch bezweifeln die einleuchten= den Grundsätze der Vernunft, und sein einleuchtenden sinnlichen Wahrnehmungen und dasjenige, was richtig daraus gefolgert wird? — Nein, das kann er nicht.

Wie nennt man das Gegentheil einer Wahr= heit? — Einen Irrthum. Dieser heißt ein Vorurtheil alsdann, wenn er angewöhnt und stark ist, und den Menschen zur neuen Un= tersuchung ungeneigt macht.

Kann der menschliche Verstand einen Wi= derspruch, das ist, zugleich Ja und Nein von derselben Sache zu derselben Zeit glauben? — Nein, das kann er nicht. Aber, wenn er nicht recht nachdenkt; so kann er wohl zwey Sätze behaupten und glauben, die in ihren richtigen

Folge

Folgerungen sich eben so zuwider sind, als
Ja und Nein.

Gib ein Exempel davon? — Viele glauben, daß Gott allmächtig, höchst weise und allgnädig sey, und daß er dennoch in ein unsägli-
ches ewig währendes Elend eine Seele ver-
setze, die während einer sündhaften Handlung
von einem plötzlichen Tode übereilt wird, ehe sie
eine Gnugthuung von neuen gläubig ergreifen
und Gotte vorhalten kann.

Warum sind die Meinungen der Menschen von vielen Dingen nicht übereinstim-
mig? — Weil ein jeder sein eigen Maaß hat,
von Erfahrung und Empfindsamkeit, von Aufmerksamkeit und Denkkraft, von Leichtgläubig-
keit und Untersuchungslust, bey Verschiedenheit
der Erziehung, der Beyspiele und der Belehrung.

Was heißt Philosophiren? — Ein Ge-
schäft daraus machen, die gangbaren Meinungen und Lehrsätze zu prüfen, und neue zu erfinden
und zu beweisen.

Was ist den meisten Menschen besser, als
Philosophiren? — Nach schon bekannten
Lehren, in einem beschäftigten und liebreichen Le-
ben, Gutes zu wirken und des Lebens zu genießen.

Wann ist einiges Philosophiren am
rathsamsten? — In der mannbar werdenden
und gewordnen Jugend der vornehmen Stände.
Die Lehrer aber und die Vormünder der Menschheit sollten nicht aufhören, zu philosophiren.

K 4 Gib

Gib ein Exempel, daß es zuweilen ein schlimmer Dienst sey, Jemanden seinen Irrthum zu nehmen? — Zwey Menschen, die es nicht sind, aber es doch von einander glauben, lieben sich als Vater und Sohn. Nun kömmt Jemand, und beweiset auf die bündigste Art, es sey nicht wahr. Aber in 100 Fällen gegen einen einzigen ist Wahrheit besser, als Irrthum, wenigstens für die Meisten und in der Länge der Zeit.

IV. Die philosophisch behandelte natürliche Religion.

---

27. Tiefsinnige Betrachtungen.

a) Die Natur der Seele.

Warum nennst du deinen Leib den deinigen? — Weil er unter allen Körpern mich, und mich nur, am meisten angeht, indem ich durch denselben die Aussendinge sinnlich wahrnehme; indem ich, nach verschiedener Art seines Zustandes, auch auf verschiedene Art sinnlich empfindsam bin; indem ich seine Glieder, und auch sein Ganzes, auf verschiedene Art, nach Gefallen bewege; und indem ich, so lange mein menschlich Leben währt, immer da bin, wo er ist.

Wenn

Wenn du denkst, der Körper ist mein, oder: ich habe den Körper, was verstehst du denn unter dem Worte Ich? — Die Seele, die Ich selbst ist, die Ich selbst bin; oder das innerliche, unsichtbare, lebendige Wesen in meinem Leibe, welches die Aussendinge sinnlich wahrnimmt; sinnlich empfindsam ist; sich des Vergangnen, auch nach dem Schlafe, wieder erinnert; etwas Bevorstehendes erwartet; mancherley Dinge vergleicht, unterscheidet und beurtheilt; seine Vorstellungen auf mancherley Art umbildet; mancherley Dinge bezweifelt oder für wahr hält; sich auf mancherley Art und in mancherley Grade wohl oder übel befindet; vergnügt oder traurig ist; Etwas wünscht oder verwünscht, Neigungen und Gewohnheiten erwirbt; und viele meiner Glieder zugleich zu bewegen vermag, nach Absicht, sowohl wissentlich, als unwissentlich.

Was in deinem Körper ist von dir selbst, oder von der Seele, am meisten beseelt oder belebt? — Die Nerven, als welche einzig diejenigen Theile meines Körpers sind, durch welche ich sinnlich wahrnehme, sinnlich empfindsam bin, und die Glieder nach Gefallen bewege.

Wo im Leibe wohnt die Seele? — In einem erstaunlich kleinen Theil des Gehirns, wo alle Nerven zusammenlaufen. Die Nerven sind also anzusehn als Wege des Nervensaftes, durch welchen die Seele erschüttert wird, wenn sie wahrnimmt und empfindet, und welchen sie selbst

K 5 erschüt-

erschüttert, wenn sie Glieder bewegen will. Denn wenn ein, der Seele näherer, Theil der Nerven beschädigt, oder abgebunden wird; so ist der entferntere Theil desselben nicht mehr belebt.

Hat dein Leib immer eben dieselben Theile? — Nein! Von vielen Millionen Theilen gehen augenblicklich Millionen Theile ab und zu. Dieses weis man aus dem Schwerwerden und Leichtwerden des Leibes; aus der genoßnen Nahrung und aus dem ausgestoßnen Auswurfe; aus der Ausdünstung und Eindünstung, welche geschicht, nicht nur durch die Lungen, sondern durch alle Theile des Leibes, welche unzählbare Oeffnungen dazu haben.

Hat dein Leib oder deine Seele Gedächtniß und Verstand; Willen und Neigungen und die willkührliche Bewegungskraft? — Die Seele. Aber die Wirkungen dieser Seelenkräfte richten sich nach dem Zustande ihrer Wohnung.

Hat die Seele oder der Leib die fünffache Sinneskraft, und die damit zugleich wirkende, behagliche oder unbehagliche, sinnliche Empfindsamkeit? — Die Seele! Aber die Wirkungen dieser Lebenskräfte richten sich gleichfalls nach dem Zustande des Leibes, besonders der Nerven.

Wie heißt das Vermögen der Seele, ihren eignen Zustand und sich selbst zu erkennen? — Der

Der innerliche Sinn. Dieser geht in der ersten Zeit des Säuglings nur auf wenige vorzüglich starke Theile des sinnlichen Zustandes, besonders, wenn sie Behaglichkeit oder Schmerz mitsichbringen. Nach und nach werden wir uns auch andrer Thätigkeiten der Seele bewußt, und fangen an, uns unsrer selbst bewußt zu seyn, das ist, uns selbst, als eine Seele, als ein lebendiges Wesen, zu kennen.

Hast du schon andre Lebenszustände gehabt, vor dem menschlichen? — Ja, nemlich die unbekannten Lebenszustände in Mutterleibe, und vielleicht schon einige vor der Empfängniß und Schwangerschaft meiner Mutter.

Was nennt man **Materie**? — Die körperlichen Urstäubchen, die wir uns vorstellen, als raum-einnehmend, als undurchdringlich für einander, als beweglich; und von denen die nachdenkenden Menschen zweifeln müssen, ob sie leben oder lebensfähig sind.

Du darfst also wohl deine Seele keine Materie nennen? — O Nein! denn von der Seele weis ich ja, daß sie lebt. Uebrigens ist sie, wie ein materielles Urstäubchen, an einem Orte; sie ist beweglich, folglich auch wohl undurchdringlich und raum-einnehmend.

Was nennt man eine **Substanz**? — Was einen Theil des Raums einnimmt, und keine trenn-

trennbare Vielheiten in sich faßt. Daher ist eine Substanzensammlung (dergleichen ein Körper ist) von einer einfachen Substanz unterschieden.

Ist die Seele eine Substanzensammlung? — Nein! die Seele ist eine einfache Substanz. Denn meine Seele daurt, als ein lebendiges Wesen, schon so lange fort. Es ist aber wahrscheinlich, daß alle Substanzen in einer erstaunlich mannigfaltigen Bewegung sind, und eine jede Substanz bald mit diesen, bald mit andern, Substanzen in Verbindung tritt. Also hängt mein Leben, folglich das Daseyn meiner Seele, nicht von einer Vereinigung vieler bestimmten Substanzen ab, sondern von dem Daseyn einer einzigen, welche verschiedene Zustände hat und wahrnimmt, nach der Verschiedenheit andrer Substanzen, von denen sie bald so bald anders berührt wird.

> Anmerk. Uebrigens kann das, was wir von der Seele durch den innern Sinn wissen, eben so wenig aus der Einfachheit ihrer Substanz, als aus der Verbindung mehrer Substanzen, erklärt werden. Die Materialisten aber geben vor, zu wissen, die Seele sey eine auflösliche Form und Vereinigung vieler materiellen Urstäubchen im Gehirne; und berauben sich und ihre Schüler dadurch des Gedankens an die Unsterblichkeit der Seele.

Glaubst du, daß irgend ein (von dem Leben der menschlichen Seele verschiednes) Leben

auf

auf die Verbindung mehrer Substanzen beruht?
— Nein; jedes Leben ist eine Beschaf=
fenheit einer einfachen Substanz, welche
lebensfähig ist. Denn wir sind sowohl geneigt
als verpflichtet, von den unbekannten Dingen
gewisser Art eben so zu denken, wie wir mit Wahr=
heit von den bekannten Dingen dieser Art denken;
das ist: wir müssen analogisch denken, bis wir
neuen Grund haben, Ausnahmen zu machen.

> Anmerk. Was wir von den Pflanzen wissen, ver=
> anlaßt uns nicht, ihnen ein eigentliches Leben
> (im unverblümten Verstande des Worts) zuzu=
> schreiben.

Kannst du dir wohl vorstellen, daß einerley
Leib, oder Leibestheil, zweyen oder meh=
ren Seelen zugleich diene? — Allerdings.
Ich habe (in des s. Hr. Reimarus Buche von der
natürlichen Religion) zuverlässig beglaubigt gele=
sen, daß in Schottland eine Misgeburt gelebt
habe, mit zweyen Köpfen und zweyen Obertheil=
len, aber mit einerley Untertheilen. Was an
einem Kopfe oder Obertheile geschah, nahm nur
eine Seele wahr; aber eine Berührung oder einen
Stich an den Untertheilen empfanden beyde.

**Ist Viel oder Wenig Lebens in der
Welt?** — Es ist des Lebens so Viel und so
Mancherley (wie die Vergrößrungsgläser gezeigt
haben) daß man Ursache hat, zu vermuthen, kein
uns denkbarer Theil des Raums sey ohne Leben.
Und vielleicht ist es von jeder Substanz wahr,

daß

daß sie zugleich lebe, und zugleich fähig sey, andern, als belebt, zu dienen.

Welche Stufenfolge ist in dem Lebensreiche? — In aufsteigender Ordnung sind lebendige Substanzen von untermenschlicher, menschlicher, übermenschlicher Gattung. Jede Gattung kann wieder in sehr viele Arten abgetheilt seyn. Zu den untermenschlichen Seelen gehören die thierischen. Der Ehrenname einer menschlichen und höhern Seele ist **Geist.** Uebermenschliche Geister heißt man **Engel.** Der erhabenste Geist, den wir uns als ewig, allgegenwärtig, allwissend, allmächtig und allgnädig vorstellen, heißt **Gott.**

Was ist der Tod? — Die Entseelung des Leibes, worauf die Verwesung desselben folgt.

Welches Leben endigt sich gewiß mit dem Tode? — Das menschliche Leben der Seele. Denn zu diesem wird erfodert, daß ein menschlicher Körper von einer menschlichen Seele beseelt oder belebt sey.

> Anmerk. Selbst den Philosophen wird es schwer, bey einem lebhaften Andenken an Leichen das Vorurtheil zu unterdrükken, daß die Leiche noch der Mensch sey, und daß er das Schicksal der Leiche sinnlich empfinde.

Ist es einem geübten Verstande, wie Einige vorgeben, undenkbar, daß die Seele ohne Leib und ohne Nerven auf gewisse Art sehn,

sehn, hören, riechen, schmekken und fühlen, auch Schmerz und Behaglichkeit empfinden könne? — Das ist sehr denkbar.
Denn wer kann behaupten, daß die dazu erfoder-
lichen Arten der Erschütterung der Seelensubstanz
nur durch Nervensaft, und nur, wenn sie im Gehirne eines menschlichen Körpers wohnt, möglich oder wirkbar sind? Eben so wenig ist es undenkbar, daß sie ohne Nervensaft willkührliche
Bewegung vornehmen könne, und Gedächtniß, Denkkraft, Willen und Neigungen,
auch das Bewußtseyn ihrer selbst behalte;
kurz, daß sie nach dem menschlichen Leben
auf eine andre Art, und mit andern Sin-
neskräften, fortlebe und unsterblich sey.

> Anmerk. Wir können und müssen unsre Seele so
> geartet denken, daß auch kein goldner Sarg
> ihr die Auswege versperren kann.

b) Anfang und Urgrund der Welt.

Sage den Lehrsatz von der zweckmässi-
gen Uebereinstimmung des Mannigfaltigen? — Ein Ganzes, dessen sehr mannigfal-
tige Theile oder Beschaffenheiten in einer zweck-
mäßigen Ordnung bey einander sind, und nach
einander folgen, ist ein Werk der Absicht, wie
ein Gebäude, ein Concert, ein Gemälde, eine
Bildsäule, ein Buch; also auch der menschliche
Leib, und seine Seele.

Ist

Ist die Sonne ein Werk der Absicht?
— Allerdings. Sie ist ein sehr zweckmässiges
Wesen für die Erde und alle Planeten, und hat
doch sonder Zweifel unzählig viele Theile, Beschaffenheiten und Veränderungen derselben, ohne
welche sie keine so zweckmässige Sonne seyn würde.

Ist irgend eine Zahl in der Reihe 1, 2, 3, 4,
. . . (u. s. w.) unendlich groß? — Nein; sondern eine jede ist nur grösser, als jede vorige.
Nur eine solche Menge, die niemals alle ihre
Theile hat, indem die Zahl der Daseyenden immerfort zunimmt, wird eine unendliche Zahl
genannt; sollte aber eine unendliche Menge
heissen, weil sie keine Zahl ist.

Denke dich selbst, deinen Vater, Großvater . . . . und so jeden deiner Vorfahren. Ist unter denselben ein erster ungezeugter Stammvater? — Allerdings. Denn diese Reihe
ist eine Zahl; bezeichne ich mich mit 1, meinen
Vater mit 2, meinen Großvater mit 3 (u. s. w.);
so kömmt die größte unter allen diesen Zahlen auf
den ersten.

Auf welche Art weis man, daß unter allen
geschehenen Veränderungen im Weltraume
eine die erste war? — Auf dieselbe Art, wie
man weis, daß eine menschliche Zeugung die erste
war in jeder Reihe von Zeugungen, und daß also
das menschliche Geschlecht einen Stammvater
(oder

(oder an verschiedenen Orten, und zu verschiedenen Zeiten) mehr Stammväter gehabt habe. Man schließt eben so auf Stammthiere und Stammpflanzen, imgleichen auf erste Wirkungen und erste Ursachen.

Was heißt das Wort **Welt** oder **Natur** in seiner weitesten Bedeutung? — Den Inbegriff aller räumlichen Substanzen und ihrer Begebenheiten, die seit der ersten, im Weltraume geschehenen, Veränderung theils waren, theils jetzund sind, theils noch erfolgen werden.

Wann nahm die **Welt** ihren **Anfang?** — Bey der ersten Veränderung im Weltraume.

Ist der **Raum**, und in demselben mancherley räumliche substanzielle **Realität**, urewig? — Man sieht keinen Vorzug des **Nein** vor dem **Ja**. In solche Tiefen dringen wir nicht.

Was kann man das **Weltwesen** (præmundium, prænaturam) nennen, oder die **Vor-Natur?** — Das was, anstatt der Welt, urewig war; und woraus die Welt geschaffen ward.

Anmerk. 1) Hier ist dies nur eine Worterklärung. Die Wahrheit der Sache habe ich, weiter unten (wie mich dünkt) richtig bewiesen.

2) Das Wort **Raum** hat eine uns klare Bedeutung in allen Fällen, wo wir es brauchen. Aber undefinirlich ist dies Wort, gleich wie viele andere, deren Bedeutung ein erster Grundbe-

L

griff

griff ist, welchen wir nach und nach, auf einem
uns unbekannten Wege klar denken lernten.
Raum ist in und ausser einem jeden Körper,
auch einer jeden einfachen Substanz. Da nun
die Menge der Substanzen im Raume allemal
eine bestimmte Zahl ist; so ist der substanzen-
volle Raum endlich; das ist, die Summe
solcher Räume zusammen gedacht) macht einen
nur endlichen vollen Raum aus. Der Raum
im Ganzen aber, (den substanzenleeren mitgerechnet) ist unendlich. Ich, und viele Menschen, haben einen klaren Begriff bey dem Worte
leerer Raum, so, wie ein, durch Verneinung
modificirter, positiver Begriff klar seyn kann.
Mich dünkt, es sey auch nöthig, leere Zwischen-
räume zuzugeben, um sich die wirklich geschehende Bewegung der Substanzen vorzustellen.

3) Es ist mit dem Worte Daur, wie mit
dem Worte Raum. Jenes hat gleichfalls eine
Bedeutung, die ein klarer erster Grundbe-
griff ist. Ein Haus hat gedaurt zwischen der
vollendeten Erbauung und der angefangnen Nie-
derreissung. Alles, was ist, daurt. Man
merke, daß ich nicht definiren, sondern nur aufmerksam machen will. Die Daur ist eine gewisse
Art der Grösse des Daseyns. Eingeschränkte
oder endliche Dauren denken wir von dreyerley
Art, ohne Anfang mit Ende; mit Anfang ohne
Ende; mit Anfang und Ende. Das Wort urewig brauche ich vom Seyn ohne Anfang; das
Wort nach-ewig, oder unvergänglich, vom
Seyn ohne Ende; das Wort vollewig, vom
Seyn ohne Anfang und Ende. (Wer barbari-
sche nützliche Worte leiden kann, brauche in diesen tiefsinnigen Untersuchungen die Wörter ab-
æternum, postæternum, plenæternum, oder
wähle

wähle beßte). Sowohl der Anfang als das Ende
ist ein Gränzpunkt einer eingeschränkten Daur.
Diese Gränzpuncte einer Daur haben keine
Daur-Größe; so wenig als man den Ends-
puncten einer Linie Liniengröße zuschreibt. Eine
Veränderung geschieht, wenn ein Seyn anfängt,
oder aufhört.

Ist der Grund (ratio) oder das Gegrün-
dete früher? — Der Grund des Gegründe-
ten ist früher.

Darf man nach dem Grunde des Daseyns
urewiger (oder vollewiger) Dinge fragen? —
Nein! die Frage ist widersinnig, weil das Urewige das Früheste ist.

Wie lautet der Satz vom zureichenden
Grunde? — Jeder Erfolg (das ist jede Veränderung eines Daseyns) erfolgt nach ihrem zureichenden Grunde, und durch derselben. Mit
andern Worten: Jeder Erfolg erfolgt nicht bloß
auf etwas Vorhergehendes; sondern es ist auch
in dem Vorhergehenden die Ursache des Erfolgs, oder sein Grund, enthalten.

Wie viel gehört zur Ursache oder zum
Grunde eines Erfolgs? — Erstlich ein zu-
standfähiges Wesen; res modificabilis) zweitens der vorhergehende Zustand desselben; drittens entweder ein innerlicher Trieb des Wesens,
den vergehenden mit dem entstehenden Zustande
zu verwechseln, oder eine äusserliche Ursache, die
den alten Zustand des Wesens in den neuen Zu-

L 2   stand

stand (das ist, in den Erfolg, in die **Wirkung**)
verändert.

> **Anmerk.** Eine jede vollständige Veränderung ist
> zugleich das Ende des einen, und der Anfang des
> andern, Zustandes in einem beständigen zustands=
> fähigen Wesen. Dieser Satz ist auf dieselbe Art
> gewiß, als der Satz vom zureichenden Grunde.

**Wie werden wir von dem Satze des
zureichenden Grundes überzeugt?** — Je=
der Mensch (und besonders ein Naturforscher)
sammlet Erfahrungen von Erfolgen, welche ohne
diese und jene Erfodernisse (sine his et illis con-
causis) so weit die Erfahrung reicht, niemals
geschehen; imgleichen von solchen Erfolgen, welche
nach dem Zusammenseyn dieser und jener Erfoder=
nisse, soweit die Erfahrung reicht, allezeit geschehn.
In dieser Entdekkung kommen wir immer weiter.
Darum machen wir, mit Vernunft, den allge=
meinen analogischen Satz: ein jeder erfolgende
Weltzustand ist durch etwas Voriges, welches wir
seinen zureichenden Grund nennen, vorbereitet,
gewirkt, bekünftiget (futurificatus).

> **Anmerk.** Hieraus folgt, daß nur eine Welt ist,
> daß sie kein Ende nimmt, und daß nicht mehr
> Welten auf einander folgen.

**Sage den Lehrsatz von dem Zusam=
menhange der Welt mit dem Urewigen?**
— Das Urewige ist der Urgrund der ganzen
Welt. Denn es war zureichende Ursache des
Anfanges der Welt, und es kömmt nichts Anders

in

in die Welt, als, was von dem Urewigen unmittelbar oder mittelbar gewirkt ist.

Welcher Irrthum hält Einige ab, nach dem Grunde oder der Ursache der Welt zu fragen? — Der durch bloße Worte (ohne Gedanken) geschehende Zurückgang in eine unendliche, nie angefangne, Reihe von Erfolgen, oder (durch ein Gleichniß zu reden) das immerwährende Aufsteigen in höhere Glieder einer hängenden Kette, von der man vorgiebt, daß sie nirgend einen festen Punct habe.

Anmerk. Sonderbar ist es, daß auch solche Philosophen, die nach dem Grunde der Welt fragen, und ihn behaupten, erste Welterfolge (prima mundana) nicht zugeben, und so zu reden, die Glieder der obgedachten Kette seitwärts, nicht von obenher, befestigen.

Was wollen die sagen, die das Fatum zur zureichenden Ursache der Welt machen? — Sie wollen sagen, es sey in dem Urgrunde der Welt keine Kenntniß von mehr wirkbaren Welten, und keine Absicht auf die gewirkte Welt gewesen.

Welchen Irrthum hegen diejenigen, welche den Urgrund der Welt in dem Worte Zufall oder Ohngefehr finden? — Sie meinen, die Substanzen wären entweder in ewiger, oder in einer, ohne Ursache entstandnen, Bewegung gewesen; dadurch hätten sich denn endlich die Sonnentheilchen und die Erdtheilchen (u. s. w.) zu-

ℒ 3   sammen

sammen gefunden; die schlammichten Erdtheile
wären in Gährung gerathen; aus einigen Gäh-
rungen wären Pflanzen, Thiere und Menschen,
mit Leben und Zeugungskraft, geworden, u. s. w.

> Anmerk. 1) Eine andre Art Fatalisten sind dieje-
> nigen, welche (in Zeiten, da ihnen das beliebt)
> zu glauben vorgeben, über die Handlungen und
> alle Schicksale der Menschen walte ein solch
> Verhängniß, daß Thun und Lassen niemals in
> unsrer Macht stehe; daß kein Theil unsers Schick-
> sals durch unser Thun und Lassen bewirkt werde;
> und daß folglich Tugend und Laster, Verdienst
> und Schuld leere Namen seyn; welches eben so
> viel gesagt ist, als daß der Mensch nicht frey,
> oder (durch unangenehme oder angenehme Be-
> weggründe) nicht regierbar sey. Gedankenleeres
> Vorgeben! Der Hungrige wird satt, wenn er
> isset, und nicht satt, wenn er nicht isset. Nie-
> mand bricht die Ehe mit einer Frau im Beyseyn
> des stärkern Mannes.
>
> 2) Das Wort Ohngefehr oder Zufall wird
> mit Recht gebraucht, als der Name unbekann-
> ter oder absichtloser Ursachen. Man bekömmt
> von Ohngefehr, oder durch Zufall, das höchste
> Loos, wenn kein Mensch in der Absicht gehan-
> delt hat, es dem Gewinner zu schaffen.

Sage die sehr weit ausgebreitete Lehre von
einem ganz und gar unveränderlichen Gotte,
als dem einzigen Urgrunde der Welt, und von
Schöpfung der Welt aus Nichts? —
Diese Lehre ist, oder vielmehr lautet, wie folgt:
Gott war von Ewigkeit ganz allein da; er dachte,
wollte,

wollte, wirkte, ganz und gar so, wie er in Ewigkeit denken, wollen, wirken wird. Und dies
Denken und Wollen ist zugleich eine Weltschaf-
fung aus Nichts. Denn siehe! Nun ist weit
mehr da, als ewig da war; nun ist Gott da, und
die weite Welt ist auch da.

Anmerk. 1) Oder kurz. Die Ewigkeit enthielt
A; der erste Zeitpunct aber enthielt

A + b + c + d + e u. s. w.

2) Gott hat die Welt erschaffen. Ganz richtig! Sie war nicht; Gott hat sie göttlich gewirkt, erschaffen. Ganz richtig! Aber aus
Nichts? Nein. Aus Nichts wird kein Etwas.
(Ex nihilo nihil fit, nihil efficitur). Ein jedes
Etwas, welches wird, das wird nach einem solchen Etwas, welches sich darauf bezieht, das ist
nach und aus Etwas.

3) Meine Art die Sache vorzustellen ist diese:
Gott hatte von Ewigkeit Kenntniß des Weltwe-
sens; und Macht, irgend eine, daraus wirkbare, Welt zu wirken; und auch Absicht auf die
Welt, die werden sollte; die Macht und Absicht war Urquelle von göttlichen Thätigkeiten,
wodurch nach und nach in dem Weltwesen die
erfolgenden Weltdinge bewirkt werden. Bewiesen wird Dieses erst weiter unten.

4) Die Bewirkung grosser Weltkörper, und der ersten Vorfahren der Pflanzen, Thiere und Menschen,
scheint mir in der Bibel das Wort Schaffen im er-
habensten Sinne, zu bedeuten. Diese Dinge waren
nicht (ησαν μηοντα) sollten aber wirklich (οντα)
werden. Das muß man für wahr halten, sagt
der apostolische Briefsteller an die Hebräer.

§ 4   28. Die

28. Die Welt ist sehr gut.

Ist des Uebels oder des Guten mehr in den uns bekannten (und analogisch zu schliessen) auch in den unbekannten Theilen und Zeiten der Welt? — Es ist weit mehr Gutes darinnen. Daß Manche anders urtheilen, kömmt aus verschiednen Ursachen. 1) Das meiste Gute wird im Verborgnen genossen; nur das Uebel macht Aufsehn und starke Gemüthsbewegung. 2) Daher beschäftigen sich Geschichtschreiber, Dichter und Moralisten mehr mit dem Uebel, als mit dem Guten. 3) Die Beschreibung desselben Uebels wird sehr vielmal wiederholt; und der Leser oder Zuhörer wird veranlaßt, zu denken, daß die zerstreuten Uebel langer Zeiten und weiter Gegenden, in ihrer Vereinigung, das Elend jedes einzelnen Menschen wären. 4) Die Menschen klagen gern und oft, und in übertriebnen Worten. Auch sogar klagen sie, unter dem Namen des Uebels und des Elendes, über ihr minderes Gute, wenn sie ein grösseres sehen, wünschen oder gehabt haben. 5) Man beklagt und beweint sogar den jämmerlichen Zustand der leblosen Leichen. Alles dieses macht eine falsche Abrechnung des Guten und des Bösen in Schriften und Gesprächen. Aber die meisten Menschen müssen doch den zurückgelegten Theil ihres Lebens sehr gut gefunden haben, weil sie immer fortzuleben wünschen, sie mögen ein Leben der Seele nach dem Tode des Leibes erwarten oder nicht.

Anmerk.

Anmerk. Vortreflicher Schl...! Möchte dich doch
dein Anti P... gereuen! Dank! Dank vor=
treflicher N...! für deinen Ph...s. Er
hat mir gedient!

Von welchem Zusammenhange des Ue=
bels mit dem Guten hat man unzählige Er=
fahrungen? — Sehr oft sehn wir, daß das
Uebel sey eine empfindsam machende Würze des
Guten; eine unentbehrliche Miturfache oder eine
unzertrennliche Mitfolge des grössern Guten;
oder eine Oeffnung und Reinigung solcher Quel=
len, die hernach auf lange Zeit mancherley Art
Gutes geben.

Ist also die Welt im Ganzen eine sehr
gute Welt? — Ja, für Alles, was lebt.
Freylich ist die letzte Periode des Lebens mancher
Menschen und Thiere elend. Aber jedes Jahr
hat 365 Tage. Und wie viele Jahre haben die=
selben ziemlich wohl gelebt? Die Thiere haben mehr
Gutes und minder Uebel, als es anfangs scheint.
Sie verderben sich den Genuß des Gegenwärti=
gen durch Sorgen fürs Künftige nicht. Ihr
Uebel ist nicht vervierfacht durch Vorschaun, Lei=
den, Zurückdenken und durch Einbildung. Aehn=
lichkeit mit Thieren haben die Menschen in der
rohen Wildheit. Zehnmal mehr Uebel haben
zwar die verfeinerten Völker, aber auch zwanzig
mal mehr Vergnügen. Also stehn sie doch besser.

Von welchen Ursachen kömmt es, daß
die Welt so sehr gut ist und bleibt? —

L 5   Von

Von dem Zusammenseyn und der unaufhörlichen
Aufeinanderfolge der mit Absicht gewirkten Dinge.

Nenne einige der bekannten **Werke einer**
übermenschlichen Absicht und Macht? —
Die menschlichen Seelen, mit ihren Kräften;
die menschlichen Leiber, mit ihren sinnlichen Werk=
zeugen und Sprachgliedern, mit ihren Gefäßen
zur Nahrung und zur Zeugung, mit ihren Kno=
chen, Mußkeln, Adern und Nerven, mit ihren
Sehnen und Gelenken; auch die Geburt faſt
gleich vieler Söhne und Töchter; ferner die
Thiere und Pflanzen; das Maaß des Landes und
Gewäſſers; die Folge der Jahrszeiten und Wit=
terungen; die Luft, das Licht, das Feuer; das
regelmäſſig bleibende Verhältniß der Erde gegen
Sonne, Mond und Gestirne; die Uebereinstim=
mung der Gestalt mit der Natur und Kraft der
Dinge, u. ſ. w.

Sage den allgemeinen Gegenstand dieser
übermenschlichen Absicht? — **Das Leben**
und das Wohlleben lebendiger Wesen.
So weit ich denken kann ins Große und ins
Kleine; bin ich durch die Analogie veranlaßt, zu
vermuthen, daß ich daselbst Werke derselben Ab=
ſicht wahrnehmen würde, wenn mein Wahrneh=
mungsvermögen so weit reichte. Nach den menſch=
lichen Nachrichten ist schon sehr lange aller unter=
suchte Raum voll gewesen von Werken der (auf
das Wohl der lebendigen Wesen gerichteten)
Absicht.

Absicht. Und wir erwarten zuverlässig, daß die Welt auch so bleiben wird.

29. Es ist ein Gott.

Wie dachten die meisten Völker von den wahrgenommnen Werken der Absicht? — Sie glaubten, daß Götter (oder übermenschliche Wesen) sie bewirkten. Also glaubten und verehrten sie besondre Götter der Zeugung, der Schwangerschaft, der Geburt, der brauchbaren Thiere und Pflanzen, der fruchtbaren Erde, der Flüsse und des Meers, der Witterungen und Winde, des Feuers und der Luft, der Sonne, des Monds und des Gestirns, der Tugenden und der Laster.

Werden auch Götter geglaubt von den allerrohesten Völkern? — Nein! Sondern diese sind unwissende, an Gottheit gar nicht denkende, Atheisten, weil ihr Verstand nicht so weit kömmt, daß sie die vor Augen liegende Werke einer übermenschlichen Absicht dafür erkennen, was sie sind.

Anmerk. Die Grönländer gehörten nicht unter die allerrohesten Völker. Bischof Egede, als er ihr Wesen und ihre Sprache schon vollkommen verstand, fragte sie, ob sie wohl jemals an eine höhere Einsicht und Macht gedacht hätten. Denn ein Wort für Gott oder Götter war in ihrer Sprache nicht. Er stellte ihnen zugleich die ihnen bekannten Werke der Absicht vor. Die Antwort war: O darum bekümmern wir uns

uns gar nicht, wenn wir nur Seehunde gnug
haben.   Nun sagte der Bischof: Es ist Einer,
der macht es, daß die Seehunde alle Jahr
zu rechter Zeit häufig an eure Ufer kommen,
damit ihr nicht verhungert.   Glaubt ihr
das? Mag wohl seyn (war die Antwort.)
Aber so ist er gewiß ein Grönländer. Dies
ses habe ich aus dem Munde seines Herrn Sohns,
der gleichfalls 17 Jahr Bischof in Grönland ge=
wesen ist. Und dennoch sind die Grönländer in
ihren Sachen verständig gnug, und machen ziem=
lich künstliche Werke.

Ist es unwahrscheinlich, daß Vieles
in der Welt durch Engel bewirkt werde,
die man (wenn das Wort Nichts Anders be=
deuten soll) Götter nennen kann? — Es
ist eben nicht unwahrscheinlich. Wir Menschen
sind doch nicht die höchsten Geister. Es sind also
vermuthlich viele Arten der übermenschlichen.
Wirksam müssen diese doch wohl seyn. Und die,
uns bekannten, mit Absicht gewirkten, Dinge
haben doch sonder Zweifel Werkmeister und Auf=
seher.   Götter, oder Engel sind also in
der Natur. Aber wir (eben so wenig als an=
dre Völker) wissen (mit Wahrheit) Nichts
von ihrer Zahl, von ihren Unterschieden, von
ihren Namen, von ihren abgemeßnen Verrich=
tungen; vielweniger, daß wir Pflichten gegen sie
haben sollten.

Welche Lehre von einem obersten oder
höchsten Gotte war und ist bey vielen Völ=

fern ausgebreitet? — Daß alle Götter unter der Herrschaft eines höchsten einzigen Gottes stehn.

Wie getheilt sind die Meinungen der Völker, die einen obersten Gott glauben, über die Eigenschaften desselben? — Sehr wenigen ist er von Ewigkeit; andern ist er gezeugt und gebohren; einigen ist er unwiderstehlich mächtig; andern dem Aufruhre seiner Unterthanen, oder einem Dinge, das Fatum heißt, unterworfen.

Haben vormals die meisten Völker an den Ursprung der Welt, an den Urgrund, und an Schöpfung derselben gedacht? — Zwar einige, aber nicht die meisten Völker. Diese gingen nicht zurück, bis in den Urgrund der Welt.

Ist es einem Menschen, der schon nach dem urewigen Urgrunde der Welt forschen gelernt hat, natürlich, in dem Urgrunde Gottheit (divinitatem) das ist, übermenschliche wirkende Absicht zuzugeben, wenn er auf die Frage gebracht wird? — Allerdings, wenn er nicht aufhört, nachzudenken. Er wird urtheilen, daß die Werke der, für das Lebensreich wohlthätigen, Absicht entweder unmittelbar von der urewigen fortdaurenden Gottheit gewirkt werden, oder daß die später gewirkten Gottheiten von der urewigen Gottheit abstammen. Niemand kann glauben, daß vernünftige, nach Absicht handelnde, Wesen

aus

aus einer Urquelle fliessen, worinnen keine Vernunft und Absicht war.

Dürfen wir denken, daß in dem Urgrunde der Welt mehr Gottheiten waren, als eine einzige? — Nur eine einzige dürfen wir annehmen. Denn wenn wir an mehr urewige Gottheiten denken; so denken wir immerfort im höchsten Grade dunkel und unbestimmt. Wir wissen Nichts von ihrer Zahl, von ihren Unterschieden, von ihren Verhältnissen; und können durch Vernunftschlüsse keinen Schritt weiter kommen ins Reich der Wahrheit. Nehmen wir hingegen einen einzigen urewigen Gott an; so können wir die wichtigsten Dinge folgern; so wird Licht im Verstande.

Beweise aber dieses auf andre Art? — Der Gedanke an Vielheit hat allemal den Gedanken an Einheit zum Grunde. Schreiten wir aber fort von dem Gedanken an Einheit zu dem Gedanken an Vielheit: so setzen wir in jedem Eins zwey Beschaffenheiten aus einander: eine, woran das Eine den übrigen ähnlich ist; eine, woran es den übrigen unähnlich ist. Aber solche zwey Beschaffenheiten vermögen wir schlechterdings nicht in dem ersten Gedanken an urewige Gottheit auseinander zu setzen. Also müssen wir bey dem Gedanken an eine einzige urewige Gottheit immer stehn bleiben.

Anmerk.

Anmerk. 1) Ich weis alle sonst versuchten Beweise von der Einheit Gottes. Ich lasse sie aus, weil dies Buch ohne Noth Niemanden widerlegen soll. Sie scheinen mir allesammt den Fehler zu haben, daß die Sache, die bewiesen werden soll, aus ihr selbst, mit etwas veränderten Worten, hergeleitet wird.

2) Die Gewissenslehren vom Daseyn und den Eigenschaften Gottes, von der Unsterblichkeit der Seele, und von dem ewigbleibenden Werthe der Weisheit und Tugend, sind ganz besondere Gegenstände der menschlichen Vernunft. Kein Wunder, daß ihre Beweise oder Empfehlungsgründe auch eine ganz besondre Form haben! Es werden nehmlich Thatsachen, oder analogische Wahrheiten vorausgesetzt. Hierauf wird geschlossen, daß entweder der Satz a, oder der Satz b, oder der Satz c, (u. s. w.) wahr sey. Jeder wird mit jedem verglichen. Und wer unter allen den Vorzug hat, und practische Folgerungen giebt, wird als wahr angenommen, weil es uns nicht rathsam ist, über solche Dinge im Zweifel zu beharren. Mancher sagt, solche Beweise thun mir keine Gnüge. Was soll man mit ihm machen? Wenn er uns gehört hat, Nichts weiter. Er läßt uns das Unsrige; wie ihm das Seinige.

3) Unterdessen bitte ich meine Leser, zu bemerken, wie schwer der Beweis der Gewissenswahrheiten sey, die ohnedieß schon ihrem Inhalte nach so unbestimmt, so geheimnißvoll, so schwer in unserm Verstande gedacht werden. Es ist also wahrlich keine ausgebreitete Naturgabe der Menschheit, von dem Daseyn einer einzigen Gottheit und den beyden andern Ge-

wissens-

wissenslehren durch eigne Einsicht überzeugt
zu werden, ohne irgend ein Ansehn zum mit-
wirkenden Grunde des Glaubens zu brauchen.
Freylich ist das wahr, was Paulus Röm. 1. sagt,
wer erst an den Anfang, und an die Schöpfung
der Welt denkt, und dann aus beherzigten Werken Gottes (νοȣμενοις) weiter schließt; der
kan die Eigenschaften Gottes (το γνοσον τȣ Ͽεȣ)
allerdings erkennen.

Zeige, daß ein uns höchst unbekanntes
Weltwesen, als der Gegenstand des göttlichen
Denkens und Wirkens, von Ewigkeit war?
— 1) Es ist nicht glaublich, daß von Ewigkeit
nur ein Gedanke gewesen sey, daß dieser Gedanke
zwar so geblieben sey, als er war, aber daß er doch so
gewirkt habe, daß im Nu sich die weite wirkliche
Welt zu diesem Gedanken gesellen mußte. (Man
sehe 27. b). 2) In irgend Etwas lag die, von
Gott erkannte, Wirkbarkeit dieser gewirkten Welt.
Denn wirkbar hat Gott die Welt von Ewigkeit
gedacht; und dieser Gedanke war wahr. Der Gedanke an die Welt war nicht nur vom innerlichen
Widerspruche frey, sondern der Gedanke an die
Wirkbarkeit der Welt hatte gleichfalls seine
Richtigkeit. Auch in diesem Gedanken war Uebereinstimmung, mit dem Gedanken an Etwas,
das da war, das Gott wohl kannte, als sein Eigenthum, das wir aber nicht kennen, und Weltwesen heissen. 3) Ohne ein Weltwesen, und
eine daraus gewirkte Natur, anzunehmen, die
mit der Absicht und Macht Gottes zusammen-
wirkt,

wirkt, lag alles erfolgende Uebel in Gottes Ab=
sicht. Als Mittel kann es alsdann nicht betrach=
tet werden. Denn Gott durfte ja alsdenn nur
die guten Folgen des Uebels vom Uebel selbst in
Gedanken abschneiden, und sie unmittelbar ohne
Mitursache bewirken. Da hätten wir denn wahr=
lich nicht den besten erdenklichen Gott, der den
Menschen durch manche Dornwege zur Glückse=
ligkeit führt, und doch (nach dieser Voraus=
setzung) nur wollen durfte, um ihn himmlisch
glückselig zu erschaffen.

> **Anmerk.** Ich bekenne hier förmlich, daß nur diese
> drey Empfehlungsgründe oder Beweisgründe
> mir diesen heterodoxen Satz, mir, sage ich,
> wahr machen. Wem diese Gründe kein Genüge
> thun, der bleibe beym Alten, oder zweifle. So
> getrennt wir scheinen; so kommen wir doch bald zu=
> sammen. Denn nach der Schöpfung ist es doch
> ausgemacht, daß die Vorsehung und die Natur
> zusammenwirken, und daß daraus das wirkliche
> Gute und das wirkliche Uebel folgt. Meine
> Meinung scheint nur etwas mehr Licht in der
> Frage zu geben, warum der beste Gott eine
> solche Natur geschaffen oder göttlich gewirkt habe.

**Wie ist die Welt von dem Weltwesen
unterschieden?** — Die Welt ist das abge=
änderte Weltwesen in allen seinen, auf den ersten
urewigen Zustand, erfolgten und erfolgenden,
Zuständen.

> **Anmerk.** Das Weltwesen war von Ewigkeit, als
> Gegenstand des göttlichen Denkens und Wollens,

M   oder

oder der göttlichen Wirksamkeit (correlatum omnipotentiae).

Was ist Gott? — Der einzige urewige, nach Absicht wirkende Geist, der Schöpfer, der Werkmeister der Welt.

Kann man von Gott anders, als bildlich reden? — Nein. Er ist der Unvergleichbare. Es haben aber die bildlichen Redensarten von ihm ihre Brauchbarkeit, wenn sie mit sich selbst und mit andern bildlichen Redensarten, die man ihnen zugesellt, übereinstimmen, und zum Grunde wahrer practischen Folgerungen, aus den göttlichen Eigenschaften, gelegt werden können.

Was folgt aus dieser Unvergleichbarkeit Gottes? — Wir müssen alle Redensarten, die wir von Gott brauchen, in einer Gotteswürdigen, immer geheimnißvollen, Bedeutung verstehn. Z. E. Seyn, Leben, Geistigkeit, Verstand, Willen, Absicht, Macht, Liebe, Wohlgefallen, Misfallen, Rathschluß, Seligkeit.

Können wir denken, daß Gott aufhört, zu seyn, zu leben, zu wirken? — Nein. Vor diesem entsetzlichen Gedanken bebt die Seele zurück. Gott ist vollewig.

Anmerk. Der gemeine Menschenverstand muß belehrt werden, sich bey dem Gedanken an die Urewigkeit nicht lange aufzuhalten. Lehrreich ist

nur

nur der verständlichere Begriff von der göttlichen Providenz.

Wie heißt diejenige Thätigkeit Gottes, deren Anfang die Welt schuf, und welche auf eine göttliche Art fortwirkt in die Ewigkeiten? — Gottes Providenz, oder die **Vorsehung.**

Hatte Gott in der Urewigkeit schon den göttlichen Zustand, welcher göttliche thätige Providenz heißt? — Nein! Sondern, der uns undenkbare urewige göttliche Zustand war eine Quelle der Providenz, welche sein zweyter immerwährender, aus Fortschritten bestehender, Zustand ist.

Welches ist das dreyfache Maaß der Würde eines Geistes? — Das Maaß des Verstandes, der Güte, der Macht.

Hat auch Gott ein gewisses Maaß der Geisteswürde? — Nein. Diese Aehnlichkeit mit uns müssen wir Gotte, dem Unvergleichbaren, absprechen. Er hat die ganze Fülle jeder Art von Würde eines Geistes. Das ist eine dem Glauben empfohlne Gewissenslehre.

30. Die göttlichen Eigenschaften.

Warum nennt man Gott allwissend? — Weil er von Ewigkeit alles Wirkbare überschaute, die ganze wirkliche Welt in dem Wirkbaren un-

M 2   terschied,

terschied, und keinen Theil dieses göttlichen Gedankens jemals verliert.

Warum heißt Gott allgnädig? — Weil das Wohl der ganzen Lebenswelt seine ewige einzige Absicht war, und in der Vorsehung seine einzige Absicht bleibt.

Warum allmächtig? — Weil er immer und allenthalben in der Natur auf göttliche Art Alles wirken kann, was darinnen wirkbar ist.

Ist das Unwirkbare ein Gegenstand des göttlichen Wollens? — Nein! Etwas Unwirkbares zu wollen, würde Mangel an Allwissenheit seyn.

Ist das, was Gotte durch eine Folge von Mittelursachen wirkbar ist, ihm auch wirkbar ohne Mittel? — Nein! Sonst wären die sogenannten Mittel Gottes keine Mittel, sondern vergebliche Umwege; und so könnte der Zustand der Welt im Jahre nach der Schaffung 1000000000000000000000000 gleich Anfangs der erste gewesen seyn; so könnte er die menschlichen Seelen in himmlischer Seligkeit erschaffen.

Also kann wohl Gott nicht Alles, was uns träumt oder auf andre Art denkbar scheint, oder was durch halb sinnlose Redensarten ausgedrückt wird? — Nein. Er kann die verfloßne Zeit nicht wieder zurückbringen, Niemand

von

von der Erde in die Sonne verſetzen, ohne ihn
entweder geradezu oder durch Krümmung den Zwi=
ſchenraum durchzuführen, nicht machen, daß
ein Sohn ſeinen Vater zeuge. Auch müſſen wir
zweifeln, ob das, was nie gewirkt iſt,
wirkbar ſey, z. E. ein Vogel mit dem Kopfe,
mit dem Halſe, mit der Bruſt, und mit der in=
nerlichen Natur eines Menſchen.

Wie müſſen wir eine unerhörte Ordnung
der Erfolge (z. E. die Auflebung eines Ver=
ſtorbnen, deſſen Leib ſchon den Anfang der Ver=
weſung hat) beurtheilen, wenn ſie erzählt wird? —
Nicht als unwirkbar, ſondern als den Gegen=
ſtand einer Erzählung, die man, nach ihrer
Würde und Wichtigkeit, als Erzählung unter=
ſuchen muß.

Warum nennen wir Gott allgegenwär=
tig? — Weil jeder Ort allezeit in dem Kraiſe
ſeiner Erkenntniß und ſeines Wirkens liegt.

Wie ward die Welt erſchaffen, und her=
nach erhalten und regiert? — Durch Mit=
wirken Gottes mit der Natur.

Warum heißt Gott Allvater der Men=
ſchen, und warum wird er als ein ſolcher der
Jugend bekannt gemacht, ehe man in ihrer Be=
lehrung von Gott weiter geht? — Weil uns
am meiſten daran gelegen iſt, daß er gegen uns
Menſchen allgnädig iſt und bleibt.

M 3

Sollte

Sollte Gott auch wohl allgnädig gegen die Thiere seyn? — Sonder Zweifel. Er hat Gefallen an ihrem Leben und Wohlleben.

Warum haben wir keine Pflicht, des Lebens und der Gesundheit der Thiere zu schonen, zum Nachtheile der menschlichen Geschäfte? — Weil wir mit ihnen nicht in gesellschaftlicher Verbindung stehn, und, wenn dies Pflicht wäre, keinen Fuß zusetzen könnten, um nicht eine halbe Miillion Thierchen zu erdrükken.

Warum müssen wir uns dennoch zum Mitleiden mit dem uns erkennbaren Elende der Thiere gewöhnen? — Die Grausamkeit gegen Thiere hat unsre natürliche oder leicht erregbare Misbilligung, und ist ein Schritt zur Grausamkeit gegen die Menschen. Doch ist nicht vermuthlich, daß die Thiere so empfindsam sind, als wir.

In welchem Sinne ist Gott unveränderlich? — In dem Bewußtseyn, daß er Gott ist, und daß seine Absicht in der Welt durch seine Vorsehung erfüllt wird.

Geht Gottes Absicht auch auf seine Ehre? — Ja. Aber nur auf solche Ehre, die zum Besten der ihn Verehrenden dient.

Geht seine Absicht auch auf das Uebel? — Nein. Er verhindert durch seine Vorsehung ohne

ohne unſer Wiſſen ſehr Vieles. Das Uebrige kömmt von der Mitwirkung der Natur, und kann von der Vorſehung Gottes nicht verhindert wer= den, ohne mehr Gutes zu zerſtören, Quellen eines gröſſern Guten zu verſtopfen, oder einem gröſſeren verſchloßnen Uebel die Wege zu öffnen. Darum läßt die Vorſehung es zu, ohne es zu verhindern.

Wird Gottes Seligkeit dadurch ver= mindert? — Nein. Sie war und bleibt ewig die Seligkeit eines Gottes, der es weis, daß eine Welt mit minderem Uebel nicht wirkbar, oder im Ganzen nicht ſo gut iſt, als diejenige, die er gewirkt hat und erhält.

Warum heißt Gott göttlich=weiſe? — Weil ſeine Vorſehung allwiſſend und allgnädig iſt, oder das Beſte auf die beſte Art thut.

läßt die Vorſehung das Kleine aus der Acht? — Nein! Sondern ſie ſorgt (auf göttliche Art) eben dadurch für das Große und für das Ganze, weil ſie für alles Kleine, und für jeden Theil des Ganzen ohne Ausnahme ſorgt.

Kann Gott Alles, was er will? — Ja, weil er niemals etwas Unwirkbares wollen wird; oder nicht zu der Zeit und an dem Orte, wo es unwirkbar iſt.

Iſt es wahr, daß Gott ein freyes We= ſen ſey? — Ja, weil er ſtatt des einen Wirk=

baren,

baren, was er wirkt, auch etwas Anders Wirk-
bares wirken kann, und, wenn dies letzte besser
wäre, wirken würde.

Erstreckt sich Gottes Denken und Können weiter, als auf sein wirkliches Wirken? — Ja. Sonst könnte man ihm die
Würde der Weisheit nicht zueignen.

Können wir aus Gottes Weisheit auf
die Erfolge menschlicher Handlungen oder
andrer Dinge schliessen? — Nein, sondern aus der Erfahrung ähnlicher Fälle. Denn
Gott regiert sehr selten nach unserm Sinne.

Hat Gott Schuld am Uebel? — Wie
kann das seyn, da es seine Absicht nicht ist, und
seine Zulassung weislich handelt?

Wie heißt Gottes urewige Absicht, in seiner
Vorsehung so zu wirken, als er wirkt? —
Gottes Rathschluß.

Wird jemals eine uns erkennbare Begeben-
heit von Gott allein, oder von der Natur
allein bewirkt? — Das ist nicht wahrscheinlich, da Gott immer allenthalben wirkt in jedem
Theile der Natur. Aber entwikkeln können
wir mit Genauigkeit in keinem Falle, was Gott,
oder was die Natur, beytrage.

Ist die leblose Natur Schuld am
Uebel? — Nein. Denn sie wirkt nicht mit
Absicht.

Absicht. Und eben darum sind wir ihr auch keinen Dank schuldig für irgend etwas Gutes.

Ist die Welt eine im Nu gemachte und so in Ordnung gesetzte Maschine, daß Gott nach diesem Nu in Ewigkeit Nichts mehr damit zu thun hat? — Wer das behauptet, scheint mir eben so Viel zu sagen, als daß Gott die Welt zu ihren eignen Gott gemacht hätte. Der gottselige Mensch verliert dadurch alle Nähe Gottes, alle Gemeinschaft mit ihm.

Wissen wir, auf wie verschiedne Art Gott zur Schöpfung, zur Erhaltung und zur Regierung der Dinge wirke? — Nein! Wir unterscheiden die Thätigkeiten Gottes nur durch die Verschiedenheit ihrer Wirkungen.

Warum kann Gott so die wesentliche Liebe heissen, wie kein andrer Geist? — Weil Lust am Wohlthun seine einzige Lust ist.

Was that Gott, ehe er die Welt schuf? — Er freute sich göttlich seiner Macht, die Welt, in seinem Eigenthume, in dem Weltwesen, zu schaffen, und darüber, daß sie bevorstand.

Anmerk. Diese und vielleicht viele Fragen sollte der Mensch nicht anstellen, weil sie sich gründen auf eine irrige Voraussetzung, wozu wir durch die bildlichen Redensarten verleitet werden. Man antworte so unschädlich und so gut man kann. Das Seyn in der Urewigkeit ist ein ganz eig=

nes

nes Seyn, in einer ganz eignen Dauer, die
Urewigkeit heißt. Es ist ein göttliches Urseyn
(prima existentia divina.) Kennten wir diese
unvergleichbare Eigenheit; so würden wir ver=
muthlich einsehn, daß das Thun oder Wirken
sich in keinem Sinne damit verträgt. Leichter
einzusehn ist schon jetzund die Sinnlosigkeit der
Frage, warum Gott die Welt nicht eher schuf.
Denn in der Urewigkeit ist kein Früher, kein
Später.

Warum heißt man Gott selbstständig? —
Weil sein Daseyn und Leben ohne Hülfe andrer
Wesen besteht.

Wie weit erstreckt sich die Wirksamkeit
Gottes? — Ueber den ganzen Raum, den
vollen und leeren.

Ist Gott eine Substanz? — Ja!
weil man bildlich von ihm reden und ihn einen
Geist nennen muß.

Verhält sich die Einheit Gottes gegen die
Gottheit, wie die Einheit eines gewissen
Menschen gegen die Menschheit? —
Nein! Denn die Gottheit ist so einzeln (so in=
dividuel) als Gott.

Wie schaut Gott die unendliche Reihe
der bevorstehenden Weltbegebenheiten
durch? — Sein unendlicher Verstand schaut
die Reihe nicht durch. Sonst wäre sie nicht
unendlich. Sondern er schaut jedes einzelne
Glied, ohne Ausnahme, in seiner Ordnung als
bevor=

bevorstehend. Es ist sein Anschaun des Einen und des Andern gleichzeitig und gar nicht von einander abgesondert.

Anmerk. 1) Der gesunde Menschenverstand sieht ein, daß ein jeder Vater einen Sohn haben, eine jede Sache Wirkung haben kann, und daß sich also eine unendliche Reihe künftiger Begebenheiten erwarten lasse. Ein nicht scharfsinniger Logiker aber kann dagegen so argumentiren: Jedes Bevorstehende wird einmal nicht mehr bevorstehn, sondern bevorgestanden seyn. Und wenn das wahr ist; so hat die Reihe bevorstehender Dinge einst ein Ende. Nein, guter Freund! Nicht, wenns wahr ist, daß jedes einzeln, sondern daß einst alle werden bevorgestanden seyn. Aber der gesunde Menschenverstand, der eine unendliche Reihe behauptet, giebt dir nicht zu, daß alle insgesammt einst werden bevorgestanden seyn, und Nichts davon mehr bevorstehen werde.

2) Ferner (kann ein Logiker argumentiren) Gott kann diese unendliche Reihe nicht denken. Es müßten sonst so viele Gedanken in ihm beysammen seyn, als diese Reihe Sachen enthält. Diese Menge ist unendlich. Eine unendliche Menge von Dingen kann nicht beysammen seyn. Denn was beysammen ist, ist eine Zahl, und jede Zahl ist endlich. Ich antworte, daß in Gott keine Menge von Gedanken ist, sondern ein einziger so reichhaltiger vollkommner Gedanke, daß er Allwissenheit heißt.

Warum sind viel 1000 Fragen von den Erfolgen in der Welt, wie und warum sie erfolgen,

gen, unbeantwortlich? — Weil wir noch minder, als unerfahrne Kinder, sind, in Vergleichung mit Engeln und mit Gott. Wir kennen
einen nur unendlich kleinen Theil der Oberfläche
der Natur, und des unermeßlichen göttlichen
Plans. Wir wissen nicht, was in einem gesetzten Falle wirkbar oder verhinderbar, noch minder, was weislich wirkbar und verhinderbar, sey.

Anmerk. Exempel solcher Fragen sind: 1) Wie
kömmt die Seelensubstanz zum Leben? 2) Wie
wird die Menschenform gebildet? 3) Warum
zwey Geschlechter zur Fortpflanzung? 4) Warum Misgeburten an Leib und Seele, und vor
der Geburt sterbende Kinder? 5) Wie wird
die Bewegung durch Willen, und das Wahr-
nehmungsvermögen durch Bewegung modificirt?
6) Wie bewegt die Seele die rechten Nerven,
um dieses und jenes Glied, auch viele auf einmal, willkührlich zu bewegen? 7) Wie kommen
Vorstellungen, die zuweilen ganz neu sind, in
den Traum? 8) Warum Schmerz, Krankheit, Wahnsinn, Tollheit, Ueberschwemmung,
Erdbeben, Hungersnoth, Pest und Intoleranz?
9) Wie wird Ebbe und Fluth von Sonne und
Mond bewirkt? 10) Wie kommt Schwere, imgleichen magnetische, elastische, electrische Kraft
in die Körper? 11) Warum thut sich Sarg
und Erde nicht auf, wenn ein Lebendiger zufälliger Weise begraben ist? 12) Wie wurden die
ersten Weltkörper bey ihrem Anfange erschaffen,
und die ersten Menschen, Thiere und Pflanzen? u. s. w.

Zeige,

Zeige, daß die Erfahrensten am Besten einsehn, wie wenig der Mensch wisse in Vergleichung mit dem Wißbaren? — Indem sie
einige bisher unerkannte Mitursachen der Dinge
entdekken, so finden sie zugleich, daß die Quellen
des Entdeckten ihnen unbekannt sind.

> Anmerk. Und wenn sie von einem entdeckten Z die
> Quelle v + x + y finden; so haben sie nun wie-
> der die Quelle von drey Dingen zu suchen. So
> mehrt sich bey jeder Zunahme der Erkenntniß,
> das Gefühl der menschlichen Unwissenheit.

Nach welcher allgemeinen **Regel** regiert
verborgner Weise die sowohl gütige als weise Vorsehung? — Nach der Regel, das allgemeine
Wohl der lebenden Welt, in die Ewigkeiten hinein, zu befördern.

31. Die Seele ist unsterblich.

Ist die menschliche Seele darum schon unsterblich zu nennen, daß man weis, es folge in der
Seelensubstanz irgend eine Art des Lebens nach
dem menschlichen? — Nein. Sondern mein
Ich stürbe oder verginge, wenn ich die Rück-
sicht in dieses menschliche Leben verlöre,
und niemals wieder erhielte. Würde meine
lebendige Substanz z. E. schafartig; so wäre
mein jetziger Gedanke an dies schafartige Wesen ein, mich selbst gar nicht angehender,
Gedanke. Und eben dies ist wahr, wenn

ich

ich denke, daß meine Seelenſubſtanz durch neue
Zeugung und Geburt ein ganz neuer Menſch werde.

Warum glaubſt du mit Recht, daß
du, als Seele, unſterblich ſeyſt? — Der
einzige Beweis iſt zuſammengeſetzt aus vielen
Puncten. 1) Meine Unſterblichkeit iſt mir gar
nicht undenkbar, wenn ich die Natur meiner
Seele betrachte. (Siehe 27. a) 2) Ich bin ſchon
durch die Geburt einmal (und vielleicht vorher
ſchon mehrmal) zu einer höhern Stufe des Lebens
hinaufgeſtiegen. Zwar ward mein Leben in der
Geburt beſchwert. Aber einige Stunden! da
war ich da! Ich, ein Menſchenkind in der Menſchenwelt! 3) Ich weiß gewiß gnug, daß über-
menſchliche Stufen des Lebens in der Natur da
ſind. 4) Der Wunſch, hinauf zu ſteigen, wird
(beſonders in den Zeiten, da mich die natürliche
Furcht vor dem Tode des Leibes niederdrückt) ſtärker und brünſtiger, je vernünftiger und älter ich
werde. 5) Je öfter ich meine Aufmerkſamkeit
auf dies Verlangen richtete, je ſtärker ward die
Ahndung, daß es erfüllt werde. 6) Ich habe
Urſache, dies Verlangen, dieſe Ahndung, als
eine Wirkung der Abſicht meines himmliſchen
Vaters anzuſehn. 7) Ich thue in dieſem Leben
kaum die erſten Schritte in die dreyfache Würde
eines Geiſtes, in die Erkenntniß; in Liebe und
den Genuß der Gegenliebe; in die Kraft zu wirken; dennoch denke ich ſo viele höhere Stufen,
worauf

worauf ich in diesem Leben nicht komme. Und
die meisten Sterblichen bleiben, wegen ihrer Le-
bensumstände, noch viel weiter zurück, als ich.
8) Je näher ich meinen, oder der Meinigen, Tod
denke, desto stärker wird meine Liebe zu ihnen.
Dies halte ich für Einsprache Gottes an meine
Seele: die wahre Liebe hört nicht auf.
9) Daher will ich gern, und muß auch (nach
Glaubenspflicht) den himmlischen Vater in meiner Seele-gleichsam redend hören: Ich lebe
ewig, und bin dein Vater, du sollst leben
in die Ewigkeiten.

> Anmerk. Ich gebe zu, ihr lieben Mitphilosophen,
> wenn ein Mensch von Jugend auf durch Eltern
> und Lehrer einen solchen Unterricht von einem
> nicht entsetzlichen Gott, sondern von einem
> höchst liebenswürdigen Allvater gefaßt hat;
> wenn er so in die Natur seiner Seele hineinge-
> führt ist, wenn in ihm die, in der menschli-
> chen Natur schlafenden, Wünsche und Ahn-
> dungen zum Wachen gebracht sind; ich gebe zu,
> daß ein solcher Mensch die Unsterblichkeit seiner
> Seele mit eigner Einsicht glauben lernt, und
> also natürliche Religion haben kann; ohne daß
> er sich gründen darf auf Glauben an Offenba-
> rung. Aber, wo sind die so Unterrichteten?
> Wie viele können derer werden bey den Umstän-
> den des menschlichen Lebens? Wahrhaftig für
> den Haufen (auch der Vornehmen) ist kein Rath,
> als in dem Ansehn der Lehrer, welche sich beru-
> fen entweder auf den allgemeinen Glauben der
> Weisen, oder auf solche Thatsachen, welche
> in der Christuslehre vorkommen. Das Erste
> wird

wird bey' Vielen unkräftig, durch den Wider:
spruch der D und D, der H, B und V, die auch
als Weise gepriesen werden. Aber die wohl vor:
getragne Christuslehre hat mehr Kraft, die
Pfeile solcher Philosophaster abzuhalten, daß sie
nicht die Seele verwunden. Mehr davon wei:
ter unten.

Sage den annehmungswürdigen Lehrsatz
von der Seeligkeit des ewigen Lebens?
— Der Allvater wird uns in demselben, in der
wirkbaren Ordnung, mehr Gutes geben, als wir
jetzund zu denken vermögen.

Wie muß man sich den Lehrsatz von der
Seligkeit des ewigen Lebens aufklären? —
Wir werden erhalten mehr und schärfere Sinnen,
ein stärkeres Gedächtniß, beßre Nahrung der
Wißbegierde, größre Freuden der Liebe und Gegenliebe, eine stärkere Bewegungskraft nach unserm Wohlgefallen, einen weit geschäftigern Zustand bey öfter gelingenden Absichten, kurz einen
englischen Zustand, in welchem wir dem aller-
höchsten Allvater, der, durch Bewußtseyn des
Wohlthuns, göttliche Seligkeit hat, immer
weniger unähnlich werden. Man hat Recht hin-
zuzusetzen, daß wir in die Gegend geführt werden, wo wir mit einer magnetartigen Kraft
eine uns eigen werdende Leibesform an uns
ziehen, welche (wie hier der menschliche Leib) dienen wird, die Aussicht in die weite Welt zu
schärfen, das Werkzeug unsrer Bewegung zu
seyn,

seyn, und den Mitgenossen des künftigen Zustandes unsre Gedanken, Empfindungen und Absichten zu zeigen. In dieser Leibesform werden wir
auch kenntlicher, als hier, seyn; sowohl unsern ehemaligen Bekannten als Fremden. Das
sind süße Ahndungen! Der wirkliche Erfolg wird süßer seyn!!!

Ist es wahrscheinlich, daß wir alsobald
nach dem Ende dieses Lebens, das vollkommne künftige Leben schon haben? — Nein.
— Vermuthlich werden wir in der Geburt zum
neuen Leben gleichsam betäubt; erwachen nach
und nach zum Bewußtseyn des vorigen Zustandes; und sind erst Kinder, dann Jünglinge, darauf Männer des neuen Lebens. Anfangs wissen
wir noch nicht, in den neuen Zustand uns recht
zu schicken; und die neuen Kräfte noch nicht recht
zu brauchen. Da werden denn auch wohl Lehrer
und Anführer seyn, u. s. w.

Wie ähnlich, wie unähnlich wird jenes Leben dem gegenwärtigen seyn? —
Das errathen wir nicht. Und das ganz Unähn-
liche könnte uns, so lange wir Menschen sind,
auch kein Engel beschreiben. Aber die drey
Würden des Geistes, Erkenntniß, Liebe,
absichtvolle Thätigkeit werden erhöht,
von der Stufe an, worauf sie schon stehn, wenn
wir aus der Menschenwelt scheiden. Dieser Gedanke ist pflichtmäßig, und eine Gewissenslehre
weil wir dadurch erfreut und gebessert werden.

N   Läßt

Läßt sich nachholen, was wir in diesem Leben versäumt haben, unsre Seelenwürde zu erhöhn? — In Ewigkeit nicht. Das Menschenleben ist eine Saatzeit von Fertigkeiten, die so, als sie war, nicht wiederkömmt. Diese Art der versäumten Schulzeit ist unwiderbringlich.

Muß ein Mensch verzweifeln, der Jahrelang auf seiner wichtigen Himmelsreise zurückgeblieben ist? — O Nein! Sonst bleibt er noch länger und weiter zurück. Man soll vorwärts sehn, nicht rückwärts. Das Vergangne kann Gott selbst nicht ungeschehn machen, und wir Menschen sollen nicht daran denken mit einem solchen Kummer, der nicht zu unsrer Beßrung dient.

Aber warum läßt Gott so viele Feuerländer und Hottentotten, auch ohne ihre Schuld, so weit zurückbleiben? — Ich weis dieses Warum nicht zu beantworten, weil ich die Regierung des göttlichen Reichs nicht verstehe. Die beste Antwort wäre vielleicht eine neue Frage, warum der Mensch die Zeit damit verderbe, nach solchen Warums zu fragen.

32. Die natürliche und die philosophische Religion.

Warum heißt Gott gerecht? — Weil er über die Menschen in diesem und jenem Leben, und

über

über alle Geister so regiert, daß sie durch die Vermehrung ihrer sittlichen Würde, ihrer Weisheit und Tugend, ihr eignes Wohl befördern, und durch das Gegentheil sich selbst schaden, so daß kein Laster ungestraft, und keine Aufopferung für Rechtschaffenheit oder Gemeinnützigkeit unvergolten bleibt.

Woraus erkennen wir, daß Gott gerecht sey? — Er regiert das menschliche Leben derer, die ihn kennen und die ihn nicht kennen, so, daß Tugend den Tugendhaften in den meisten Fällen schon hier nützt, und daß Laster den Lasterhaften in den meisten Fällen schon hier schadet; dem Einen früher, dem Andern später. Da er nun eine Ewigkeit hat, über die menschlichen Seelen zu regieren: so erfodert unsre Glaubenspflicht, überzeugt zu seyn, daß er die, hier etwa unvergoltnen, guten und bösen Thaten und Gesinnungen in jenem Leben reichlich vergelten werde; und daß wir also aus Selbstliebe nicht besser für uns sorgen können, als durch Befolgung aller richtigen Sittenregeln, nach einem wohlgeprüftem Gewissen.

Was ist die Religionslehre, in einer nützlichen Bedeutung des Worts? — Diejenige Lehre von Gott oder von der Vorsehung, welche abzielt auf Bekräftigung der Sittenlehre, und auf Tröstung der Leidenden.

N 2 Anmerk.

Anmerk. Die Religion soll die Lehrerinn und Trö-
sterinn unsers Herzens und die Leiterin unsers Lebens seyn. Man staune die Werke Gottes noch
so viel an; man denke und rede von Gottes
Grösse und Majestät, so viel man will. Ehrt
man Gott nicht, als einen Vergelter des Guten
und Bösen, glaubt man handeln zu dürfen, als
wenn kein Gott wäre; so hat man keine Religion. Und es ist doch schwer, wider die Erfahrung sadducäisch zu glauben, daß Gott alle
und jede Tugend, alles und jedes Laster, ohne
Ausnahme schon hier vergelte. Daher besteht die
Religion nicht wohl mit einer entscheidenden Meinung, daß die Seele sterbe. Hingegen, wenn
vorausgesetzt wird, daß unfehlbare gerechte Vergeltung bevorstehe; so ist das wahre Wesen der
Religion da, man mag übrigens nach väterlicher
Weise, eine Drey-Einigkeit oder Fünf-Einig-
keit verehren; oder nach väterlicher Weise einen
einzigen Gott sich als einen Oberherrn vieler Un-
tergötter vorstellen.

Was ist die menschliche Natur? —
Dasjenige, was alle, zum Gebrauche der Vernunft angeleitete, Menschen mit einander gemein
haben, zu allen Zeiten und unter allen Völkern.

Welche Sittenlehre ist natürlich? —
Diejenige, welche den Gedanken, den Gesinnungen und den Thaten der Menschen nur solche Regeln vorschreibt, deren Beobachtung der menschlichen Natur dienet.

Welcher Trost im Leiden ist werth,
natürlich genannt zu werden? — Derjenige,

nige, welcher der menschlichen Natur dient, und
also der richtigen Sittenlehre nicht schadet.

**Welche Religion ist in Betrachtung des
Inhalts natürlich?** — Diejenige, wodurch
eine natürliche Sittenlehre und ein natürlicher
Trost im Leiden bekräftigt wird.

**Welche Theile des Inhalts einer Re=
ligion sind unnatürlich?** — Diejenigen,
worinnen behauptet wird ein Wohlgefallen Got=
tes an gewissen Lastern, oder auch an solchen Be=
schwerlichkeiten, die der menschlichen Natur kei=
nen, ihrer Grösse angemeßnen, Nutzen schaffen;
imgleichen worinnen angeboten wird, eine solche
Art des Trostes im Leiden, wodurch die sittliche
Beßrung der Menschen verhindert wird.

**Gieb einige Exempel unnatürlicher
Religionssätze?** — 1) Man muß der Gott=
heit Menschenopfer bringen. 2) Man muß diese
oder jene Nation mit den Säuglingen ausrotten.
3) Man macht seine Laster gut, wenn man Ab=
laßbriefe kauft, oder ein fremdes Verdienst sich
zueignet, und als sein Eigenthum Gotte vorhält.
4) Man muß die Hälfte der dienlichen Nahrungs=
mittel vermeiden. 5) Man muß alle Jahr drey=
mal nach einem, viele Meilen abgelegnen, Tem=
pel reisen. 6) Es liegt das Heil der Seelen dar=
an, daß man solche Wortgeheimnisse wisse
und glaube, die dem Verstande Nichts zu denken

N 3   geben,

geben, und also weder die Sittenlehre noch den
Trost der Menschen bekräftigen.

Sage die zwey Hauptsätze der, ihrem
Inhalte nach, natürlichen Religion? —
1) Die Gottheit richtet allväterlich = gerecht die
unsterblichen Seelen. 2) Allen Seelen steht früh
oder spät eine glückselige Ewigkeit bevor.

Warum sind wir verpflichtet, eine glückse=
lige Ewigkeit zu glauben? — Weil wir
Gott herzlicher ehren und lieben, und die Mensch=
heit höher achten, wenn wir diese Hoffnung von
allen Seelen unsrer Mitmenschen bey uns fest=
setzen, als wenn wir daran zweifeln.

Was ist die philosophische Religions=
lehre? — Die Lehre von den Hauptsätzen der
(ihrem Inhalt nach) natürlichen Religion, wenn
sie bekräftigt wird durch Beweisgründe, deren
Wirksamkeit ein tiefes anhaltendes Nachdenken
erfoderte, um überzeugt zu werden von der gött=
lichen Vorsehung, von der Unsterblichkeit der
Seelen, und von dem allväterlich = gerechten Ge=
richte Gottes.

Anmerk. In diesen Fragen und Antworten ist also
die Religion bisher philosophisch behandelt.

Ist die philosophische Religion, nach
ihrem Glaubensgrunde, natürlich? —
Nein. Denn die wenigsten Menschen, unter
Vornehmen und Geringen, unter Gelehrten und
Ungelehrten, sind zum tiefen anhaltenden Nach=

denken

denken fähig und geneigt, wenn nicht etwa ganz besondre Hülfsmittel und Antriebe gebraucht werden.

Was ist selbst einem Philosophen in der philosophischen Religion am schwersten? — Bey den Gewissenslehren, welche durch ihre Beweise nur glaubwürdig (probabel) gemacht werden, die Wahrheit der Glaubenspflicht einzusehn, und bis zum Ursprunge einer feststehenden Ueberzeugung auszuüben.

Was sagt das Gewissen einem jeden, noch nicht zum Leichtsinne auch nicht zu unnatürlichen Religionssätzen verwöhnten, Menschen, wenn ihm die, ihrem Inhalte nach, natürliche Religion, auch ohne Beweis, vorgehalten und zum Glauben empfohlen wird? — Das Gewissen sagt einem solchen Menschen, die natürliche Religion sey glaubwürdig gnug, um nach Vorschrift derselben leben zu müssen.

Wie muß der Werth des Inhalts einer jeden Religion geschätzt werden? — Nach dem Nutzen desselben; das ist, nach seiner Uebereinstimmung mit dem Inhalte der natürlichen Religion.

Sind die philosophischen Lehrer unsrer Zeiten und Gegenden sehr uneinig über den Inhalt der natürlichen Religion? — Wenn man einige Philosophaster abrechnet, welche mit der Unsterblichkeit der Seele alle Religion

N 4   gion

gion läugnen; ſo ſind die andern über den Inhalt einig. Sie widerſprechen ſich nur theils in Er-klärungen gewiſſer Wörter, theils in der Schätzung der philoſophiſchen Beweiſe. Sie geſtehn aber durchgängig, und mit Zuſtimmung der meiſten Lehrer aller Kirchen, daß die Be-weiſe der (dem Inhalte nach natürlichen) Reli-gion, unentwikkelt in dem Verſtande und Gewiſſen eines jeden Menſchen liegen, der auf die mit Abſicht gewirkten Weltdinge, und auf ſein Selbſtgefühl aufmerkſam gemacht iſt; daß man alſo nicht ſowohl nöthig habe, die natürliche Religion zu beweiſen, als ſie richtig vorzuſtellen, und alsdann dem Gewiſſen zu empfehlen.

33. Staatsſchulen der bürgerlichen Religion.

Was nennſt du die bürgerliche Religion? — Diejenige, deren Erkenntniß und Bekennt-niß eine Bedingung des Vollbürgerrechts ſeyn muß, um den Staat in den blühendſten Zuſtand zu ſetzen, und darinnen zu unterhalten.

Kann die Vollbürger-Religion irgend eine der bekannten Kirchenreligionen ſeyn? — Keinesweges! Sonſt bleiben wir in dem Elende der, ſeit Conſtantins Zeiten herrſchenden, und von den Chriſten auch einem Mahomed mit-getheilten Verblendung, daß die Intoleranz eine Pflicht der Staatsregierung ſey.

Welches

Welches Theiles der natürlichen Religion bedarf der Staat am meisten? — Nicht so sehr desjenigen Theils, dessen Inhalt die leidenden tröstet, als desjenigen, der die Sittenlehre durch die Lehre von dem allväterlichen Gerichte über unsterbliche Seelen bekräftigt.

Würde ein Staat rechtmäßigen Widerstand finden, wenn er, entweder ohne Hülfe der Kirchenpriesterschaften, oder mit ihrer, nach Vorschrift des Staats eingerichteten, Hülfe, für die Religion seiner aufblühenden Vollbürgerschaft durch Bürger-Religionsschulen und andre Einrichtungen selbst sorgen wollte? — Gar keinen rechtmässigen Widerstand. Denn dieses ist nirgends durch Staatsgrundgesetze verboten.

Wie müssen diese Schulen, den Graden nach, verschieden seyn? — Es müssen vielleicht drey oder vier Grade seyn, nach dem niedrigen oder hohen Stande der Vollbürger.

Womit müssen sich diese Schulen beschäftigen? — 1) Mit einer, theils einen religiösen, theils einen öconomischen Nutzen schaffenden, Naturkunde. 2) Mit der Sittenlehre, und ihrem, aus dem menschlichen Leben hergeholten, Empfehlungsgründen. 3) Mit Erregung einer Gewissensscheu vor dem allväterlichen Gerichte Gottes nach diesem Leben. Kirchenwahrheiten oder Kirchenirrthümer

N 5 werden

werden in diesen Staatsschulen so wenig erwähnt, als wenn sie gar nicht da wären.

Unter welchem hohen Regierungscollegium müssen diese Staatsschulen stehn? — Unter dem sittlichen Polizey-Collegium.

Welche Zeit der Jugend muß diesen Bürger = Religionsschulen gewidmet seyn? — Wöchentlich etwa 4 Stunden, vom 10ten Jahre, bis Ende des 16ten, 17ten, 18ten, 19ten. Nehmlich die vornehmern Stände werden länger unterrichtet. Nach diesen Graden müssen dazu etwa 4 Lehrbücher gemacht werden, davon das niedrigere in dem höhern als bekannt vorausgesetzt wird.

Was muß vor Aufnahme in diesen oder jenen Grad des Vollbürgerstandes geschehen? — Es muß in vorgeschriebner Form von einigen, vom Staate verordneten, Männern, eine Prüfung angestellt werden, ob der Unterricht benutzt sey.

Was würde nach Anlegung solcher Staatsschulen und bey vollkommner Toleranz innerhalb nicht gar vieler Jahre, nach und nach, geschehn? — Gewisse Kirchen würden zum Besten des Staats schon ermüden, die natürliche Religion mit einem Angehänge unnatürlicher Lehrsätze zu verunstalten, und zu verderben.

Woher können die Kosten zu solchen Staatsschulen genommen werden? — Das

werden

werden die Regenten wohl wissen. Nur ist rathsam, daß kein unschuldiger Mensch die bisher genoßnen Einkünfte und Bequemlichkeiten verliere.

Welchen Anhang kann die Religionslehre in
diesen Schulen haben? — **Die Rechtslehre**
aus den Landesgesetzen.

Welcher Stand bedarf dieser Bürger-Religionsschulen am meisten? — **Der Kriegs-**
stand, der immer bereit seyn soll, dem Tode
muthig entgegen zu gehn.

Welches Kriegs-Handwerk würde in diesen
Staatsschulen nicht wohl gebilligt werden können? — Diejenige Art der **ausländischen**
Werbung, welche, wie man sagt, hin und
wieder durch solche Schein-Verträge geschicht,
denen, nach dem Menschenrechte, ein Etwas an
ihrer Gültigkeit fehlt. Es ist viel Krummes in
der Welt, welches erst von spätern Nachkommen
kann grade gemacht werden.

34. Gedanken über die Gerechtigkeit Gottes.

Hat Gott Alles, was ward und wird, geschah
und bevorsteht, von **Ewigkeit** beschlossen,
vorherbestimmt? — Ja. Aber unter andern
auch dieses, daß in dem Reiche der göttlichen
Vorsehung die sittliche Unvollkommenheit durch
unangenehme Folgen abnehme, die sittliche Ver-
voll-

vollkommnung aber zunehme durch angenehme
Folgen.

Warum heißt Gott der Allerheiligste? —
Weil er der Einzige ist, welcher göttliche Majestät hat, und sie mit der höchsten Gerechtigkeit
gebraucht.

Ist Gott sein selbst wegen, oder seiner
Geschöpfe wegen gerecht? — Beydes ist
bey seiner höchsten allumfassenden Liebe einerley.
Der lehrreichste Ausdruck aber ist, daß Gott
seiner Geschöpfe wegen gerecht sey.

Kann man die beständigen oder wahr-
scheinlichen (das ist natürlichen) Folgen gewisser Laster, eine göttliche Strafe derselben
nennen? — Ja. Denn solche übelbekommen-
de Laster sind zugleich auch auf andre Art gemeinschädlich.   Und sowohl die eigne Erfahrung, als
der Anblick ihrer traurigen Folgen, ist bessernd und
abschreffend.   Hingegen ist die Erfahrung und
der Anblick der angenehmen natürlichen Folgen
der Weisheit und Tugend anlockend, und also
göttliche Belohnung. Beydes ist wahr, auch
in Ansehung solcher Menschen, die Gott nicht
kennen.

Sind die Zufälle (z. E. auch bey Loosen und
Spielen) nur Zufälle in unserm, oder auch in
Gottes Verstande? — Nur in dem unsrigen. Denn Gott siehet vorher, daß und wodurch
sie

sie so erfolgen. Sie stehn unter seiner Vorsehung, wie andre Dinge.

Sind solche Zufälle göttliche Belohnungen und Strafen? — Nein. Denn sie sind in keiner, uns erkennbaren, Ordnung mit der Tugend und Untugend.

Sind die Landplagen göttliche Strafen? — Nein, wenn sie Zufälle sind. Eben so ist es mit dem Erdbeben.

Wie kann man wichtige Zufälle sittlich benutzen? — Durch lebhaftes Andenken an unsre Abhänglichkeit von der göttlichen Vorsehung, und durch Vorbereitung unsers Gemüthszustandes und unsrer Lage, auf nicht ganz und gar unwahrscheinliche Zufälle.

In welcher Bedeutung ist die göttliche Gerechtigkeit unendlich? — Sie ist die allerrechtmässigste und hört nicht auf.

Warum nennen wir, die wir Gott kennen, alle Untugend Sünde? — Weil wir wissen, Gott regiere so, daß Abweichung von Tugend, auch Abweichung vom Wege der Glückseligkeit ist, man mag Gott kennen oder nicht.

Ist die, von einem Oberherrn veranstaltete, **Erwartung der Strafe** ein Theil der Strafe selbst, für diejenigen, welche das Gesetz übertreten, oder Anschläge und Veranstalt zur Uebertretung machen? — Allerdings. Denn auch diese Erwartung ist unangenehm, und doch abschrekkend.

Wird

Wird alle Strafe Gottes in diesem Leben ausgeübt, und als Strafe empfunden? — Das kann und darf kein Gottesverehrer denken. Sonst verliert die Allvaterlehre (oder Religionslehre) den größten Theil ihrer sittlichen Kraft.

Wie lange daurt jede Strafe? — So lange der Gestrafte empfindet, oder so lange durch sein Beyspiel Andern gezeigt wird, daß die Uebertretung Ursache sey der Verminderung seines Wohls, oder der Vermehrung seines Wehs.

Kennen wir den Maaßstab der nachirdischen Strafen? — Nein. Aber wir müssen ihn für lang und breit gnug halten, um uns von aller Sünde abschrekken zu lassen.

Ist ein Gestrafter, so lange er gestraft wird, allezeit im Ganzen unglückselig? — Nicht allemal. Aber immer ist ihm minder wohl, als wenn er nicht übertreten hätte.

Wird Gott durch die Sünde beleidiget? — Der Ausdruck ist bedenklich. Besser sagt man: Gott weis die Sünde mit göttlichem Mitleiden und Misfallen, aus Liebe, weil er weis, daß sie Uebel und Strafe gebiert. Aber so beleidigt wird Gott niemals, daß er in eigentlicher Bedeutung zürnen oder gar sich rächen sollte.

Wirkt Gott mit Absicht so, daß aus der Natur und den Umständen der Seele die Sünde,

Sünde, aus der Sünde die Strafe, aus der Strafe die Beßrung, aus der Beßrung das Wachsthum der Glückseligkeit fließe? — Richtiger sagt man, daß auf die Sünde und Strafe die göttliche Absicht nicht gehe, sondern nur auf Beßrung und Glückseligkeit.

Sage den Lehrsatz von dem sittlichen Uebel? — Es ist das schmerzhafte Fallen, das gefährliche Straucheln, die noch gefährlichere Verirrung in Dornen und Moräste, auf dem Wege zur Glückseligkeit; und nimmt ab, wenn wir oft und genau genug auf die hin und wieder gesetzten Wegweiser sehn, und nicht mehr tändeln, bunte Schmetterlinge zu fangen.

Kann die Vorsehung uns zwingen, den rechten Weg zu gehn? — Sie thut es wirklich durch die Strafen.

> **Anmerk.** Er schaut in die Tiefen der Seelen, weiß Lockung und Strafe zu vermischen und abzuwechseln, und kömmt gewiß zu seinem väterlichen Zwekke. Denn selbst diejenige Strafe, nach welcher der Mensch keine Beßrung schaut, ist nicht vergeblich. Ihr Eindruck bleibt in der Seele, und wird zu rechter Zeit wieder angefrischt.

Mit welcher Freyheit der Seele besteht dieser Zwang? — Mit derjenigen, die sie hat und behält, nemlich mit der Regierbarkeit durch Beweggründe; aber nicht mit derjenigen Freyheit, die wir nicht haben sollen, nicht mit der

der Freyheit von einer sittlichen, uns selbst nützlichen, Unterwürfigkeit.

Wie kömmts, daß wir uns nicht früher zwingen lassen, den rechten Weg zu gehn? — Weil die Bewirkung der Empfindsamkeit bey den Zwangsmitteln, und die Oeffnung unsrer verkleisterten Augen, ihre Zeit dauren muß.

Kommen wir denn allesammt zur unaufhörlichen Glückseligkeit? — Ja, aber zuvor auf den rechten Weg, und, wenns nicht anders seyn kann, querfeld ein, durch gar nicht angenehme Fußsteige.

Ist die Lehre von unaufhörlicher peinlicher Höllenstrafe nothwendig, die Bösewichter abzuschrekken? — Nein. Denn die menschliche Natur scheut schon zur Gnüge die Schärfe der obrigkeitlichen Strafe, wenn sie an dem Erfolge derselben (in diesem und jenem Falle) nicht zweifelt.

Was schadet diese Lehre? — Man kann sich ihre Wahrheit schwerlich vorstellen. Dies bringt die ganze Religion, mit der sie in einen Zusammenhang gebracht wird, in Verdacht. Und wer sie glaubt, kann Gott nicht herzlich lieben, oder er muß gewiß seyn, daß ihm und den Seinigen durch eine fremde Satisfaction ausgeholfen werde.

Nimmt

Nimmt Gott die Parthey der von Sündern beleidigten Brüder? — Ja, aber wie ein weiser Vater unter Kindern. Dieser sagt: schreit nicht so über euren Bruder, ich weis, was er euch gethan hat; ich will ihms recht vor Augen stellen, und ihn sein Unrecht empfinden lassen; einst wird er besser mit euch umgehen; seyd ruhig, laßt mich nur rathen, ich wills schon gut machen.

In welcher Bedeutung ist Gott versöhnlich und vergiebt die Sünde? — Er hört nicht auf, den Sünder zu lieben; er verlangt keine Satisfaction; und straft nicht länger und nicht mehr, als nöthig ist.

Welche Menschen bedürfen, zu einer versöhnlichen Gesinnung gegen Gott zu gelangen? — Die so grauenvolle Gedanken von ihm hegen, daß sie, wenn sie nur könnten, sich gern von aller Verbindung mit ihm losmachen wollten.

In welcher Bedeutung soll man um Vergebung der Sünden beten? — Himmlischer Vater! Ich gelobe Beßrung, und wünsche, daß alsdann die Angst vor Dir aufhöre, und die Freude über Dich wieder zunehme. Hilf mir dazu, wie Du zu allem Guten hilfst. Amen!

O   Soll.

Sollten wohl Bösewichter in jenem Leben unverbesserlich bleiben? — Nein. Denn da lernen sie, in der Zuchtschule, die Gerechtigkeit Gottes so denken, wie sie ist, und herzlich glauben.

Glaubst du, daß du mehr leidest, um Andrer willen, als alle Andre in Gottes Welt für dich leiden oder entbehren? — Ich müßte weit sehn, wenn ich das wissen sollte. Und wenn ichs wüßte, so litte ich nicht mehr, nicht weniger, als jetzund.

Welcher Trost in jedem Leiden ist der sicherste? — Dieser: Ich mag blind und taub und wahnsinnig zugleich werden, durch Zufall lebendig ins Grab kommen (u. s. w.); so erreiche ich doch, und vermuthlich bald, mein Ziel einer unaufhörlichen Glückseligkeit. Was ist ein Tropfen gegen das Meer?

Muß der Maaßstab Gottes jeder Seele (Zeit und Ewigkeit zusammengerechnet) gleich viel Freude und Leid zumessen? — Das mag Gott selbst wissen.

Wie viel Verdienst bey Gott hat diese oder jene Tugend oder Aufopferung für dieselbe? — Grade so viel, als seine Gerechtigkeit Gutes dafür genießen läßt.

Richter

Richtet sich nach dem Maaße der
Verdienste das Maaß der Glückseligkeit?
— Nein, sondern nur das Maaß der Belohnung.

Anmerk. Es kann seyn, daß ein gefallner hoher
Geist, wenn er das Seinige zu seiner Beßrung
gelitten hat, nicht wegen seiner Verdienste, son=
dern seiner wesentlichen Kraft halber, in einen,
der Stadt Gottes gemeinnützigen, Zustand gesetzt
wird, welcher mehr Glückseligkeit giebt, als an=
dre Stände, worinnen Geister einer niedrigern
Art, des gemeinen Bestens halber, bleiben müssen.
Der Mensch soll das Seinige nehmen, und nicht
scheel sehn, wenn Andern mehr Gutes wieder=
fährt. Was sind wir, um von unserm Schöpfer
und höchsten Oberherrn Rechnung zu fodern!

35. Offenbarung, Propheten und Wun= derthäter; oder philosophische Vorerkennt= nisse für die allernatürlichste Religion.

Welche Menschen wurden von den Juden Pro=
pheten genannt? — Diejenigen, von denen
sie glaubten, daß sie von der Gottheit übermensch=
lich erleuchtet gewesen wären, um ihre Vorsätz=
en in Gottes Namen Gesetz und Religion zu leh=
ren, oder vorige Lehren zu bekräftigen und vor
Abweichungen davon zu warnen. Einige dieser
Propheten hielten sie auch für Wunderthäter,
das ist, für solche Menschen, in deren Seelen

O 2   Gott

Gott zu derselben Zeit, wenn er zu ihrer Beglaubigung Wunder wirken wollte, die Vorerkenntniß verschafft hatte, daß sie geschehen würden.

Kann die Philosophie einleuchtend beweisen, daß niemals Propheten und Wunderthäter gewesen sind? — Nichts weniger, als dieses. Niemand kann die Gränzen dessen bestimmen, was Gotte in der Natur wirkbar ist; und Niemand kennt Gottes Plan so genau, um behaupten zu dürfen, daß er niemals die Religion der Vorfahren dieses und jenes Volkes, durch solche wahre Boten der Gottheit, habe verbessern wollen.

Kann man ein Wunderwerk eine Gotte unanständige Umarbeitung der (einmal erschaffnen und eingerichteten) Natur nennen? — Nein. Alles, was uns von der Welt bekannt wird, ist gemeinschaftliche Wirkung Gottes und der Natur, sowohl in den ordentlichsten, als außerordentlichsten Begebenheiten. Sollten wir aber durch Erfahrung und Selbstthätigkeit vernünftige Geschöpfe werden; so mußte die Vorsehung in vielerley Erfolgen solche Regeln beobachten, die wir den Lauf der Natur nennen. Es ist also ein eben so weiser Theil des ewigen Rathschlusses, von diesen Regeln Ausnahmen zu machen, wenn es die Vollkommenheit seiner Welt, oder eines Theils derselben, erfodert.

Ist

Iſt es wahr, daß ein Philoſoph ſeinen Augen nicht trauen müſſe, wenn er Wunderwerke zu ſehn glaubt, das iſt, Etwas, welches wider die von ihm und von allen Menſchen erkannten Regeln der Erfolge geſchicht? — Er muß ſeinen Augen trauen, wenn er alle Vorſichtigkeit bey der Beobachtung angewendet hat.

> Anmerk. Wenn ein gewiſſes Land, (das Volk ſey ſo verfeinert als man will) niemals Erfahrung oder Nachricht von einem Erdbeben erlangt hätte, aber 1783, ein ſolches, wie in Calabrien, daſſelbſt erfolgt wäre; ſollten denn die dortigen Philoſophen ihren Sinnen nicht trauen? Denn Wunder über alle Wunder iſt es doch da, wenn die Erde, die 6000 Jahr feſt ſteht ohne Zitterung und Spaltung, nun auf einmal ihre Natur verändert.

Will die Philoſophie, daß man die allerglaubwürdigſten Erzählungen vieler vereinigten Menſchen von Wunderwerken ohne Bedenken verwerfe? — Nein! Nicht ohne Bedenken. Denn andre Menſchen haben eben ſolche Sinne, als wir. Und ſelbſt der Lauf der Natur wäre den Menſchen nie bekannt worden, wenn ſie nicht ihren Sinnen und glaubwürdigen Zeugniſſen trauten.

Muß man jede Nachricht von Propheten oder begeiſterten Boten Gottes ohne Bedenken verwerfen? — Nein! Gleichfalls nicht
O 3 ohne

ohne Bedenken. Wir dürfen eine übermenschliche
Erleuchtung einiger Menschenseelen nicht für un-
wirkbar halten. Einst werden wir ja allesammt
übermenschlich denken. Und wir kennen die
Wohnung des Geistes im Gehirne zu wenig, um
daraus schliessen zu können, daß sie dieses in jedem
Falle verhindere. Auch Gottes Plan kennen wir
zu wenig, um zu wissen, daß keine begeisterte
Menschen zu seiner von Ewigkeit beschloßnen
Welt gehören.

**Kann ein Begeisterter wissen, daß er
begeistert sey?** — Er weis, daß er es zu
empfinden glaube. Und, daß es wahr sey, muß
er schliessen, (wenigstens zum ersten Male)
aus einigen ihm geoffenbarten verborgnen Dingen, deren Wahrheit untersucht werden kann,
oder aus Proben der Wunderkräfte, die ihm
während der Begeisterung versprochen sind.

Anmerk. Gesetzt ich träumte sehr lebhaft. Es er-
scheint mir eine Gestalt, die in Gottes Namen
redet, ich sollte dies Buch nicht bekannt machen,
es sollte mir schon gesagt werden, wann und wie!
Zum Beweise würde ich in einem mir bekannten
hohlen Baume meines Gartens morgen etwas
Sonderbares finden. Ich erwache, sag es Niemanden, suche und finde ein langes Register einer
Anzahl von Freunden, die ich erst über das Ma-
nuscript zu Rathe ziehen sollte. Alsdann würde
ich einen Brief aus Nordamerika erhalten, in
welchem ein Buch dieser Art verlangt würde;
ich sollte aber mit Niemanden vorher davon reden.
Dann

Dann wäre es Zeit. Ich ziehe die Freunde zu
Rathe. Ein ganz unveranlaßter Brief kömmt,
u. s. w. In diesen Umständen, ihr Mitphilosophen, so Mitphilosoph, als ich bin, würde
ich nicht zweifeln, daß mir Offenbarung geschehen sey.

Aber, woher weis denn der, dem Offenbarung wiederfährt, daß er sie, gleich als Gottes Rede an ihn, annehmen müsse? — Dadurch, daß die Offenbarung von ihm nicht Missethaten, nicht Thorheiten und Kleinigkeiten, sondern sittlich gute und wichtige Dinge verlangt,
an welche er ohne Offenbarung nicht gedacht hätte,
oder die er ohne Wunderkraft nicht auszufüh-
ren vermöchte.

Wie kann sich aber ein, von Gott begeisterter, Prophet bey andern vernünftigen, auch philosophisch denkenden, Menschen, als ein solcher,
beglaubigen? — Durch alle oder einige von
folgenden Gründen. Es sey vorausgesetzt, er
sey und bleibe bekannter Maßen ein liebreicher,
rechtschaffner vernünftiger Mensch. Nun bezeuge
er 1) mit Beständigkeit, daß ihm Offenbarung
und Befehl zur Mittheilung geschehen sey. 2)
Was er als Bote der Gottheit lehrt und verlangt,
ist weder böse noch unwichtig, es ist vielmehr
Gottes-würdig. 3) Er thut und leidet viele
wichtige Dinge, die er nicht thun und leiden
würde, wenn er die Offenbarung nicht mit voll-

O 4   komm-

kommner Ueberzeugung selbst glaubte.   4) Er
thut wohlthätige Wunderwerke, und weissagt
richtig verborgne Dinge. Kömmt nun noch hinzu,
daß er öfter so handelt, und sich immer gleich
bleibt, oder gar einige Amtsgenossen von gleicher
Art hat, welche allesammt bey vielen Menschen
unerhört viel Gutes ausrichten: so ist der ein
leichtsinniger Mensch und Nichtphilosoph, oder
mit starken Vorurtheilen für falsche, mit einer
solchen Offenbarung streitige, Lehren angefüllt,
der bey allen. diesen Umständen einer solchen ihm
angepriesenen Offenbarung seinen Glauben versagt, und andre Menschen hindert, zu glauben.
Denn alle diese Umstände sind dem, der die Pflicht
eines vernünftigen Glaubens liebt, ein zurei-
chendes Creditiv eines göttlichen Boten.

Was nützen die Wunderwerke zur Er-
reichung der göttlichen Absicht, wenn er Propheten sendet? — Die menschliche Natur des
großen Haufens unter Vornehmen und Geringen,
unter Gelehrten und Ungelehrten, wird dadurch
geneigter zu glauben, daß der Wunderthäter Offenbarung gehabt habe, und seinen Vortrag zu
hören und zu beherzigen. Dieser Reiz kann
höchst nöthig, ja unentbehrlich seyn, sowohl bey
rohen Völkern, als auch in Zeiten einer weit
ausgebreiteten leichtsinnigen und zweifelsüchtigen
Gottlosigkeit; vornehmlich aber, wenn das Volk
für unnatürliche Lehren von der Gottheit einge-
nommen

nommen ist, welches zu Jesu und der Apostel
Zeit der Fall war, sowohl bey den Heiden, als
auch bey den Juden.

**Glaubt der Philosoph eine Lehre we-
gen der Wunderwerke** dessen, der sie als Bote
der Gottheit sagt? — Nein. Sondern er
untersucht 1) die Wahrheit des Wunderwerks,
2) die Gotteswürdigkeit der Lehre, die er oder
Andre vorher entweder gar nicht, oder nicht gewiß, oder nicht bestimmt gnug, wußten.

> Anmerk. Wenn z. E. ein Wunderthäter in Gottes
> Namen lehrte, der Menschenhimmel wäre in
> der Sonne, da sollten wir (unter andern) uns
> auch damit beschäftigen, vermittelst der Strah-
> len die Begebenheiten auf der Erde und andern
> Planeten wahrzunehmen, und ihre Einflüsse
> durch gewisse Geschäfte wohlthätig zu unterhal-
> ten: so würde ich einem solchen Wunderthäter
> Dieses glauben.

Ist Gott partheiisch, wenn er einigen
Menschen und Völkern begeisterte Wunderthäter,
als Boten, sendet, den meisten aber nicht? —
Wir müssen Gotte Nichts zuschreiben, durch
Worte, deren Nebenbedeutung ein Tadel ist.
Unterschied läßt Gott allerdings unter den Men-
schen seyn, auch in Ansehung der Hülfsmittel,
Wahrheit, Sittenlehre und die Vorsehung zu er-
kennen. Es giebt Feuerländer, die fast Nichts

D 5

von der Gottheit erkennen können. Und noch hat
er ihnen keine Socraten zugeſendet. Gottes
Rathgeber kann Niemand ſeyn.

> **Anmerk.** Alle ſolche unphiloſophiſche Zweifel der
> ſogenannten Philoſophen würden nicht ſeyn, wenn
> die Chriſten (Wenige ausgenommen) in vielen
> Jahrhunderten nicht ſo wahnſinnig geworden wä-
> ren, die Wore Jeſu: Wer euch, meine Apoſtel,
> nicht glaubt, hat Verantwortung, ſo zu mis-
> deuten, als wenn er geſagt hätte, alle Heiden
> und unwiſſende Nationen ſind ewig und ewig
> des Teufels. Noch in meiner Jugend (ich bin
> lutheriſch an einem ſtreng- orthodoxen Orte erzo-
> gen) war es ſchon Viel, wenn man ſagte: zur
> Noth möchten wohl einige Reformirte ſelig wer-
> den. Denn Gott hätte vielleicht einige uns un-
> bekannte Gnadenmittel.

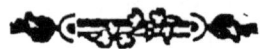

V. Pen-

V. Penſon und Blackmann von der allernatürlichſten Religion.

36. *Blackmanns Urtheile über das Alte Teſtament.*

Penſon hieſs ein neulich verſtorbner britti-
ſcher Philoſoph, ſeiner Religion nach in
ſeiner Jugend ein Menonit von derjenigen
Claſſe, welche *Foſters* Vorſtellung des Chri-
ſtenthumes billigt. Er lebte ruhig bey ſeinem Bruder in Penſylvanien auf einer Pflan-
zung. Da kaufte er, um ihn zu unterrichten,
einen zehnjährigen ſchwarzen Knaben. Dieſen hieſs er *Blackmann.* Der Knabe ſchien
ſeinem Herrn Munterkeit des Geiſtes zu haben. Aber er war ganz leer von allen Kennt-
niſſen und Vorurtheilen. Und das war ſeinem
Wohlthäter ſchon recht. Er unterrichtete ihn
im Leſen und Schreiben, und hierauf in etwas
Mathematik und Naturkunde. Nun fing
er an, nach den nöthigen Vorbereitungen,
aus der Sittenlehre, auf philoſophiſche Weiſe
ſeinen jungen Freund in der natürlichen Religion zu unterrichten. Damit verband er
etwas

etwas Erdbeſchreibung und Univerſalge-
ſchichte. Aber es ward ſorgfältig veranſtaltet,
daſs der Lehrling von den Unterſchieden der
Religionen gar nichts Umſtändliches erfuhr,
wenn es gleich unvermeidlich war, die Namen zu nennen. Als Blackmann im 20ſten
Jahre ſo weit gekommen war, daſs er hätte
einen Lehrer der natürlichen Religion abge-
ben können, bewegte ſein Lehrer ihn, das
ganze alte Teſtament, nach einander, · mit
groſſer Aufmerkſamkei: durchzuleſen. In-
zwiſchen wollten ſie mit einander weder von
dieſem Buche, noch überhaupt von Religion,
Etwas reden. Dies Einzige hatte er ihm vor-
hergeſagt, die Juden und Chriſten hielten
dies für ein Buch, deſſen älteſte Theile über
1600, und deſſen jüngſte Theile über 500
Jahr vor dem erſten Jahre der Chriſtenrech-
nung durch Eingebung Gottes geſchrieben
wären, ſo daſs man nicht den geringſten Irrthum darinnen vermuthen müſste. Blackmann fragte zwar vorher, was Penſon davon
dächte. Der aber antwortete; es iſt meine
Abſicht, daſs ich deine Meinung wiſſen will,
ehe ich die meinige ſage.

Anmerk. Der Verfaſſer dieſes Buchs nimmt die
  Geſchichte *Penſons* und *Blackmanns* aus einem engländiſchen Manuſcripte, welches
  ihm Herr S - - zugeſandt hat. Er hat ſie
  aber nach ſeiner Abſicht verkürzt. Auch die
                                        Anmer-

Anmerkungen diefes Hauptftückes find aus
des Hrn. S--, des Ueberfenders, (der ein
nordamerikanifcher Chrift und Philofoph ift)
Handfchrift auszugsweife hergenommen.

Blackmann las das Buch fehr langfam,
und zeichnete Alles, ihm Merkwürdige, aus,
was er zu feiner Erbauung fehr oft zu lefen
fich vorfetzte. Es betrug etwa den 20ften
Theil. Dies hiefs er fein *goldnes Buch.*

Anmerk. Wer ruhig ift bey feiner Religion und
rechtfchaffen, der bleibe bey feinem Glauben, auch bey feiner Meinung von der durchgängigen göttlichen Eingebung des Alten Teftaments. Er wiffe aber, dafs andre Recht-
fchaffne unfrer Zeit nicht ruhig find, und fol-
cher Hülfe bedürfen, die ich, der ich ihre
Verlegenheit viele Jahre erduldet habe, ihnen hier zubereite. Sie und ich find von der
Vorfehung durch ganz verfchiedne Wege geführt. Wir haben alfo verfchiedne Glaubens-
pflichten. Um der wirkfamfte *Anti-Frag-
mentift* zu werden, mufste ich zugeftehn,
was der *Fragmentift*, nach meiner lange un-
terfuchten Meinung, Wahres fagt.

*Hier ift ein Auszug aus dem Berichte von der
Wirkung des Lefens* und Nachdenkens, welchen Blackmann fchriftlich abgefafst hatte? —

Die Vorfahren der *Juden mögen wohl göttliche Offenbarung* gehabt und Wunderwerke
gefehen haben.

Aber,

Aber, wenn diefes ift, fo find die *Nachrichten nicht rein* geblieben.

Diefes ift mir auch wahrfcheinlich aus
den erzählten Sitten und *Schickfalen des Volks*
unter den Richtern, Königen und Babyloniern.

> *Anmerk.* Einige Kirchenväter des andern Jahr-
> hunderts fagen, es fey unter einigen Juden
> eine *Tradition* gewefen, *Efra* hätte aus Ein-
> gebung Gottes das durchgängig verbrannte Ge-
> fetz Mofis grade fo gefchrieben, als es ehe-
> mals gewefen war.

Ich glaube nicht, dafs uns Menfchen be-
fchrieben werden kann, wie Gott die Welt
und die erften Menfchen fchuf. Der *Erden-
kloos*, das *Einblafen* und die *Ribbe*, ift mir fo gut,
als gar keine Nachricht.

Gott hat weder geruht noch *zu Schaffen
aufgehört:* Jeden Augenblick wird durch Wirkung Gottes aus einem Theile der Welt ein
andres, welches auf ihm folgt.

Adam ftirbt nicht an dem Tage der *erften
Sünde,* und Gott hatte es ihm doch nach der Er-
zählung gedroht. Auch hatte er ihm *keine
Hoffnung zur Unfterblichkeit* der Seele gegeben.
Du follft Erde werden.

Ich finde in dem ganzen Buche des Alten
Teftaments mehr Stellen, die eine *Meinung
der Verfaffer von der Sterblichkeit*, als von der
Unfterblichkeit der Seele verrathen.

Anmerk.

Anmerk. Daher gehörte der wichtigste Lehrsatz nicht zur jüdischen Religion in den Zeiten Jesu. Er war eine Streitfrage. Folglich konnten auch Sadducäer Hohepriester werden.

Die Geschichte *Henochs* ist eine von den erbaulichen Stellen, die für die Unsterblichkeit der Seele zu seyn scheinen.

Ein grosses erzählte Wunder, worauf der Verfasser nicht geachtet hat, ist das *Oelblatt*, nach einer so langen allgemeinen Ueberschwemmung des ganzen Erdbodens, die 15 Ellen über die höchsten Berge ging.

Neulich sagte einer der Weissen zu mir, als ich ihm meine Schwester nicht auf eine halbe Stunde schaffen wollte, ich wäre ein verfluchter *Chamite*. Das verstand ich damals gar nicht. Nun lese ich die wirksame Verfluchung der Chamiten. Aber die Erzählung ist wohl national für die Ifraeliten, um sich über die Egypter und Cananiter erheben zu können.

Abraham und Ifaak, waren ungerechter, als *Pharao und Abimelech*, da jene ihre Weiber für ihre Schwestern ausgaben. Aber *diese* waren Chamiten.

Loths Töchter, Jakobs Kauf der *Erstgeburt*, und desselben Art, seiner *Heerde bey Laban* Segen zu verschaffen, konnte ich ohne Verdruß

drufs nicht lefen; auch nicht das Verfahren
Abrahams mit *Hagar und Ifmael*, in einem
Buche, das, fonder Zweifel grade fo, wie es
ift, zur Erbauung der Geift Gottes foll einge-
geben haben.   In ein folch Buch fcheint mir
auch die Gefchichte der Thamar, die faft
faftig ift, und viele ähnliche, auch die Gefchichte der *Dina* und ihrer Brüder, nicht zu gehören.   Die armen Leute, in den Befchnei-
dungsfchmerzen! Solche Gefchichte möchte
ich meine jungen Söhne und Töchter nicht
lefen laffen.   Und deren find gar viele in
dem Buche.

Vielleicht war damals das Korn von be-
fonderer Geftalt.   Sonft, dünkt mich, kann
man fich weder wachend noch träumend eine
Vorftellung machen von *Achren, die einander
aufeffen.* Es will fchon mit den Kühen nicht
recht angehn.

Ach wie lange quält *Jofeph* feinen beküm-
merten ganz unfchuldigen, zärtlichen Vater
und feine Brüder!   Das gefällt mir an dem
fo fehr gelobten Manne gar nicht.

O wie lieb ift mir der Ausdruck, dafs
Jakob fein Leben eine Wallfahrt nennt! Er hat
doch wohl den Uebergang nach der Heimath
geglaubt.   Aber hätte er nur nicht vorher
mit Gott gerungen, bis zur Verränkung feiner
Hüfte,

Hüfte, besonders da dieses die ganze Nation auf immer beschweren sollte.

Der Gott, der Mosen erst so feyerlich beruft, und doch kurz hernach wegen des *unbeschnittenen Sohns erwürgen will*, ist mein Gott nicht, den ich aus der Natur, aus meinem Gewissen und der Philosophie kenne.

Die Egypter müsten nicht Chamiten gewesen seyn, sondern Nicht - Menschen, wenn sie nach 10 solchen Plage - Wundern, besonders *nach dem Tode aller Erstgeburt*, den Israeliten feindlich nachgejagt hätten. Die Todten waren ja kaum begraben. Hülfe von einem Gegengötzen gegen einen *solchen Allherrn der Natur* konnten sie doch wahrhaftig nicht erwarten. Oder sie wären nicht Menschen, sondern Halbaffen gewesen. Und das will der Ruhm ihrer Weisheit nicht zulassen.

Wenn ich bey denen Umständen Pharao gewesen wäre; so hätte ich gedacht: verirrt können sich die Israeliten nicht haben. Ihr Gott, der die Erstgeburt in meinem Pallaste, in den Hütten, und den Stallen zu finden und zu tödten wuste, der weiß auch wohl Wege.

Moses gefällt mir nicht, wenn er dem Könige in Gottes Namen einbilden will, daß er nur einige Tage Willens sey, mit seinem

P.   Volke

Volke auſſer Egypten ein Feſt zu feiern, und
dann wieder zu kommen; beſonders da die
Egypter in der Meinung, ſie wieder zu erhalten, ihm *ſo viele ſilberne und göldne Ge-*
fäſſe geliehen haben ſollen.

Der *Cananitiſchen Säuglinge nicht zu verſcho-*
nen, ſoll Gottes Befehl geweſen ſeyn? Das
iſt nicht mein Gott, ſondern ein Vorwand
zur Entſchuldigung menſchlicher Grauſam-
keit gegen unbeſchnittne Chamiten. Auch
iſt es eine ganz eigne Sache, *durch Offenba-*
rung bewohnte Länder zu verſchenken, die mit
ſolchen Grauſamkeiten ſollen erobert werden. Die Spanier ſollen es mit Millionen
amerikaniſcher Menſchen eben ſo gemacht
haben.

Gott verſtockte das Herz der Chamiten? Der
Verfaſſer ſcheint mir ſagen zu wollen: Gott
lieſs zu, daſs ſich die Menſchen in *Nicht-*
Menſchen verwandelten. Denn Menſchen wi-
derſtehn keinem Heer von 600000 Mann,
für welches Gott, nicht heimlich ſondern öffentlich, ſo ſtreitet, daſs ſich *Meere* und *Flüſſe*
theilen müſſen, wenn ſie ihrem Marſche im
Wege ſind, daſs die Wolken 40 Jahr Korn
regnen, und eine beſondre Gottes- Wolke
ihm nicht nur den Weg zeigt, ſondern es auch
des Tages gänzlich beſchattet, des Nachts
gänzlich erleuchtet. Das ſollten die Chami-

ten

ten gewuſst und ſich gewehrt haben? Ich
weis nicht, wie Viel, wie wenig von allen
dieſen Dingen vorgegangen ſey. Aber erzählt ſind ſolche Dinge nicht richtig.

. Und nicht ſelten wurden denn auch die
Iſraeliten entmenſchlicht, ſich einem ſolchen
Moſes, *bey ſolchen Umſtänden*, *nach ſolchen Er-*
fahrungen, *zu widerſetzen?* Unter andern
auch *Aaron*, ſein Bruder, und *Mirjam*, ſeine
Schweſter? Die Sache iſt nicht richtig erzahlt.

· Der Jordan öffnet ſich, aber *Jericho* macht
die Thore zu! Seine ſtarken Mauren werden umgeblaſen; aber ein *Fürſtlein von Ai* er-
ſcheint abermals mit einem Kriegsheerchen
und ſiegt anfangs? Unrichtige Erzahlung!

Iſraels Gott, als ein unſichtbarer Monarch,
des Volks, verlangt die *Erſtgeburt*, und die
Erſtlinge; und ein ſo prächtiges *Gebäude*; und
einen ſolchen *Hofſtaat*, dazu der 12te Theil
des Volks gebraucht wird; und die *Beſchnei-*
dung; und ſo viel *Opferblut und Fettgeruch*; und
einen *Hohenprieſter* und *Fürbitter* des Volks;
und eine ſo herrliche *Prieſterſalbe*; und ſo
viel *Feſttage*; und ſo viel *Reinigungen*; und
die Enthaltung von ſo vielen der *Nahrungs-*
mitteln; und einen *ewigen Abſcheu vor den Cana-*
nitiſchen Chamiten, die einmal das Land ihrer
Väter wiederfodern könnten. Und bey allen

dieſen

dieſen Anſtalten wird *nicht einmal die Unſterb-*
lichkeit der Seele gelehrt!   Das iſt nicht der
Gott der natürlichen Religion.   Die Sache
iſt unrichtig erzählt.

Man kann in ſolchen Umſtänden nur vermuthen.
Ich denke mir die Sache etwa ſo.   Den Patriar-
chen ward die natürliche Religion geoffenbart.   Die Nachkommen verdarben ſie, ver-
lernten ſie.   Das Volk Iſrael mehrte ſich in
Egypten bis zur Furchtbarkeit.   Es ward be-
drängt.   Die Vorſehung hatte beſchloſſen, in
dortigen Gegenden ein Volk zu haben, bey
welchem die Lehre von der Einheit Gottes
und von der Eitelkeit des Götzendienſtes ſollte
Volkslehre ſeyn, und von Zeit zu Zeit wieder hergeſtellt werden.   *Gott berief Moſen*
durch Offenbarung zum Propheten und Anführer des Volks, und beglaubigte ihn durch
zureichende Wunder.   Iſrael (ſo klein und ſo
grofs als es war) zog aus nach einem Buſen
des rothen Meers, um da überzuſetzen.   Sie
trafen eine Furth an.   Ein Egyptiſch Heer
verfolgte ſie, und wollte durch dieſelbe Furth.
Eine hohe Fluth überſchwemmte die Feinde.
Iſrael führte in Arabien ein nomadiſches Leben und fand eine Zeitlang Manna. Die
Nachbaren wollten dies zahlreiche Volk nicht
leiden, griffen Iſrael an, mit verſchiednem
Glükke.   Es entſpann ſich ein unverſöhnli-
cher

cher Haß zwischen Israel und den Cananiten.
Moses wuste, aus Offenbarung, Israel würde
umkommen, wenn es nicht die Cananiter an-
griffe und vertriebe. Also gab er, nach einem Auftrage von Gott, schon während des
nomadischen Lebens Gesetze, und richtete
nöthige Gottesverehrungen an, welche anfangs einfach genug gewesen seyn mögen. Canaan wird zum Theil erobert. Das Volk
schweift aus in die Laster und Götzendienste
der Nachbaren. Es stehn Volksverbesserer
auf. Auch waren Propheten unter ihnen.
Der gottesdienstlichen Verordnungen werden
von Zeit zu Zeit durch die Volksanführer immer mehr. Nun wurden die ersten Zeiten
der Welt besungen in Volksliedern, worinnen
Vieles übertrieben ward, und nach und nach
immer Mehr, um die Nation zu reizen, worzu man sie reizen wollte. Da muste der Sab-
bath schon in der Schöpfungsgeschichte gegründet seyn. Da muste die Sündfluth ihren
Grund darinnen haben, daß sich das damalige Volk Gottes mit fremden Weibern
mischte. Da muste Cham und Canaan her-
halten. Da muste Canaans Land schon an
Abraham geschenkt seyn. Aarons Nachkommen wurden Priester, die Leviten ihre Diener. Wie die Schreibkunst gemeiner ward,
wurden aus Liedern Geschichte; die poetischen
Ausdrücke wurden Thatsachen. Da kommen

P 3 denn

denn von Zeit zu Zeit, wie die Geſchichte ſelbſt
ſagt, neue wahre und auch *neue falſche Propheten* hinzu. Die alten Gebräuche blieben in
Geſetzen, wenn ſie auch nicht mehr beobachtet wurden. Dazu kamen denn immer
neue. Es war und blieb Mode, die Geſchichte
halb poetiſch zu ſchreiben, und mit Wunder-
dingen auszuſchmükken, wenn die Begebenheiten etwas alt waren. So entſtanden *Volks-
bücher und Kirchenbücher.* Sie wurden geſchätzt, wieder verachtet, und von neuen geſchätzt, vergeſſen, verlohren, wieder gefunden und vorgeleſen. Und endlich machten *Eſra und ſeine Gehülfen* aus Reſten, die ſie
vorfanden, was ihr Patriotiſmus gut fand.
So ſcheint mir dieſes Buch entſtanden zu ſeyn,
wenn ich Nichts weiter davon weis, als was
ich daraus leſe. Die Lehre von der Unſterblichkeit aber hat unter den Juden Schickſale
gehabt, die ich aus dieſem Buche nicht er-
forſchen kann. Uebrigens hat es mich nicht
wenig gekoſtet, nach dem Rathe meines theuren *Penſons, zwey Dritthel des Buchs aufmerkſam durchzuleſen.* Die unerträglichen Wiederholungen! Die Namenregiſter! die Marſch-
ruthen! die Quitungen für Geſchenke an die
Stiftshütte! die Mütternamen der Könige!
Die Bedrohungen und Laſten der, den Juden abgeneigten, Völker! die untermiſch en
Weiſſagungen von Elend und Herrlichkeit
                                         der

der Juden, deren Zeiten man nicht unter-
fcheiden kann. Die Ausmeffungen der Stiftshütte, des Tempels, und abermals des Tempels im Ezechiel! u. f. w.; u. f. w.

Mit groffem Ekel las ich (des ftarken Richters, und Hurers) *Simfons* Gefchichte. Und
welche Anftalten zur Geburt eines folchen
Menfchen!

In fo vielen Jahren regnet es nicht über
Judäa auf *Eliä Gebet*, und es ftirbt nicht aus?
Wunder!

Wenn man *Davids* Handlungen von der
einen Art und von der andern Art gegen einander abrechnet; fo weifs ich nicht, was ich
von diefem Manne nach dem Herzen der
Gottheit fagen foll! Das Aufhängen der Nach-
kommenfchaft Sauls! Der Nabal, die Abi-
gail! Die Plünderungen der Nachbaren und
Bundesgenoffen feines Wohlthäters, des Phi-
lifter-Königs, die er für Ausplünderung der
Ifraeliten ausgab, wobey er Alles umbrachte,
damit es Niemand nachfagen könnte, wie es
war! Der Urias und die Bathfeba! Die Men-
fchenfägerey! Die Vorhäute der Philifter!
Alle folche Dinge find mir nicht fo recht in
einem Buche, das diefe Würde haben foll.

Wer den *Ehud*, die *Jael* und die *Judith*
billigt, und den geringften Anfatz zur Schwär-

merey

merey hat, der muſs nicht zu Regenten und
Generalen gelaſſen werden, u. ſ. w.

Herzlich lieb ſind mir einige Stellen der
ſpätern Propheten, wo der *Ceremoniendienſt* gegen die Sittenlehre des Herzens und des Wandels *gering geſchätzt*, und gleichſam *allegoriſch*
erklärt wird. Imgleichen die Verheiſſungen,
daſs das Volk in *einen neuen Bund mit Gott* treten, und daſs der Schöpfer, Erhalter und Re-
gierer der Natur alsdann durch Juden, oder
durch *einen beſondern Knecht Gottes* mehren
Völkern ſollte bekannt gemacht werden.

Uebrigens wenn ich die Stellen weglaſſe,
welche widerſprechen; ſo kann ich aus andern Stellen des A. Teſtaments in den herr-
lichſten Ausdrücken, eine *ganze Sittenlehre*,
und alle Lehren *der natürlichen Religion* zuſam-
menſetzen. Das iſt mein *goldnes Buch*, wobey aber Salomons *Brautlied* (u. ſ. w.; u. ſ. w.)
in gar keine Rechnung kömmt.

Penſon billigte dieſe Gedanken ſeines *Blackmanns* über das A. Teſtament faſt in allen Stükken. Nur, ſetzte er hinzu, mich hat es
Jahre, mit Erduldung vieler Gewiſſensangſt,
gekoſtet, ehe ich ſo urtheilen konnte. Denn
ich war von Jugend auf zu einer Vergötte-
rung dieſes Buchs, ſo wie es da iſt, gewöhnt.
Wie ich zum philoſophiſchen Nachdenken
kam, konnte ich es nicht ſo glauben, und es
auch

auch nicht mit ruhiger Seele verwerfen. Das
war Elend! Endlich und fehr fpät bin ich
durchgekommen.

37. *Blackmanns Vorbereitung, das N. Tefta-*
ment zu lefen.

Darauf ward Blackmann vorbereitet, das
N. Teftament zu lefen durch folgenden Auf-
fatz feines von ihm kindlich geliebten Pen-
fons.

David war der mächtigfte König der Ifraeliten gewefen: Salomo, der weifefte unter
allen Menfchen, fein Sohn, ward im Alter
fo thöricht (fo fagt die Judenbibel) dafs er feinem Harem zu gefallen, Götzen dienete.
Seine Nachfolger, deren 20 find, 8 ausgenommen, machten es nicht befler. In diefen,
für die Anbeter Jehovahs oft fehr traurigen
Zeiten, entftunden *Prophezeiungen nicht nur
von einer ewigen Reichsfolge in dem Gefchlechte
Davids, fondern auch von diefem oder jenem mäch-
tigen gerechten Könige aus diefem Stamme, welcher über Völker herrfchen, feine Widerfacher zer-
fchmeifen und Jehovahs Anbetung ausbreiten
würde.* Und das ward auch, wie die Gefchichte lautet, von Zeit zu Zeit erfüllt. Das
ift dir, mein lieber Blackmann, aus Lefung
des A. Teftamentes bekannt.

Jeruſalem ward zerſtört, das Volk theils
verjagt, theils als Pöbel im Lande gelaſſen,
theils *nach Babylonien abgeführt*. Davids Geſchlecht herrſchte nicht mehr.   Einige der
Weggeführten kamen 70 Jahr ſpäter wieder
ins Land, richteten einen kleinen Staat wieder auf; auch einigermaſſen den Gottesdienſt.
Aber eine gänzliche Reformation deſſelben
erfolgte unter Anführung *der Männer Eſra und
Nehemia*, doch unter *Perſiſcher Oberherrſchaft*
und unter mancher Bedrückung.   Nicht gar
gut ging es ihnen auch unter *Alexander* dem
Groſſen, und unter theils *Syriſchen*, theils
Egyptiſchen Königen, bis die *Maccabäiſchen* Für-
ſten (auch wohl Könige genannt) unter den
Juden aufkommen etwa 150 Jahr vor der chriſtlichen Zeitrechnung.

Während dieſer traurigen Zeiten der Juden war verſchiednes Merkwürdige in ihrem
Religionsweſen geſchehn. Sie hatten aus dem
Oriente eine umſtändliche *Lehre von guten und
böſen Geiſtern* mitgebracht, die zum Theil ihre
Namen hatten.   Jene hielten ſie für Diener;
dieſe für Feinde oder für Scharfrichter der
Vorſehung.   Es entſtanden *Beſeſſne* und *Be-
ſchwörer* derſelben.   Aber nur bey der phari-
ſaiſchen Secte, nicht bey der *Sadducäiſchen,*
welche Nichts von Geiſtern hielt, auch Nichts
von der Unſterblichkeit der Seele.   Genau
weis

weis man nicht, lieber Blackmann, wann
dieſe Secten aufgekommen ſind.

Auch *Samariter* waren nach und nach entſtanden, zwar Anbeter Jehovens, und Ver-
ehrer Moſis, aber Erzfeinde der Juden. Die
Bücher Moſis hatten ſie mit Eſra ſchon gemein, ehe die Juden ſie, wegen ihrer Abſtammung, nicht für Brüder erkennen wollten, woraus die Feindſchaft entſtand. Diejenigen Bücher aber, welche die von Nehemia geſtiftete Synagoge aus frühern Manu-
ſcripten in den Gang brachte, wurden von
den Samaritern verworfen. Denn dieſe wollten nun behaupten, Jeruſalem ſey nicht der
rechte Ort zu Jehovens Verehrung, ſondern
der Berg Garizim.

Man weis nicht recht, wann die Juden
angefangen haben, den gröſsten und letzten
Geſandten Gottes an das Volk, einen *Meſſias*,
zu erwarten. Gemein war dieſe Erwartung
bey den Juden und Samaritern. Einige nannten den Erwarteten den *groſſen Propheten*, Andre
den *Sohn Gottes*, Andre den *Davids-Sohn*, *König* und *Troſt Iſraels*, *und Stifter des göttlichen
Reiches*. Einige glaubten, man würde ſeine
Abſtammung nicht wiſſen. Andre, er würde
nicht ſterben, ſondern ewig leben. Einige
glaubten, zu des Meſſiä Zeiten würden die
Frommen auferſtehn, um an einem Gerichte
und

und einer langwierigen Regierung Theil zu
nehmen. Kurz, die Meinungen vom Meſſias
waren im äuſſerſten Grade verwirrt und man-
nigfaltig.

Einige Zeiten der *Maccabäer waren äuſſer-
lich blühend* für die Juden. Da mag man wohl
von dem Erwarteten nicht anders geredet haben, als von einem Verbeſſerer des Religions-
weſens, von einem Propheten.   Aber kurz
vor der chriſtlichen Zeitrechnung waren die
Juden abermals unter fremden Druck. *Herodes,* ein Tyrann, ein Ausländer, ein Schmeichler der römiſchen Abgötterey, regierte als ein
römiſcher Vaſall.   Das Land, damals Paläſtina genannt, war getheilt in das nordliche
Galiläa, das mittlere Samarien und das süd-
liche Judäa.   Nach dem Tode Herodes, welcher im 2ten Jahre der chriſtlichen Zeitrechnung erfolgte, erbte einer ſeiner Söhne, *Ar-
chelaus,*   mit Bewilligung der Römer, Judäa.
Nach kurzer Zeit ward es eine *römiſche Pro-
vinz.*   Hingegen *ſein Bruder Herodes* beſaſs
lange Galiläa.   Die Juden nannten ihn König.   Von dieſer Familie hat hernach noch
ein Herodes über ganz Paläſtina regiert. Sein
Bruder und ſein Sohn bekamen von den Rö-
mern kleine Fürſtenthümer in Syrien.   Paläſtina aber war ſeit 44, bis zum Untergange
des Volks, unter Römiſchen Landpflegern.

Ohn-

Ohngefehr 30 Jahr, nach Anfang der Zeitrechnung der Chriften, predigte im jüdifchen
Lande *Johannes, ein Täufer genannt,* bald darauf *Jefus;* der letzte etwa von feinem 30ften
bis in fein 34ftes Jahr. Jefus ward gehalten
von denen, die ihm glaubten, für einen Propheten und Wunderthäter. Für den Meffias
oder für den *Chriftus* ward er anfangs nur von
Einigen, zuletzt von Mehren erkannt. Er
misfiel aber, wegen feiner Predigten, die ganz
und gar nicht mit den Sitten feiner Zeit
ftimmten, fowohl den Sadducäern, als Pha-
rifäern, und den Herodianern; und ward
endlich, wie das Auffehn auf ihn etwas grofs geworden war, unter dem Titel eines falfchen
Meffias oder Königs von Ifrael, zu Jerufalem
gemartert und *gekreuzigt.*

Kurz nach feinem Tode ward ein neues
Auffehn in Jerufalem. Viele feiner Jünger
bezeugten einmüthig, er wäre *von dem Tode
erftanden,* fie hätten Umgang mit ihm gehabt,
hierauf wäre er über die Wolken genommen,
fie wären feine Zeugen, und begeifterte wunderthätige Boten Gottes, Jefus wäre gleichfam zu Gottes Rechten, und wollte durch fie
unter Juden und Heiden, in der Nähe und
in der Ferne *Gemeinen der Chriften,* (der Mef-
fianer) ftiften.

Das

Das iſt denn auch geſchehn. *Moſis Cere-*
moniendienſt, ſo wie der Götzendienſt, wich an vie-
len Orten einer beſſern Gottesverehrung; deren
Geſetz (nach der Lehre der erſten Chriſten)
Liebe Gottes und der Menſchheit iſt, und
deren Bewegungsgrund auf die (durch Jeſu
Auferſtehung) beſtätigte und geoffenbarte Ge-
wiſsheit des ewigen Lebens, und auf das göttliche Gericht beruht, deſſen Verwaltung er
Jeſu übergeben habe.

Lieber Blackmann, ich habe hier dir
Nichts geſchrieben, als was auch ohne die
Bücher des neuen Teſtamentes *weltkundig war*
und iſt.   Aber eben ſo weltkundig iſt auch
Folgendes. 1) Die erſten Chriſten haben Jeſum und die Apoſtel *nicht für Philoſophen*, ſondern für begeiſterte Propheten gehalten.
2) Das erſte Chriſtenthum hat ſich auch *nicht*
durch Waffen, eben ſo wenig, als durch Philoſophie, ſondern durch liebreiche Tugend,
Lehreifer, *Verbrüderung* und durch williges *Lei-*
den für dieſen Zweck ausgebreitet. 3) Die meiſten Juden nahmen die Predigt der Apoſtel
nicht an, blieben unter dem Joche Moſis, erwarteten in dem Meſſias noch ferner einen po-
litiſchen Volksretter, wurden in dieſer Hof-
nug immer unruhiger und aufrühriſcher, bis
ohngefehr 40 Jahr nach Jeſu Tode, der Tempel, die Hauptſtadt und das Land *die entſetz-*
lichſte

lichste Zerstörung erlitt. Der Rest der Juden
ward zerstreut, und *ihre Nachkommen* leben
noch jetzund unter dem mosaischen Joche in
der Hoffnung eines Messias. 4) Das Christenthum nahm nach und nach so zu, dass im
Jahr 300 schon der erste *christliche Kaiser* seyn
konnte. 5) *Das neue Testament* war nicht lange
nach der Apostel Zeiten so, wie es noch jetz-
und ist, unter den Christen, und ward gleichfalls für ein *Werk der Eingebung Gottes* gehalten. 6) Ueber den Sinn des N. Testaments
sind erstlich *zänkische, und hernach blutige Strei-
tigkeiten entstanden.* 7) Daher theilen sich noch
jetzund die Christen in viele *Secten*, davon die
stärkeren die schwächeren mehr oder weniger *verfolgen.* 8) Unterdessen hat jede Secte
immer *nicht wenige gottselige vortreffliche Menschen*, die sehr unschuldig leben und getrost
sterben. Hingegen die *natürliche Religion* hat
nirgends Schulen oder Gemeinen; und daher
vernimmt man auch nichts Sonderliches von
ihrer Wirkung.

Da sind die Bücher des N. Testaments.
Lasst uns einmal den Anfang und das Ende
der *4 Evangelien und der Apostelgeschichte* lesen.
(Sie lesen). *Da ist keine Spur von Empfehlung
dieser Bücher, als einer göttlichen Eingebung.*
Wir müssen sie also nur lesen, als alte, vielen
Christen höchst ehrwürdige, Nachrichten von
dem

dem Leben und Schickſale Jeſu und einiger
ſeiner Apoſtel.   Es iſt freylich, der Ueberſchrift wegen, wahrſcheinlich, daſs das erſte
Evangelium Nachrichten aus dem Munde des
Apoſtels Matthäus, das letzte aber des Apoſtels Johannes, zum Grunde gelegt habe. Mar-
cus und Lucas aber ſind offenbar Zuſammen-
ſchreiber vorgeſundner Nachrichten.   Matthäus ſelbſt (wenn er Verfaſſer wäre) würde
gewiſs ſo angefangen haben, wie in den Briefen die andern Apoſtel: *Matthäus, ein Knecht
Gottes und Jeſu, des Meſſias.*   Es iſt eben ſo
mit dem Johannitiſchen Evangelium.   Was
am Ende ſteht, beweiſet nur, daſs Johannes
oder ein andrer Augenzeuge die Oeffnung der
Seite des verſtorbnen Jeſu ſchriftlich bezeugt habe.

Die *Briefe* haben (auſſer einem) allerdings
die Ueberſchrift *von Apoſteln.*   Und den Apoſteln ward geglaubt, als Männern, die von
Zeit zu Zeit die nöthigen Offenbarungen zu
ihrer Amtsführung bekämen, und überdieſs
mit Wunderkräften ausgerüſtet wären.   Aber
dieſes beweiſet noch keine Eingebung der
Briefe. Lies ſie und urtheile vorſichtig.

Das, im poetiſch-prophetiſchen Stile ge-
ſchriebene, letzte Buch, genannt *Offenbarung Jeſu an Johannes,* war in den erſten Zeiten höchſt vielen Chriſten unbekannt, und
fand

fand hernach anfangs häufigen Widerspruch,
bis es doch endlich den übrigen Büchern des
neuen Teftaments zugefellt ift.   Lies es, als
ein folches.

38. *Blackmann lernt die Wichtigkeit einer phi-
lofophifchen Unterfuchung des N. Teftamentes.*

Wiffe aber, lieber Blackmann, die fchärffte
Unterfuchung der Bücher des N. Teftaments
ift dem Philofophen, der damit bekannt gemacht wird, *der allerwichtigfte Gegenftand
des Philofophirens.*   Denn wenn es nicht kann
für wahr und gewifs erkannt werden, dafs Jefus und feine Apoftel begeifterte und wunderthätige Boten der Gottheit waren: fo ift
keine Religion in der Welt wahr, auffer der
natürlichen.   Wir find aber darüber einig geworden, wie gar fchwer es fey, die *Artikel
von der Einheit Gottes, von der Unfterblichkeit
der Seele, und befonders von der künftigen Vergeltung* der hier unvergoltnen Tugenden und
Lafter, philofophifch zu beweifen, wenn
man nicht von Jugend auf fehr *glaubwillig* oder
geneigt gemacht wird, *die Gründe für die
Wahrheit diefer Artikel* freywillig in feinem
Verftande zu verftarken durch die *Gründe für
ihren Werth*, das ift, durch die Beweggründe
des Wunfches, dafs fie wahr feyn, und dafs
die Menfchen durchgängig fie, als wahr, glau-

Q   ben

ben möchten. *Wer etwas ſchwergläubig iſt,*
oder durch den Wunſch eines zügelloſen Lebens
gemacht wird, der kann gegen die Stärke unſerer philoſophiſchen Beweisgründe allerdings ſolche Einwürfe machen, die ſich nicht
eher heben laſſen, als bis er wünſchen lernt,
daſs das, was wir ihm beweiſen wollen, wahr
ſeyn möge. Denn zugegeben, daſs er ſich
auch von der Wahrheit, daſs ein einziger
Gott und die Seele unſterblich ſey, überzeugen laſſe; was wollen wir ſeiner Unglaubwil-
ligkeit Bündiges antworten, wenn er uns die
Frage vorlegt, ob es nicht wahrſcheinlich ſey,
daſs das gegenwärtige und künftige Leben ſo
ſtark von einander abſteche, als etwa der Schul-
knabenſtand und die Collegenſchaft in dem
bevorſtehenden Officierſtande? Der Schulkna-
be A hat den Schulknaben B beleidigt, B
wehrte ſich, der ſtärkere A beleidigte noch
mehr. Aus Zank ward Haſs. Und weil **A**
klüger und ſtärker war, als B; ſo litt B von A
etliche Jahr, ich weis nicht, wie groſſes Schul-
knaben-Elend. Vergolten iſt dem Beleidiger nicht. Nach Jahren wird B Hauptmann,
A Lieutenant. Sie erinnern ſich der Schul-
knaben-Zankerey. Meint man wohl, daſs
wenn B vernünftig iſt, er auf Satisfaction
dringen, oder ſeinen Oberſten darum anſpre-
chen werde? Werden nicht vielmehr Beyde
ſagen: *Wir ſehn uns jetzund mit ganz andern*
Augen

Augen an? Bey folchen Gedanken und Zweifeln hat denn die *natürliche* (philofophifch-behandelte) *Religion alle Kraft verlohren.*

Ganz anders ift es, wenn erwiefen werden kann, dafs Jefus und feine Apoftel begeifterte und wunderthätige Boten Gottes waren, dafs Jefus von den Todten erftanden ift, und dafs fowohl er, als feine Jünger, fo gelebt und gelitten haben, als fie nicht hätten leben und leiden können, wenn fie nicht von der künftigen Vergeltung des Guten und Böfen ganz vollkommen und immer überzeugt gewefen wären. *Da hört denn alles Widerfprechen der klügelnden Vernunft auf.* Und mich dünkt, es ift auch wahr gnug, dafs der menfchliche Verftand, welcher fcharf und lange fehn will, in eine Art von Schwindel geräth, wenn er hinabfchaun will in die unergründliche *Tiefe der Rathfchlüffe Gottes über das Schickfal der Seelen in der Ewigkeit.*

Käme nun noch hinzu, dafs Jefus und feine Apoftel mit Wahrheit aus Thatfachen, als die liebenswürdigften und heldenmäffigften Menfchenfreunde könnten vorgeftellt werden; die eben deswegen fo gelebt und fo gelitten hätten, um denen, die ihre Gefchichte und Lehre vernehmen und glauben, die künftige Vergeltung zu verfichern, und ihnen durch verfprochne ewige Gemeinfchaft

Q 2   mit

mit Jeſu Bewegungsgründe zur höchſtmögli-
chen Tugend zu geben: ſo *wurde die Religionslehre eine herzrührende Geſchichtlehre.* Da würde denn *die, nach ihrem Inhalte. natürliche Religion, auch natürlich nach ihrem Glaubensgrunde
und nach der Lehrmethode.* Ich ſage, unter
dieſer Bedingung wird *die natürliche Religion
die allernatürlichſte*, das iſt, diejenige, die in
aller Betrachtung ſo iſt, als ſie der menſchlichen Natur in allen Zeiten und Gegenden
dient.

Alſo iſt es einem philoſophiſchen Men-
ſchenfreunde *äuſſerſt wichtig, zu unterſuchen,
ob die Chriſtuslehre wahr ſey*, das iſt, ob fleiſſi-
ge philoſophiſche Unterſucher, von Jeſu Chri-
ſto und ſeinen Apoſteln, ſo viel wiſſen können,
als erfodert wird, um von der allernatürlich-
ſten Religion einen ſolchen Unterricht zuſammen zu ſetzen, der zum Hören alle Menſchen reizte; der bey dem groſſen Haufen der
Vornehmen und Geringen, der Gelehrten
und Ungelehrten leicht Glauben fände, und
dennoch die ſtrengſte Unterſuchung eines
Philoſophen aushalten könnte.

Es ſind aber *drey Dinge nöthig, die Wahrheit der Chriſtuslehre ſtrenge zu unterſuchen.* 1) Der
Unterſucher muſs die natürliche Religion kennen. 2) Er muſs von dem Urſprunge des
Chriſtenthums dasjenige wiſſen, was weltkundig

kundig gewesen und unterhalten ist. 3) Er
muſs den Zweck und die Lehre Jeſu und der
Apoſtel theils aus den weltkundigen Dingen,
theils aus den Büchern des N. Teſtamentes
beurtheilen, weil von unſrer Zeit an, bis in
den Anfang des zweiten Jahrhunderts zurück,
weltkundig geblieben iſt, daſs die Chriſten
behauptet haben, man könne aus dieſem Buche die wahre Kenntniſs von Jeſu und der
Apoſtel Leben und Lehre erlangen. Denn in
andre Erkenntniſsmittel können wir uns nicht
einlaſſen, auch nicht in eine genaue hiſtori-
ſche Critik der erſten Schickſale der Bücher
des N. Teſtamentes. Sonſt kämen wir bald
zur Linken, bald zur Rechten, bald vorwärts
bald rückwärts, und mit der Unterſuchung
nicht zu Ende. So unrein, ſo voll Wider-
ſprüche ſind die Quellen dieſer zu weit ge-
henden Unterſuchung.

39. *Penſons Hypotheſen von dem Zwecke Jeſu und der Apoſtel.*

Es iſt meine Pflicht, dir die Unterſuchung zu
erleichtern. Ich muſs vortragen. Du muſst
urtheilen, ob es wahr ſey. Denn ich habe
mein Leben zugebracht mit dieſer Unterſuchung. Ich kanns Andern leichter machen,
zum Ziele zu kommen. Lies alſo das N. Teſtament, und zwar dreymal nach einander,

mit

mit dem Vorſatze, über folgende *Vorausſet-*
zungen (*Hypotheſen*) zu urtheilen.

1) Der endliche Erfolg der Lehre Jeſu und
der Apoſtel iſt geweſen, daſs ſolche *Chriſten-*
gemeinen entſtunden, in welchen unter andern Fol-
gendes gelehrt wurde. Gott hat zwar den Vorfahren der Juden Offenbarungen gegeben, er iſt
und bleibt aber doch der unpartheiiſche Allvater aller Völker; der laſtige nationale Ceremoniendienſt (zur Heiligung und Verſöh-
nung des Volks) hat ihm die Juden nicht wohl-
gefälliger gemacht (wenn keine Reinigkeit der
Sitten und des Herzens damit verbunden war)
als alle andre Menſchen; dieſer Dienſt muſs
unter Chriſten, welche die Wahrheit vom
Irrthume frey macht, abgeſchafft werden, als
Etwas, das immer unerträglich geweſen iſt,
als ein kindiſches A - B - C - Weſen, als ein
knechtiſches Joch, das ſich für erwachſene
Kinder nicht ſchickt, als Menſchengebot, als
eine Pflanze, die der himmliſche Vater nicht
gepflanzt hat; Jeſus hat von dieſem Uebel er-
löſet; das Geſetz der Freyen iſt blofs Liebe
zu Gott, gemeine Liebe zu Menſchen, und
beſondre Liebe zu den Brüdern; nur Laſter
verunreinigt den Menſchen, nur Tugend hei-
ligt ihn; von der Tugend iſt Jeſus Chriſtus
das vollkommenſte Muſter, nach ihm die Apoſtel
die ihm folgten; der Chriſt, der ſo geſinnt
iſt

ift und lebt, hat Aehnlichkeit mit dem über
alle Geifter erhabnen Jefu, dem Sohne und
Abglanze Gottes zu erwarten, der durch feinen (mit ihm übereinftimmenden) Offenba-
rungsgeift die Apoftel geleitet hat, und auch
als Oberhaupt in der Gemeine wirkt; ällen
Menfchen fteht ein durch Jefum verwaltetes
Gericht Gottes bevor, dafs fie empfangen,
wie fie gehandelt haben, es fey Gutes oder
Böfes; kurz (fie brauchten freylich diefe Redensarten nicht) *die, dem Inhalte nach, natürliche Religion ift durch Jefum und die Apoftel
geoffenbart, beglaubigt, verfinnlicht, und* (fie
brauchten freylich diefe Redensart nicht)
*auch nach dem Glaubensgrunde und der Lehrart
natürlich und alfo zur allernatürlichften, gemacht.*
Dies nach und nach bekannt zu machen, und
dadurch die Gläubigen zu beffern, zu befreyen, zu tröften, war der letzte Zweck Jefu
und der Apoftel.

2) Sie wollten aber *zur Ausbreitung diefer
allernatürlichften Religion vornehmlich Juden gebrauchen*, erftlich weil diefelben zum voraus
von der Vorfehung Gottes ganz richtige Begriffe hatten, mit Ausnahme ihrer Meinung
von der Partheylichkeit Gottes für ihre Nation, gleichfam zur Dankbarkeit für den
fchweren Dienft, den fie ihm leifteten; zweytens, weil es bey ihnen fchon zur Gewohn-

heit

heit geworden war, Proſelyten zu machen, und im nöthigen Falle dieſen und jenen Grad des Märtyrerthums über ſich zu nehmen, als welches wegen des damaligen Zuſtandes der Welt unentbehrlich war, wenn die neue Religion ſowohl ohne Aufruhr und Waffen, als auch ohne erſtaunliche Vervielfaltigung der Wunderwerke, ſollte ausgebreitet werden.

3) Um nun Beyfall bey einigen Juden zu finden, ward *anfangs mit der Judenreligion ſäuberlich verfahren. Johannes der Täufer und Jeſus lehrten anfangs als Propheten,* man ſollte die Sitten verbeſſern, um würdig zu werden der bald bevorſtehenden Glückſeligkeit des meſſianiſchen Reiches. Sie beſchrieben aber dieſe Glückſeligkeit ſchlechterdings nicht. Es waren verſchiedne Meinungen darüber. Sie lieſsen einem jeden die ſeinige. Sie rühmten dieſe Glückſeligkeit nur durch den allgemeinen Ausdruck *Himmelreich, Reich Gottes, Troſt Iſraels, das Reich.* Aber keine Sylbe von Vertreibung der Römer, von einem über viele Völker herrſchenden Throne! Es war ihre Abſicht ſchlechterdings nicht, ſo Etwas glauben zu machen. Auch würden ſolche Predigten von den römiſchen Landpflegern gar bald geſtört worden ſeyn.

4) Johannes wies nicht öffentlich, ſondern nur *unter Vertrauten, auf Jeſus, als auf*

den Meffias. Auch Jefus fagte anfangs nur zu feinen Vertrauten, dafs er es wäre. Dem Volke war er ein Moralift, ein Prophet, ein Wunderthäter, ein Vorgänger des Meffias. *Hierauf geftund er zwar, er fey der Meffias,* aber noch in feiner Würde nicht *gekommen,* feine eigentliche Zukunft ftehe noch bevor. Nur zuletzt, man weis nicht, wie frühe vor feinem Tode, veranlafste er Auffehen, als Selbft-Meffias, als ein König Ifraels (denn fo den Erwarteten zu nennen, waren die Juden gewohnt) als Ifraels König alfo, aber (wie er vor Gericht bekannte) als ein *König, der nur durch Lehre der Wahrheit Anfehn und Macht haben wollte* zum Heile der Seelen.

Es fey die damalige jüdifche *Meinung von dem erwarteten Meffias* wahr oder nicht wahr, oder theils wahr theils falfch gewefen, (denn das kann ich nicht fo recht entfcheiden): *Jefus benutzte fie in feiner Abficht,* mit Billigung des Geiftes, der ihn leitete. Mofis Gefetz griff er nicht an, zog aber immer *Weisheit und Tugend den Ceremonien vor,* und gab *Winke den klügern* oder den fpätern Zeiten, wie Wenig er von den letztern hielt.

Anmerk. Z. E. Der Meffias ift Herr des Sabbaths; Speife verunreinigt den Menfchen nicht; eine folche Lehre ift eine Pflanze, die mein Vater nicht gepflanzt hat; Menfchenliebe ift

Q 5 beffer,

beſſer, als Opfer; Moſes gab euren Vätern
kein Himmelbrod; meine Jünger ſollen nicht
nach dem Geiſte Eliä handeln; die von Gottes Sohn gepredigte Wahrheit muſs euch frey
machen; ich habe Schafe, die ſind nicht aus
dieſem Stalle; der Jude muſs von neuen gebohren werden, ſonſt gehört er nicht ins Reich
Gottes; das ganze Geſetz beruht auf Liebe
Gottes und des Menſchen; die Abſtammung
von Abraham hilft Nichts; das Reich Gottes
kömmt nicht mit Gepränge, ſondern iſt in-
wendig in uns; wer den Sohn nicht hat, der
hat auch den Vater nicht, das iſt, der hat
keine rechte Kenntyiſs Gottes, als des Allvaters; ich bin der rechte Religionslehrer, alle
die vor mir geweſen ſind (die phariſäiſchen
und ſadduciſchen Oberhäupter des Religions-
weſens) ſind Diebe und Mörder, u. ſ. w.

40. *Penſons Wegräumung gewiſſer Schwie-*
rigkeiten.

Die Juden hatten eine ganz ſonderbare Gewohnheit, Alles, was ſie lehren wollten, durch
Deutung ihrer heil. Schrift, als wahr zu beſtär-
ken oder ſchriftmäſſig auszudrükken, oder
mit Dingen, die in der Schrift vorkommen,
zu vergleichen. Es hieſs, *die Schrift werde er-*
füllt, oder dieſes und jenes geſchehe nach der
Schrift, wenn eine ſolche Aehnlichkeit auch
nur in Ausdrükken gefunden werden konnte.
Sie geben den Worten einen eigentlichen und
einen uneigentlichen, oder geheimen, er-
habe-

habenen, *geistlichen Sinn.* Jesus niemals, die
Apostel aber sehr oft, bedienten sich auch
dieser Deutung, um auch dadurch das, was
sie lehren und beweisen wollten, als glaubwürdig vorzustellen. Denn, wer ein Volk
lehren will, muss seine Sprache reden. Sonst
wird er nicht gehört.

> *Anmerk.* Ich sage, Jesus that das niemals. Er
> hat sich zwar, wie die Evangelien sagen, gar
> oft auf Mosen und die Propheten und die
> Psalmen berufen; aber es steht nirgends auf
> welche Stellen. Ein Paar Stellen dieser Art
> sind zwar angeführt, aber sie sollten nicht Be-
> weise seyn, sondern Vergleichungen. Den
> 110ten Psalm benutzt er auf folgende Art:
> Ihr Juden, sagt er, behauptet, dieser Psalm
> gehe auf den Messias, wenigstens in dem un-
> eigentlichen geistlichen Sinne. Wenn nun
> des Messias Reich weltlich wäre, und nicht
> das Geisterreich in sich fasste, wie könnte ihn
> denn David seinen Herrn heissen? — Ich bin
> der Meinung, dass die Evangelienschreiber,
> um bey Juden Beyfall zu finden, Jesu ein so
> häufiges Citiren des A. Testamentes (dessen
> Stellen sie doch nicht anführen) in den Mund
> gelegt haben.

Es ist sichtbar, dass die Apostel, besonders aber der Briefsteller an die Hebräer, in
Jesu ein *Opfer*, *ein Osterlamm*, *einen Hohen-
priester*, einen Fürbitter, einen Mittler, einen Blutsprenger, einen Gnadenstuhl, einen
Volks-

Volksverföhner finden, in derfelben allego-
rifchen Bedeutung, worinnen fie die Reinigkeit der Sitten einen von allem Sauerteige ge-
reinigten Süfsteig, und das Gebet, gleichwie
auch die Allmofen, Opfer nennen. Wenn
man aus folchen Vergleichungen Lehrfätze
des Chriftenthums macht: fo wird es *eine der*
allerunnatürlichflen Religionen. Aber ich hoffe,
lieber Blackmann, du wirft deutlich fehn,
dafs fie im N. Teftamente nur Vergleichungen find.

Ich fehe nicht ein, dafs die *befchriebne*
Lehrart im Unterrichte der jüdifch - gewöhn-
ten Menfchen unverträglich feyn follte, mit
dem wahren Auftrage, als ein *Bote der Gott-*
heit und als Wunderthäter, die Wahrheit
zu lehren.

> *Anmerk.* Ich bin ficher, dafs die erften Ghriften
> das Brauchbare der Mythologie, wenn fie fie
> wufsten, bey den Heiden benutzt haben.

Unter den Wunderthaten Jefu werden
erzählt häufige Heilungen derer Kranken und
Rafenden, welche den Juden *befeffen von bö-*
fen Geiftern fchienen. Sie werden oft Austrei-
bungen der Teufel genannt, und mit folchen
Umftänden erzählt, dafs man ficht, der Erzäh-
ler habe fich nach diefer jüdifchen Meinung gerichtet. So viel ift daraus gewifs, dafs Jefus und
die Apoftel dem Volke diefen Irrthum, wenn

die

die Meinung ein Irrthum war, nicht benommen haben. Man kann aber auch beweisen, dafs damals keine unstreitig Besesne, keine solche Leute gewesen sind, deren Reden, Leiden und Thun man *genöthigt* gewesen wäre, bösen Geistern zuzuschreiben. Denn sonst hätten keine Sadducäer seyn können. Vielleicht haben die jüdischdenkenden Schreiber die Erzählung von solchen Besesnen etwas verändert. Vielleicht haben Jesus und die Apostel es gut gefunden, in dieser Sache die Volkssprache zu reden, um nicht Sadducäer zu scheinen und zu heissen, oder um dadurch die, nach ihrer Lehre dem Messias bestimmte, Herrschaft über die Geisterwelt sinnlich vorzustellen. Wahle, lieber Blackmann, unter diesen Meinungen, welche dir die beste scheint, oder zweifle.

> *Anmerk.* Und selbst die Meinung, dafs böse Geister, bey ausserordentlichen Plagen der Menschen, mitwirken, ist so unphilosophisch nicht, als man vorgiebt. Es sind ja gewifs Geister da, die nicht menschliche Seelen sind. Warum eben lauter gute? Warum auch nicht böse, oder *Teufel?* Wer kennt die Kräfte der übermenschlichen Geister? Man sage nicht, der weise Gott könne keinem Teufel zulassen, auf Menschen zu wirken. Er läfst ja doch solche Arten aussergewöhnlichen Plagen wirklich zu, sie mögen herkommen, woher man will. Und er hat sogar die Meinung, dafs man vor bösen Geistern nicht sicher sey,

bis

bis diefen Tag zugelaffen. Die Philofophie
fagt nur, dafs bey der Frage von der Rath-
famkeit unfers Thuns und Laffens, die Mitwirkung guter und böfer Geifter (die dennoch vielleicht gefchicht) nicht in unfre Rechnung komme, fondern jede Klugheitsregel
auf Erfahrung beruhe. Und eben fo wenig
kömmt, in Gefchäfften des Lebens, die göttliche Providenz in Rechnung. Hier ift Erfahrung das einzige Licht.

Ich begreife eben fo wenig die Erfchaf-
fung eines Menfchen durch die Zeugung, als
durch den Anfang der *Schwangerfchaft einer
Jungfrau*, wenn fie gefchehn ift. Jefus ift
mir nicht höher, wenn er von einer jungfräu-
lichen Mutter, und nicht niedriger, wenn er
nach einer gefchehenen Zeugung gebohren
ift. Das Erfte glaube ich unter der Bedingung, dafs nur Maria, feine Mutter, und
Jofeph, (ihr Verlobter und nachmaliger Mann,)
es wufsten, und dafs es von Niemanden fonft
gewufst oder geglaubt wurde. Denn fonft
hätten doch, wie erzählt wird, felbft feine
Verwandte ihm feine meffianifche Würde nicht
ftreitig gemacht. Wenn hernach die Apoftel es
erfuhren; fo konnten fie doch keinen eigentlichen Gebrauch davon machen.

Anmerk. Diefes erhellet auch daraus, dafs Jefus
auf eine wunderbare Geburt fich niemals berufen hat, auch bey den dringendften Anläf-
fen. Noch merkwürdiger ift es, dafs es auch
die

die Apoſtel, wie ſie ihn predigten, mit keiner Sylbe gethan haben. *Die Auffehn ma-
chenden Umſtände kurz vor und nach Jeſu
Geburt*, welche in zwey Evangelien, mit
groſſer Verſchiedenheit der Erzählung, ſtehn,
ſind Urſachen ohne angemeſne Wirkung.
Auch unter ſeinen Verwandten waren Einige,
die nicht an ihn glaubten. Bey gewiſſen Umſtänden wäre es von gar groſſer Erheblichkeit
geweſen, wenn Jeſus oder die Apoſtel geſagt
hätten, er wäre das Kind, um welches willen Herodes hätte alle bethlehem'tiſchen Kinder umbringen laſſen. Aber tiefes Stillſchwei-
gen! Wie wuſte denn Lucas den Lobgeſang
des Zacharias und der Maria ſo umſtändlich?
Dieſer Schriftſteller mahlt ſeine Geſchichte
aus, wie es gewöhnlich war, auch durch ein-
geführte Reden.

Es wird erzählt, daſs Jeſus *drey Tödte auferweckt habe.* Auch deſſen erwähnen die Apoſtel weder in ihren Reden, noch Briefen,
auch nicht bey der ſtärkſten Veranlaſſung.
Dieſes iſt eine Schwierigkeit, wenn man nicht
vorausſetzt: Jeſus habe in zweyen Fällen das
Volk zu bereden geſucht, der für todt Gehalt-
ne ſey nicht todt geweſen; und im dritten
Falle hätten ſeine Feinde das Volk zu bereden
gewuſt, daſs Jeſus, durch Hülfe ſeiner Freunde, einen Irrthum und ein Auffehn verur-
ſacht habe.

41. *Pen-*

41. *Penſons vorgängige Nachricht von eini-*
gen Lehren.

Merke beſonders, mein Blackmann, auf die überaus *große Gemeinſchaft mit dem Allvater,* die Jeſu von ihm ſelbſt und auch von den Apoſteln zugeeignet wird.   Im Anfange ſeines Amtes war er bey Gott (hatte er Offenbarung) und war als Sprecher Gottes (λογος) Gott ſelbſt.   Durch Gott iſt ohne Ausnahme Alles geſchehn, was durch ihn geſchah. Seine Worte, ſeine Werke waren Gottes. Er hatte den Offenbarungsgeiſt über die Maaſsen und immer.   Er war in dieſer Bedeutung immer im Himmel.   Nur er war das Leben und das rechte Licht der Menſchen (der rechte Glückſeligkeitslehrer) und zwar für die ganze Nachwelt (πασα ανθρωπον, ερχομενον εις τον κοσμον). Zwar war er ein Menſch in niedriger Geſtalt, oder, wie es auch heiſſen kann, ein wahrer Menſch, (εγενετο σαρξ) aber hatte doch Vorzüge, als das eingebohrne Kind Gottes, als das Ebenbild und der Abglanz deſſelben.   Diese Herrlichkeit hatte er (in dem Rathſchluſſe Gottes) vor Gründung der Welt.   Es ward ſchon vor Abraham einigen Erzvätern entdeckt, daſs er bevorſtand, und was er werden ſollte. Nach ſeiner Erhöhung über die ganze Geiſterwelt iſt er zur Rechten Gottes; und ſendet den Offenbarungsgeiſt,

der

der auch Gottes Geift ift, zu den Apofteln,
fie nach feinem Plane, der auch der Plan Gottes ift, zu unterrichten. Er felbft ift ihnen
immer gegenwärtig, wo fie auch feyn mögen,
und leitet fie auf ihre Wege. Er ift auch das
wirkfame Haupt der Gemeine. Solche Macht
ift ihm gegeben im Himmel und auf Erden zu
wirken. Er macht die Sterbenden wieder
lebendig; er richtet fie in Gottes Namen.
Und darum follen ihn Alle mit gebeugter
Knie ehren, wie den Vater, doch zur Ehre
deffelben, als feines und unfers Vaters, als
feines und unfers Gottes!!! Das ift das groffe
Geheimnifs der Chriftuslehre, welches zwar
denkbar ift, aber höchft unbeftimmter Weife,
und mit bewunderndem Erftaunen. Es ver-
göttlicht den, der Menfch war, um uns Gott
zu verfinnlichen, und dafs ich fo rede, zu
vermenfchlichen. *„ Du Vater Jefu, du Jefu
ähnlicher Allvater der Menfchen, du Jefus, du
Seligmacher.„* Das ift das Gebet der Chriften
zu Gott in Jefu Namen.

Die Juden glaubten, Adam hätte durch
die erfte Sünde nicht nur feine, fondern auch
aller feiner Nachkommen, Seelen fündhaft gemacht; und darum müfsten alle Menfchen
fterben, welches fonft nicht gefchehn wäre.
Paulus (Röm. 5.) widerlegt diefen zwar fehr
unnatürlichen, aber doch fittlich unfchäd-

R lichen

lichen Irrthum nicht. Aber er heilt die
Wunde auf eine andre Art, die vielleicht mit
der Hypotheſe einiger Juden von dem Meſſias übereinkam. Jeſus, ſagt er, iſt der
zweyte Adam, der *Adamsſohn,* der *Menſchen-*
ſohn, der über alle Menſchen das ewige Leben
ausbreitet, gleichwie Adam den zeitlichen
Tod. Des erhöheten zweyten Adams Ge-
ſchaft iſt, die Seelen aller Menſchen, die auf
Erden gelebt haben und leben werden, zu
vervollkommnen. Er iſt Herr *über Lebendige*
und Todte. Gott ſpricht durch Jeſum das Leben zu dem menſchlichen Geſchlechte, nicht
blofs (wie vielleicht einige Juden meynten)
den beſchnittenen Beobachtern des moſai-
ſchen Geſetzes.

Anmerk. 1) Das iſt der Sinn (Röm. 5, 12 — 21.)
der Sinn dieſer Stelle, ſage ich. Denn die
Worte, wie man aus der zerrütteten Conſtru-
ction ſieht, haben vermuthlich durch Ab-
ſchreiber und Notenmacher, deren Worte in
den Text gekommen ſind, Verändrung gelitten. Man vergleiche 1. Cor. 15, 21. 22.
Vom erſten Adam haben wir (v. 45 — 49.)
das irdiſche, von dem zweyten das himmliſche
Leben (jetzund freylich noch erſt im Glauben). Wir alle ſind dem erſten Adam ähnlich
im irdiſchen Leben, und werden dem zweyten ähnlich in ſeinem überirdiſchen himmliſchen Zuſtande, wo nichts Irdiſches mehr an
ihm iſt.

2) Die

2) Die Apoſtel waren nicht der Meinung einiger unſrer heutigen Philoſophen, daſs die Ueberzeugung vom ewigen Leben der menſchlichen Natur ſo gar natürlich ſey. Sie wieſen ihre Gläubigen auf den *Sprecher Gottes* (λογος) vom ewigen Leben, der auch auferſtanden iſt von den Todten. Man ſehe Joh. 1. ùnd 1. Joh. 1. Niemand, ſagten ſie, hat des Herrn Sinn und Rath erkannt.

Die Hauptſache der Religion iſt, wie du weiſst, lieber Blackmann, *das künftige, Gutes und Böſes vergeltende, Leben.* Und du wirſt ſehen, Freund, das war auch immer die Hauptſache Jeſu und der Apoſtel. Und eben darum war auch *die Auferſtehung Jeſu den Apoſteln ſo wichtig* in ihren Briefen und Predigten. Unterdeſſen findet derjenige, der das N. Teſtament mit philoſophiſchem Nachdenken unterſucht, viele Fragen, *die man nicht ohne Schwierigkeit beantwortet.*

Anmerk. 1) Woher kömmt die *ſchwer zu vereinigende Verſchiedenheit in den Erzählungen* (der Evangeliſten und 1 Cor. 15.) *von den Erſcheinungen Jeſu nach ſeinem Tode?* Ich bin überzeugt, nicht von der Unwahrheit der Hauptſache, ſondern von der Art des Urſprunges und der Schickſale der Evangelien, die wir nicht wiſſen. Die umſtändlichen Erzahlungen können und ſollen ja nicht der Grund ſeyn, um welches willen die Chriſten heutiges Tages glauben, daſs Jeſus auferſtanden und ſeinen Jüngern erſchienen ſey. Denn was läſst ſich nicht erzäh-

R 2   len,

len, und auch umſtändlich, und auch überein-
ſtimmend? Sondern der *Grund des Glaubens
beruhet auf dieſer weltkundigen Sache*, daſs ſitt-
lich gute Männer, im Namen Gottes und Jeſu, die Auferſtehung eines Gehenkten gepredigt und ſo Viel gethan und gelitten haben,
den Glauben an dieſe Predigt auszubreiten; und
damit ihnen, als begeiſterten und wunderthätigen Boten Gottes, geglaubt würde von einem an-
ſehnlichen Theile der Juden und Heiden dama-
liger Zeit. Dieſe weltkundige Thatſache verträgt ſich mit keiner andern erdenklichen Hypotheſe, als mit dieſer, daſs ſie wahrhaftige Boten der Auferſtehung und Erhöhung, und des
Gerichtes Jeſu waren. Und hieraus folgt auch
offenbar, *daß Jeſus* (weder mit noch ohne Wiſſen der Apoſtel) *nicht die Abſicht gehabt habe,
ein Monarch der Juden zu werden.*

2) Ferner haben (nach Inhalt des N. Teſtaments) ſowohl Jeſus als die Apoſtel einſtim-
mig gelehrt, *daß die Todten auferſtehn oder
auferweckt, und nach ihren Werken gerichtet
werden; und darum ſolle der Menſch auch alles
verborgne Böſe meiden, auch alles verborgne
Gute thun und hoffnungsvoll leiden, was nöthig
iſt, um heilſame Wahrheit zu befördern.*

3) Eine wahre umſtändliche Beſchreibung des
göttlichen Gerichtes kann wohl Menſchen nicht
gegeben werden. Alſo wurde dieſe (von den
Sinnen entfernte) Lehre benutzt durch bildliche
Redensarten, die ins Herz dringen. Gott, heiſt
es, richtet *durch den zweyten Adam, durch
Jeſum.* Genau und ganz können wir nicht wiſſen, was dieſes bedeutet. Aber der Nachden-
kende

kende vermuthet mit Erbauung, erſtlich das
Gericht werde das Schickſal entſcheiden nach der
Beobachtung und Nichtbeobachtung der Men-
ſchenliebe, die Jeſus als das einzige Geſetz.hat
predigen laſſen, und nicht etwa nach dem Moſai-
ſchen Geſetze; zweytens, es werde das Gericht gehalten nach einer genauen Erkenntnis der menſchlichen Natur, die Jeſus, als geweſener Menſch, aus
Erfahrung kennt; da es denn drittens der apo-
ſtoliſchen Predigt eine beſondre Kraft gab, daſs
ſie ſagen durften, wir lehren im Namen deſſen,
dem ihr zur Verantwortung ſteht, wie ihr höret.

4) Und was heiſst *Auferwecktwerden oder
Auferſtehn?* Gewiſs nichts Anders; als gerichts-
fähig ins zweyte Leben kommen. Denn (1. Cor.
15.) diejenigen, welche ſadducäiſch die Auferſtehung läugneten, und auch die eigentliche Auferſtehung Jeſu nicht zugab n, läugneten nebſt der Unſterblichkeit der Seelen, die Vergeltung des Guten und des Böſen. Paulus beſchreibt die Auf-
erweckung (1. Cor. 15.) wie ſie Menſchen beſchrieben werden kann, eben ſo, als wir in
philoſophiſcher Behandlung der natürlichen Religion vermutheten. Es heiſst (Luc. 20, 38.)
wenn man die Sache genau bedenkt: *die Erzväter ſind ſchon auferſtanden, denn ſie leben
Gotte.* Zuweilen hat aber auch das Wort *Auferſtehn oder Auferwecktwerden* die eingeſchränk-
tere Bedeutung von dem *Auferſtehn der Selig-
ſten oder Seligen.* Da iſt Jeſus (1. Cor. 15.)
der Erſtling der Auferſtehung; die zweyten in
der Ordnung der Seligkeit ſind die, die mit
chriſtlicher Geſinnung geheiligt ſterben. Den
Beſchluſs machen die Uebrigen, die nach ihrem
zweyten Tode (das iſt, dem Strafübel) erſt

R 3   aufer-

auferſtehn, das iſt, glückſelig werden müſſen.
. Auch dieſe iſt mir eine von den Stellen, welche
höchſt vermuthlich Abänderung gelitten haben,
und auch dadurch dunkel ſind. Sie ſcheint mir
zu verſprechen, es werde in der Ewigkeit einſt
alle Unſittlichkeit der Geiſter und das Strafübel
gänzlich aufhören; das werde veranſtaltet durch
das Richten, durch die Regierung Jeſu; dann
werde augenſcheinlich erkannt, und (Phil. 2.)
bekannt werden von allen Zungen, daſs Jeſus
der Herr der Geiſterwelt ſey, aber zur Ehre
Gottes des Vaters, welcher *Alles in Allen,* oder
das höchſtmögliche thut, einen jeden glückſelig
zu machen. Und können wir wohl zu Viel hoffen, von dem, der Nichts, als Liebe, iſt, und
von dem vollkommenſten Ebenbilde ſeiner Natur, von dem Herrn Jeſu?

5) Die Stellen Phil. 1, 23. 24. und 2 Cor. 5,
1 — 10. auch die Parabel vom reichen Manne
leiden ſchlechterdings *nicht, ſich das vergeltende Leben, viel* 1000 *Jahr nach dem Tode an-
fangend, vorzuſtellen.* Heute wirſt du mit mir
im Paradieſe, in meinem gluckſeligen Reiche
ſeyn, ſagt Jeſus auch zu dem Schächer. Aber
ich läugne nicht, daſs andre Stellen ſind, welche für die gemeine Meinung zu ſtreiten ſcheinen. Jeſus ſagt nemlich ſo oft, er werde die
Todten auferwecken *am jüngſten, am jenen
Tage, alsdann Gericht halten, und das ſey eigentlich ſeine herrliche majeſtätiſche Zukunft.*
Das war freylich die Meinung einiger Juden von
dem erwarteten Meſſias Jeſus wollte die Gut-
gearteten unter ihnen locken, ſein Evangelium,
ſeine Meſſianiſche Würde, zu glauben. Seine
Lehrweisheit fand es gut, ihre Sprache von den
verborg-

verborgnen Dingen zu reden, wenn es keinen
ſittlichen Nachtheil brachte Doch gab er dem
Nachdenkenden, und der Nachwelt Winke.
Denn das Evangelium iſt, wie der Erfolg zeigt,
nicht für ein Jahrhundert, oder Jahrtauſend. Er
ſagt ja (um Winke zu geben) meine *Getreuen
werden gar nicht ſterben.* Er ſagt an einem andern Orte: im eigentlichen Verſtande *richte ich
Niemand: das Wort,* das ich geſagt habe, und
das der Menſch verwarf, das wird ihn richten;
ja *er iſt ſchon gerichtet,* weil ihm die Urſache
ſeiner vorzüglichen Heiligung und Beſeligung
fehlt, der Glaube an den eingebohrnen Sohn
Gottes. *Im gewöhnlichen Vortrage blieb ſowohl
er, als die Apoſtel, bey der gewöhnlichen Ju-
denlehre.* Dieſe gab den ſinnlichen Menſchen
eine kräftigere Vorſtellung. *Der Adamsſohn
mit einem Heere von Engeln aus den Wolken
kommend! Alle Geſchlechter der Erden durch
Poſaunenſchall verſammelt! Die freygeſproch-
nen Getreuen, Beyſitzer des Gerichts! Die Geſtalt
der Erde und ſeines Luftkraiſes durch Feuer
verändert! Ein neuer Himmel und eine neue
Erde!* Groſſe und wahrlich für die menſchliche
Natur ſehr geſchikte Mittel, das Gröſsre, das
aber unbeſchreiblich iſt, gleichſam durch ein
Fernglas vorzuſtellen! Der chriſtliche Lehrer ſoll
in unſern Zeiten, da es einige ſcharfe Unterſucher gibt, freylich ſagen: *Alle dieſe Redensarten ſind geheimnißvoll, ſie ſind aber für die
Sache, davon ſie uns eine den Menſchen mögliche Vorſtellung geben, gar nicht zu wichtig.
Wir wollen bey dieſen Bildern bleiben, weil ſie
Jeſus und die Apoſtel gebraucht haben!* Ja, Ja!
alle Menſchen, ohne Ausnahme, *werden vor
dem Adamsſohne verſammlet. Sie kommen un-*

ter feine Regierung im Geifterreiche. Sie empfangen, wie fie gehandelt haben. Schon wenn
der Menfch ftirbt, und die menfchlichen Sinnen
verliert, vergehn ihm Himmel und Erde. Es
wird ihm etwas Anderes daraus, ein neuer Himmel, eine neue Erde, ein neuer Wohnplatz, aber
wo ewige Gerechtigkeit herrfchen wird. Unver-
muthet und auch bald wird diefes Gericht über
die Menfchen kommen. Und das ift nun fchon
über 1700 Jahr wahr gewefen. Dies foll diejc-
nigen unter euch, die nicht Kinder am Verftande find, zum Nachdenken bringen. Wachet!
Sprecht nicht, wie zu Zeiten der Sündfluth die
Leichtfinnigen: Wir fehn Nichts davon, unfre
Väter auch nicht. Die Worte der Offenbarung
find geheimnißvoll, nicht um euch zum Grübeln,
fondern auf den Heilsweg zu bringen. Braucht
jeden Augenblick, euer ewiges Glück zu baun.

6) Die Vernunft findet es gar nicht unglaub-
lich, dafs *der Erde*, der jetzt von erzeugten
Menfchen bewohnten Erde, *eine grofse Veränderung bevorfteht.* Sie war nicht immer, wie fie
ift. Warum mufs fie ewig fo bleiben? Die Abänderung kann das ganze Menfchengefchlecht angehn. Die neue Einrichtung kann (auf eine ge-
heimnifsvolle Art) durch Jefum gefchehn. Da
kanns denn wohl feyn, dafs das Heer der Ver-
ftorbnen (oder ein Theil davon) ihre letzten
Bruder, welche plötzlich den überirdifchen Leib
annehmen, *oder verwandelt* werden, gleichfam
feierlich abholen in die neuen Wohnungen. Und
bey diefer Hypothefe verfchwindet die Dunkelheit mancher Stelle, auch derer, wo von der
Verwandlung geredet wird, 1 Cor. 15, 51. 52.
und 1 Theff. 4, 13 — 18. Die Dunkelheit, die

dann

dann noch bleibt, müſſen wir ertragen, theils
wegen der Dunkelheit der Sachen, theils, weil
es begreiflich iſt, dafs beygeſchriebene Noten,
von Juden - Chriſten, davon der eine dieſes, der
andre jenes Syſtem hatte, am häufigſten in den
Text gekommen ſind, bey Stellen, die von den
zukünftigen Dingen handeln. Das Allgemeine
und Practiſche bleibt, und unter der Gewehr-
leiſtung göttlicher Boten.

7) Aber das gehört zum Weſen des Chriſtenthums, *die Nähe des Gerichts in dem Sinne zu
glauben*, welcher uns beſſern und im Leiden
tröſten kann. Ich bin gewifs, dafs hier ein jeder (der die Offenbarung benutzen will ſeinen
Todestag verſtehn mufs. Es iſt nicht ſelten, dafs
die Apoſtel dieſelben Worte in mancherley Sinn
nehmen. Ich ſage, ſie heiſſen auch den Todestag den Tag Jeſu; eine Ankunft Jeſu, ſie abzu-
holen. Ich denke an die Stellen: *Herr Jeſu
nimm meinen Geiſt auf; heute wirſt du mit mir
im Paradieſe ſeyn; der Schwelger ſtarb, Laza-
rus ſtarb, jener war in der Quaal, dieſer in
Abrahams Schooß; ich begehre aufgelöſt und bey
Jeſu zu ſeyn; ſo bald die Hütte zerfällt, haben
wir einen Bau im Himmel; Jeſus hat uns ſchon
die Stätte bereitet; ich habe den Lauf vollendet,
ich habe Treue gehalten, hinfort iſt mir die
Krone beygelegt; wo ich bin, ſoll mein Diener
auch ſeyn; der Herr wird mich erretten von allem Elende, und aushelfen zu ſeinem ewigen
Reiche; Jeſus kömmt mit ſchon erſtandnen Heiligen das letzte Gericht* (über die zuletzt lebenden Menſchen) *zu halten.* Bey dieſer Hypotheſe haben die Gleichnifsreden von den 10 Jung-
frauen, und von den Beſitzern der herrſchaft-

lichen

lichen Talente, und viele andre, eine weit gröſsre
Kraft, welche einigermaſsen ermattet, wenn
man ſich vorſtellt, man werde nur gerichtet werden durch ein Gericht, welches gleichwie es
ſchon einige 1000 Jahre verzögert iſt, auch noch
einige 1000 Jahre verzögert werden kann.

8) *Die erſten Chriſten* aber ſollten (wie wir
aus dem Erfolge ſehn) in der Meinung gelaſſen
werden, daſs *der jüngſte Tag, der Untergang
der Erde bald bevorſtehe.* Sie ſollten die Lehre
von der Unſterblichkeit und von der Vergeltung
mit Gefahr alles Irdiſchen ausbreiten. Sie be-
dürften auſſerordentlich ſtarker Reizungen. Vielleicht ließ die Offenbarung ſelbſt die Apoſtel in
dieſer Meinung. Tief philoſophiſch iſt es nicht,
ohne Bedenken ein ſolch Verfahren der Vorſehung für unanſtändig zu halten. Gott handelt
in 1000 Fällen anders, als die Weiſſten denken. Man ſage hier nicht, daſs *Propheten verwerflich ſind, wenn ſie prophezeyen, was nicht
eintrifft.* Die Apoſtel haben ja oft dagegen ge-
warnt, die Zeit nicht für zu nahe zu halten,
wenn die willkuhrliche Beſtimmung der Nähe
die menſchlichen Geſchäfte in Unordnung brachte.
Aber *machet, ſeyd nüchtern,* damit ihr nicht
unbereitet vor den Herrn kommen müſst; das
predigten ſie.

42. *Penſons und Blackmanns Unterhandlung
über die allernatürlichſte Religion.*

Blackmann redete oft mit ſeinem *Penſon* über
die Vorbereitung, die dieſer ihm geſchrieben hatte, ihm das Verſtändniſs des N. Te-
ſtamen-

ſtamentes zu erleichtern. *Nun las er,* er
wuſste zu leſen, mit der Feder in der Hand,
dreymal nach einander dieſe Urkunde der
Chriſten. Während der Zeit war Penſon ver-
reiſt. Als ſie wieder zuſammen kamen, gab
Blackmann ſeinem mehr als väterlichen Wohlthäter *eine ſchriftliche Nachricht* von der Wirkung ſeines Leſens, davon wir hier einen
Auszug liefern.

> *Anmerk.* Die Nachricht ſelbſt ward von Punct
> zu Punct überreicht. Ueber jeden fielen man-
> cherley Unterredungen vor. Nicht plötzlich
> alſo, nicht ohne Ueberwindung mancher Zwei-
> fel, kam unſer ſchwarze Philoſoph ſo weit im
> Chriſtenthume, als der Leſer denken möchte,
> wenn er den Auszug des Berichts lieſet, wo-
> bey alle Zwiſchenunterredungen weggelaſ-
> ſen ſind.

Weit ſehr weit (ſchrieb Blackmann) waren damals von Tugend und natürlicher Religion entfernt, ſowohl Juden als Heiden. Es iſt ſichtbar,
der nach und nach entwikkelte Zweck Jeſu und
der Apoſtel ſey geweſen, *aus dem verbeſſerten Judenthume eine Religionslehre zu machen, die allen
Menſchen und Völkern dienen könnte, die ſich wollten dienen laſſen.* Aber das geſteh ich dir: wer
auf dieſen Reformationsweg nicht aufmerkſam iſt; wer ſie als ſolche Boten der Gottheit anſehn will, welche gradezu ohne Um-
weg unbefangnen Völkern Tugend und wahre
Religion vortragen wollen; der muſs ſie ver-
kennen.

kennen.   Nun vertrage ich alle ihre (*ſonſt
höchſt ſonderbare*) *Anwendungen* des A. Teſtaments; und alle *ſonderbare Vergleichungen* von
Bund und Bundeslade, von Tempelvorhang,
Hoheprieſter und Blutſprengen; von Oſter-
lamm und von Eſſung des Fleiſches Jeſu, von
Süſsteig und Sauerteig; von Opfer, Hoheprieſter, Mittler und Verſöhner.   So lange
aber die Chriſten Hauptſachen daraus machen, ſo werde ich in dieſem Stükke ihr Mit-
chriſt nicht.

Du erinnerſt dich, Vater Penſon, welch ein *göldnes Buch* ich mir aus dem A. Teſtamente ausgezo-
gen habe. Ich machte es eben ſo mit dem neuen.
Aber dieſer zweite Theil meines goldnen Buches iſt mir viel koſtbarer.   Da iſt Gott nicht
mehr ein Iſraeliten - Jehovah; ſondern der
Allvater der Menſchen auf jeder Seite.   Gott!
welches *feine moraliſche Gefühl* herrſcht in dem
Allen, was Jeſus und die Apoſtel Moraliſches
ſagen? Jeſu *Reformation des Judengeſetzes*!
Welche Weisheit! Sein *Reiz zum Heldenmuthe*
für die Glückſeligkeitslehre, das iſt, für das
Reich Gottes und für die Bruderliebe; wie
mächtig! Sein Gläubiger verliert *niemals die
Ewigkeit aus dem Geſichte*! Und ſein *herrliches
Beyſpiel*, und das Beyſpiel ſeiner Nachfolger
und der Gemeinen! Solche Vorſtellungen,
wohlgenutzt, *dringen ins Herz*! Da iſt *lauter
Allva-*

Allvaterlehre! Nein! Nein! *Nicht der Geist des Jonas oder Elias* beseelte Jesum und seine Jünger! Wahrlich ein besrer! Auch ein besrer, als der, der Mosen in seinen unwahrhaftigen Unterhandlungen mit Pharao trieb; so wie wir jetzund (Gott weis, nach welchen Veränderungen) lesen, u. s. w.

Wenn ich nun bedenke, was Jesus und seine Jünger einstimmig, und so lange Zeit, *gethan und gelitten* haben, um die Allvaterlehre durch gebesserte Juden auszubreiten, und so herrliche Brüdergemeinen zu stiften; welches Alles, wie du mir gesagt hast, weltkundig war und geblieben ist: so sehe ich *Nichts, was mich abhält, Jesu und den Aposteln, als begeisterten und wunderthätigen Boten Gottes, Glauben zu geben,* in ihrer Lehre von Gott, den sie als den Vollkommnen, als die Liebe selbst, vorstellen; in ihren mit Blut unterzeichneten Versichrungen vom ewigen Leben, und in ihren so gründlichen Folgerungen aus dem Gesetze der Freyheit und Liebe! *Und der Trost in Elend und Verfolgung,* und im *Tode!* Jesus, der so hoch erhabne Jesus, war gering, verachtet, gehasst, gemartert, getödtet! Das richtet man bey den Elenden nicht aus, mit Worten, mit Vernunftgründen ohne Erinnrung an solche Thatsachen!!!

Ich

Ich wiederhole dir meine Verſicherung
mit dankbarer Freude.   Ich habe mein Gefühl der Wahrheit ſo gut geſchärft, als ich
konnte.   Ich fragte mich mit Erinnerung
Alles deſſen, was ich von Jeſu und den Apoſteln gewiſs wuſste: Waren das *ſelbſtſüchtige
Lügner?* Nein, wahrlich Nein! *Waren es
einfältige betrogene oder ſich ſelbſt betriegende
Schwärmer?* Nein, wahrlich Nein! Waren
es *verkappte gutherzige Philoſophen*, welche die
Sprache der Begeiſterten gebrauchten und den
Schein der Wunderwerke veranſtalteten?
Nein! Wahrlich Nein! Sie waren, was ſie
ſagten, und wofür ſie von ihren Gläubigen
gehalten wurden; Boten des allergnädigſten
Allvaters und allerweiſeſten Richters der un-
ſterblichen Seelen; Boten des Evangeliums.

Und wenn ich das denke; ſo *befremdet die
Auferſtehung Jeſu mich gar nicht.*   Ich habe
nicht ſo philoſophiren gelernt, daſs ich die
Gränzen des Wirkbaren ſetzen ſollte.   Der
Gott, der den erſten Menſchen (ich weis nicht
wie) erſchuf, hat Jeſum (ich weis nicht wie)
von den Todten erweckt; und (ich weis nicht
wie) ins Geiſterreich verſetzt; und ihm ſo
wohl zum Troſte der Gläubigen, als auch aus
Abſichten, die uns erſt künftig bekannt werden, eine Würde (ich weiſs nicht wie, und
wie groſs) gegeben, die über alle Würden iſt
im Himmel und auf Erden.

Und

Und ich, theuerster Penson, *soll ihm in meiner Maasse ähnlich werden*, wenn ich ihm in meiner Maaße nachfolge? O väterlicher Freund! warum soll ich Das nicht gern glauben? Aber, was soll ich thun? Was soll ich thun, Ihm Aehnliches? Gern wollt ich so leben und so sterben, wie ers will!

Wir brechen hier Blackmanns Nachricht ab. Er hatte hernach folgendes Schickfal. Sein *Penfon* hatte ihn längst frey erklärt. Nach den Unterhandlungen, die wir beschrieben haben, schenkte er ihm 6000 Guinees. Mit diefem Gelde (nachdem er drey feiner Schwestern frey gekauft und mit Freynegern in Penfylvanien verheirathet hatte) reisete er zu feinem Volke in Guinea, welches der Menschendieberey fehr ausgesetzt war. Er bot dem Fürften einen Theil feines Geldes zur Hülfe, um eine Art von Fort bey einem gewissen Passe anzulegen, wodurch der Eingang einer Menschendiebischen Nation könnte erschwert werden. Die am gefährlichsten wohnten, denen theilte er Pistolen mit und lehrte fie schiessen. Er war Willens, fein Volk zur Erkenntnifs Gottes und Jefu nach und nach zu bringen. Anfangs fuchte er feine Landsleute nur fittlich und ökonomisch zu verbessern; und liefs ihre Götzen feyn, was fie waren. Im fünften Jahre feiner Bemühung fing er an, den Götzen

Götzen Diefes und Jenes abzufprechen, was
den Prieftern und Zauberern vortheilhaft war.
Dies Volk kannte, die bey den Chriften fo gewöhnliche, Figur des Kreuzes durch Portugie-
fifche Miffionarien.　Der Martyrer Blackmann (fo lautet der Bericht einiger feiner
Freunde, den fie in ein nicht weit davon ge-
legnes Englifches Fort brachten) Blackmann
alfo, nein, nicht Blackmann, fondern der Reft
feines Leibes ward im fiebenden Jahre an einem Morgen auf dem Felde gefunden, an ein
Kreuz auf der Erde mit Baftbändern feftge-
heftet, ohne Eingeweide.　Denn menfchli-
ches Eingeweide zur Zauberey zu gebrauchen, waren die Priefter gewohnt.　Sein
Wunfch war erfüllt.　Er war Jefu ähnlich im
Tode; er wirds auch feyn im ewigen Leben.

Anmerk. Weil der Verfaffer diefes Buchs, und
Herausgeber diefer Nachricht von *Penſon* und
Blackmann will, dafs das VIte Hauptftück
brauchbar feyn foll auch denen, welche die
philofophifch - behandelte natürliche Religion
nicht durchdenken können, oder wollen, und
denen *Penſons* und *Blackmanns* Einficht gar
nicht gefällt: fo mufsten im VIten Haupt-
ftukke einige fonft unnöthige Wiederholungen
einiger Begriffe und Sachen vorkommen.

VI. Die

VI. Die allernatürlichste Religion in Fragen und Antworten.

43. Etwas von der Liebenswürdigkeit Jesu.

Wer ist unter allen Menschen, die jemals gelebt haben, der liebenswürdigste und verehrungswürdigste? — Jesus, der vor 1784 Jahren im Judenlande gebohren wurde.

Warum war er so liebenswürdig? — Weil Lieben und Wohlthun seine einzige Lust war. Alles Uebrige war ihm Nichts dagegen.

Lebte Jesus, als ein reicher Mann? — Nein. Sondern eben so, wie die Armen. Er hätte können wie ein Reicher leben; aber er that es nicht, weil er die Armen auch durch sein Beyspiel lehren wollte, in ihrem Stande gut und zufrieden zu seyn.

War er bey der Lebensart eines Armen mächtig und regiersüchtig? — Nein. Er konnte ein mächtiger Herr werden. Aber das wollte er nicht, um auch durch sein Beyspiel zu zeigen, daß die innerliche Würde und Zufriedenheit eines Menschen nicht von äusserlicher Würde und Macht abhänge.

Mit welcher Art Menschen ging er am meisten um? — Mit Armen und Geringen.

S   Denn

Denn deren sind die Meisten; sie bedürfen auch am meisten belehrt und getröstet zu werden.

Hatte er eine grosse Hochachtung für die Gelehrten seiner Zeit und seines Volks? — Keine vorzügliche. Denn ihre Gelehrsamkeit war größtentheils Tand und Wortkram, womit Menschen nicht gedient war; nicht aber nützliche Sittenkunde und Naturkunde. Und bey dem Allen waren die Gelehrten sehr stolz und verachteten das Volk.

Wie hat er seine Jugend zugebracht? — Größtentheils mit Baumeistergeschäften, um seinen Eltern zu helfen, welche arm waren.

Wie lange hat er in seinem Volke öffentlich gelehrt? — Von seinem 30sten bis ins 34ste Jahr.

Wie sorgte er für die Nachwelt, daß seine Lehren nicht verlohren gingen? — Er belehrte Apostel oder Lehrjünger, die nach ihm eben dasselbe, und noch Mehr, wenn sein Volk klüger geworden wäre, lehren sollten.

Versprach er seinen Lehrjüngern Reichthum und äusserliche Macht? — Nein! Sondern sie sollten ihn in seiner Lebensart nachfolgen, um der Armen und Geringen willen.

War er seiner Mutter und seinen Verwandten besonders ergeben? — Ja. Aber ließ sich durch sie doch nicht abhalten von solchen Geschäften, welche vielen Menschen und der Nachwelt nützten.

Wie

Wie sehr liebte er den Fleiß im Lehren und Wohlthun? — So sehr, daß er auch große Beschwerlichkeiten nicht scheute, worüber seine Mutter, Verwandte und Jünger oft bekümmert wurden.

Wollte er, daß alle Menschen ihn hören, und ihm glauben möchten? — Das wollte er allerdings, weil es ihr eignes Beste war; aber er übte niemals den geringsten Zwang. Auch sogar seinen Aposteln erlaubte er, ihn zu verlassen, wenn sie wollten.

Wars ihm lieb, daß sein Volk andre Völker verachtete, und sich vorzog? — Keinesweges. Denn ob er gleich unter Jüden anfing, seine Menschenliebe auszuüben; so sorgte er doch dafür, daß durch seine Lehrjünger mehr Völker seine glückseligmachende Lehre, die sie nicht hatten, empfangen und behalten mögten.

Welchem Menschen, der jemals gelebt hat, haben wir selbst am meisten zu verdanken? — Jesu. Denn hätten er und seine Jünger nicht so gelehrt, gewirkt und gelitten, als sie thaten; so fehlten uns die besten Lehren und Hoffnungen, die wir haben; so lebten wir unter einander nicht so liebreich, uns einander zu nützen, und nicht so bedachtsam, uns einander nicht zu schaden.

S 2   Warum

Warum trug Jeſus ſo große Sorgfalt für die Kinder? — Weil ſie mit der Zeit ſo gut und zufrieden werden können, wenn ſie in den erſten Jahren gut gewöhnt und unterrichtet werden.

Glaubte Jeſus, daß ein weiſer Menſch ſich mit Wenigen einſperren,, und ſich die geſellſchaftlichen Vergnügungen verſagen müſſe? — Nein. Er gieng zu Gaſte und zur Hochzeit, beſonders aber vergnügte er ſich an der offenen Natur.

44. Etwas von Jeſu und der Apoſtel Sittenlehre.

Wie war Jeſu Lehrart beſchaffen? — Er richtete ſich nach den Menſchen, die er lehrte. Er bediente ſich vornehmlich der Gleichnißreden, die man ſo gern hört und lieſet; oder auffallender Worte, welche die Aufmerkſamkeit auf das, was er ſagen wollte, reizten. Das Gute, das die Juden ſchon wußten, billigte er. Ihre Irrthümer griff er nicht an, wenn es zu Nichts Gutem dienen, ſondern nur erbittern würde. Beſchwerliche Gebräuche, die dem Volke für nützlich gehalten wurden, machte er mit; und tadelte ſie nur vor den Weiſern und durch Winke, die ſpäter, aber zur rechten Zeit Gutes wirkten. Eben darum redete er bald dunkler, bald deutlicher.

Wenn

Wenn man seine Worte mit Fleiß misdeutete, und Ungereimtheiten daraus machte, so kehrte er sich daran nicht; sondern fuhr fort in seinem lehrreichen Vortrage.

Anmerk. Z. E. (Joh. 8.) Jesus: Meine Getreuen sterben eigentlich gar nicht, und niemals, in irgend einer traurigen Bedeutung des Worts — Juden: Abraham ist doch vielmehr, als du und deine Getreuen! Der ist gestorben. — Jesus: Abraham, wie ihm verheissen war, hat meine Zeiten mit Freuden gesehn (und ist auch in der Bedeutung nicht gestorben, in welcher ich sage, dass meine Getreuen nicht sterben) — Juden: Du bist noch nicht 50 Jahr, und hast Abraham gesehn? — Jesus: Schon vor Abraham, war ich es, (nemlich der, dessen Zeiten die Erzväter, die durch Offenbarung eine Kenntnis davon bekamen, zu sehn wünschten.)

Suchte Jesus seine Zuhörer gegen die öffentlichen Lehrer des Landes einzunehmen? — Nicht mehr, als nöthig war, um seine Zuhörer zu bessern. Macht die Gebräuche mit, sagte er, die sie von euch fodern. Bezahlt ihnen ihre Gefälle. Aber ihre böse Sitten ahmt nicht nach. Zuweilen freylich redete er schärfer gegen die blinden Leiter der Blinden. Aber er maaß das Alles recht ab, nach dem Nutzen der Menschen zu rechter Zeit und am rechten Orte.

Was lehrte er, was ließ er lehren von dem, der Obrigkeit schuldigen, Gehorsame? —

S 3   Sey

Seyd Allen unterthan, die Gewalt über euch haben, und bezahlt die Steuren richtig; denn die
Obrigkeit thut Viel, um dem Bösen zu wehren,
und das Gute zu befördern.   Führt also unter
ihr ein ruhiges und stilles Leben.

Liebte Jesus sein Vaterland? — Grade
so, wie es recht und gut ist.   Er arbeitete an
dem Wohl desselben; er vergoß Thränen, wenn
er sein Elend voraussah, das es sich selbst durch
Laster und aufrührische Gesinnung zuziehn mußte.
Aber lieblos und stolz, sagte er, sollte sein Volk
gegen andre Völker nicht seyn.

Mengte sich Jesus in das Richteramt?
— Nein.   Er wollte dem nicht beystehn, der
sich über seinen Bruder beklagte, weil er das
Erbe mit ihm nicht theilen wollte.

Haben Jesus und die Apostel Ehegesetze
gegeben? — Nein.   Sie geboten denen, die
mehr Weiber (als eine) hatten, nicht, sie alle
(ausser einer) zu verabschieden.   Aber, als Sit-
tenlehrer tadelten sie leichtsinnige Ehescheidungen,
die wegen geringer Ursachen geschehn.

Stieß Jesus diejenigen von sich, die
sich durch Thorheiten und Vergehungen
Unglück und Verachtung zugezogen hatten? —
Keinesweges.   Er half ihnen zur Beßrung und
tröstete sie, so gut er konnte.

Tadelte er den Soldatenstand? — Nicht
diesen und keinen einzigen von denen Ständen,
die

die von den Weisen für nützlich gehalten werden.
Doch warnte er diesen Stand vor unnöthiger
Gewaltthätigkeit.

**Verachtete Jesus den Reichthum der
Reichen?** — Nein! er warnte nur vor ungerechten Gütern, ermahnte zum guten Gebrauche der gerechten, er zeigte, wie leicht der
Reichthum zum Uebermuthe reize; und rieth zur
Anschaffung eines Vorraths guter Gesinnungen
und Liebesthaten, als deren Genuß beständiger
und nicht so vielen Zufällen unterworfen wäre.

**Erklärte Jesus alles Verlangen nach
Ehre für Thorheit?** — Nein, sondern nur
den Hochmuth und den prangenden unruhigen
Ehrgeiz, der vor Andern hervorzuragen sucht.

**War Jesus ein Feind des sinnlichen Ver-
gnügens?** — Nein. Er gieng zu Gaste,
zu Hochzeit, trank Wein, und erhob seine guten
Empfindungen oft durch Gesang. Nur tadelte
er übermäßige Weichlichkeit, Müssiggang, Fressen
und Saufen, und Unzucht.

**Was urtheilte Jesus von den mit Fleiß un-
terhaltnen unzüchtigen Gedanken?** —
Daß sie als Ursachen der Unzucht schon eine Art
derselben sind.

**Wurde der Ehestand von Jesu und den
Aposteln abgerathen?** — Nein. Er wurde
von ihnen gelobt. Denen Wenigen aber, die
S 4   im

im keuschen ehelosen Stande mehr Gutes thun und zufriedner leben konnten, ward der ehelose Stand angepriesen.

Wozu rieth er den Feinden, und denen, die sich für beleidigt hielten? — Zur herzlichen Versöhnlichkeit.

Welche Sittenregel predigte er am meisten? — Liebet euch untereinander, wie Brüder, obgleich ihr ungleiches Standes bleibt.

Was bedeutet der Spruch Jesu: liebe deinen Nächsten, als dich selbst? — Wisse, daß du durch thätiges Wohlwollen gegen Menschen, besonders gegen deinen Nächsten, selbst zufriedener und glückseliger wirst.

Ist jeder Mensch unser Nächster? — Bald dieser, bald jener; vornehmlich aber der, der hülflos ist, und unsrer Hülfe bedarf; gemeiniglich die Unsrigen, mit denen wir in öfterer und genauerer Verbindung stehn, als mit andern Menschen.

Wie ist die Sittenregel Jesu zu verstehn, daß wir gegen Andre handeln sollen, wie wir wollen, daß sie gegen uns handeln? — Wir sollen einem Jeden dasjenige leisten, was wir (bey unserer Erkenntniß der beyderseitigen Umstände) für seine Pflicht gegen uns halten würden, wenn wir in der Stelle des Andern, und er in der unsrigen wäre.

Warum

Warum haben wir von Jesu und den Aposteln keine vollständige geordnete Sittenlehre? — 1) Weil eine vollständige Sittenlehre weitläuftig ist, und Gelehrsamkeit erfodert. 2) Weil Viel davon schon enthalten ist, in der Pflicht, erst den Eltern und hernach auch der Obrigkeit zu gehorchen. 3) Weil die meisten Menschen nur solche Pflichten haben, die leicht zu erkennen sind, aus den allgemeinen Regeln. 4) Weil die Pflichten sich mit den Altern, Zeiten, Gegenden und Umständen verändern, und Volkslehrer seyn müssen, welche die Pflichten ihrer Zeiten, Gegenden und Lehrlinge lehren.

Welche Pflicht schreibt die apostolische Sittenlehre den Kindern vor? — Gehorsam, vorzügliche Liebe und Dankbarkeit, wovon Jesus ein Muster war.

Welche Pflicht ward den Eltern vorgeschrieben? — Durch Erziehung die Kinder klüger, besser, zufriedner zu machen.

Wurde der Sclavenstand von Jesu und den Aposteln abgeschafft? — Nein. Sondern sie suchten nur ein gutes liebreiches Verhältniß zu stiften zwischen Herren und Sclaven. Uebrigens riethen sie nicht, die Sclaven freyzugeben; und den Sclaven riethen sie nicht, nach ihrer Freyheit zu trachten, als nur mit Recht; und in der Absicht, mehr Gutes zu thun.

S 5 Warum

Warum redeten die Apostel nicht viel von Mord, Diebstahl und Betrug? — Weil die Obrigkeit diese groben Laster bestraft; und weil es gar zu deutlich ist, daß diese Missethaten nicht mit der Menschenliebe bestehn.

Welche Vergeltung heißt Jesus die Verläumder, die strengen Beurtheiler, die Rachgierigen und Unbarmherzigen erwarten? — Daß sie andre Menschen sich ungeneigt machen; und daß man ihnen nach ihrem Maaß wieder zumessen werde.

Wie viel vollkommne Aufrichtigkeit verlangt Jesus von den Seinigen? — Daß nach Ja und Nein keine weitere Betheurung verlangt werden könne.

Wenn die Apostel überhaupt Tugend oder Rechtschaffenheit empfehlen; was bedeuten denn diese Worte? — Sie verstehn unter Rechtschaffenheit die Tugend gegen andre Menschen, und unter Tugend überhaupt, die Bereitwilligkeit, Klugheit und Fertigkeit, solche Sittenregeln zu beobachten, die von der gesunden Vernunft für gemeinnützige Regeln erkannt werden.

45. Das Evangelium, oder die fröhliche Botschaft von dem Allvater.

Wie heißt das unsichtbare Leben der Menschen, wenn wir uns vorstellen, daß es vom Leibe verschieden sey? — Die Seele.

Ist

Ist deine Seele von dir selbst unterschieden?
— Nein. Sie ist Ich-Selbst; und ich bin
Sie-Selbst.

Was weis der Mensch durch Erfahrung von
dem Tode oder dem Absterben? — Nichts
weiter, als daß der Leib aufhört, von der Seele
belebt zu seyn, und alsdann verweset.

Was haben von Alters her viele vernünftige
Menschen, durch Nachdenken, von dem Schicksale der Seele nach dem Tode des Leibes urtheilen lernen? — Sie fanden es vermuthlich, daß
die Seele unvergänglich und unsterblich sey.

Was bedeutet es, wenn wir die Seele unsterblich nennen? — Daß die Seele durch den
Tod des Leibes auf einige Zeit in einen Schlaf
versinke, wovon sie aber erwache und auferstehe,
mit Bewußtseyn ihres vorigen menschlichen
Zustandes.

Warum nennt man die menschliche Seele einen Geist? — Weil sie mehr Fähigkeit hat,
als eine thierische Seele.

Wie heissen die Geister, die nicht in einem
menschlichen Zustande leben? — Engel, und
(wenn man sich vorstellt, daß sie gegen Menschen
übel gesinnt sind) Teufel.

Lehrten Jesus und die Apostel das
Daseyn vieler Engel und Teufel? — Ja,
sie bestätigten diese (der gesunden Vernunft gar
nicht unwahrscheinliche) Volkslehre der Juden.

Dürfen

Dürfen wir auf den Beystand der Engel hoffen, und den Widerstand der Teufel fürchten? — Nein! Wir wissen ganz und gar nicht, wo sie sind, und was sie thun oder nicht thun. Sie gehören zu dem uns ganz unbekannten Theile der Natur.

In welchen Zustand werden die menschlichen Seelen (nach dem Glauben derer, die sie für unsterblich halten) versetzt? — In einen englischen oder teuflischen Zustand.

Ist es wahrscheinlich, daß Geister Zeugen unsers heimlichsten Thuns und Lassens sind? —. Dieser lehrreiche Gedanke ist gar nicht unwahrscheinlich.

Von wem wird, nach der Meinung der meisten alten Völker, die beständige Regelmässigkeit der natürlichen Dinge bewirkt, die so sehr zum Nutzen der Menschen und der Thiere dient? — Von Engeln, die sie Götter hießen. Viele glaubten, es sey ein höchster Gott, den alle übrigen unterworfen sind.

Wem gaben die Juden den Namen Gott? — Einem einzigen Schöpfer, Erhalter und Herrn der Natur.

Wie stellten sich die Juden Gott vor? — Als einzig, unvergleichbar, unbegreiflich, ewig, allwissend, allmächtig, und als sehr gütig, aber am gütigsten gegen das einzige Judenvolk.

Wie

Wie dachten die Juden von Gottes Vorsehung oder von seiner Regierung über die Natur? — Daß Alles entweder nach seiner Absicht und durch seine Mitwirkung, oder wenigstens durch seine Zulassung, geschehe.

Was lehrten Jesus und die Apostel
von Gott? — Sie bestätigten, was bey
den Juden längst von Gott gelehrt war. Aber
sie lehrten, ihn als einen liebreichen, weisen und
gerechten Allvater aller Menschen und Völker
verehren.

Warum heißt Gott ewig? — Weil sein
Daseyn und Leben weder Anfang noch Ende hat.

Warum heißt er allwissend? — Weil
er immer alles Wirkbare, und was wirklich daraus erfolgt ist und erfolgen wird, erkennt, und
keinen Theil dieser Erkenntniß jemals verliert.

Warum heißt Gott allmächtig? — Weil
er alles Wirkbare, immer und allenthalben, in
der Ordnung der wirkbaren Dinge, wirklich machen kann.

Warum heißt Gott allgegenwärtig? —
Weil er allenthalben Alles, was da ist, weis,
und allenthalben wirksam ist.

Warum nennen wir die Lehre, daß ein Gott
von Ewigkeit zu Ewigkeit lebe, eine Lehre
der gesunden Vernunft? — Weil die Vernunft sie leicht glaubt, wenn sie etwas unterrichtet ist von den Werken Gottes; von des Menschen Leib und Seele; von Thieren und Pflanzen;

zen; von der Erde und den Ursachen ihrer Fruchtbarkeit; von Sonne, Mond und dem Gestirn:
ferner wenn der Mensch die Lehre, daß ein solcher Gott sey, oft vergleicht mit dem Vorgeben
Einiger, daß kein solcher Gott sey. Dann fühlt
er, daß es ihm rathsam sey, das Daseyn und die
Eigenschaften Gottes fest zu glauben, als eine
Gewissenslehre.

War es Jesu und den Aposteln nur eine Ne-
bensache, ihre Zuhörer von der Unsterblichkeit der Seele zu überzeugen? — Nein.
Es war ihre Hauptsache.

Wodurch machten sie diese Lehre zu einer
Glückseligkeitslehre, zu einem Evangelium? — Sie lehrten, Gott sey ein Allvater
aller Menschen, er liebe ihre Seelen, er thue ihnen zwar, durch seine Vorsehung, in diesem Leben schon sehr viel Gutes, aber er wolle sie auch
unsterblich erhalten, vom Tode auferwekken
oder auferstehn lassen, ihnen die zum künftigen
Leben dienlichen Leiber und Wohnungen geben, und
sie allesammt ewig glückselig macken; mehr und
früher aber diejenigen, welche hier fertiger in
Weisheit und Tugend, oder gleichförmiger der
Lehre Jesu, geworden wären.

Hatten die Juden nicht auch schon ein
solch Evangelium? — Sie hatten Etwas
davon. Aber zu geschweigen, daß bey den Sadducäern

ducäern die Unsterblichkeit der Seele nicht gelehrt ward: so stellten sich die Juden Gott nicht allgnä= dig, nicht höchst weise, nicht allväterlich gerecht vor, ob sie ihn gleich so nannten.

Warum misfallen Gotte die laster= haften Gedanken, Wünsche, Worte und Tha= ten, wodurch die Menschen sich selbst und An= dern schaden? — Weil er die Seelen weder hier noch dort recht zufrieden und froh machen kann, bis sie lernen, ihm in Liebe und Weisheit nachahmen, oder der göttlichen Natur ähnlich werden.

Warum nannten Jesus und die Apostel Gott vollkommen oder allgnädig? — Weil er jedes lebendige Wesen liebt, und es eines so gu= ten Lebens genießen läßt, als es seiner Natur nach in der Welt genießen kann; besonders aber, weil er ohne Unterschied der Nationen alle Men= schen liebt, welches die Juden nicht glaubten.

Warum heißt Gott allweise? — Weil er immer und allenthalben, mit Aussicht in die Ewigkeiten, für das Wohl der Lebendigen sorgt, und das Beste auf die beste Art thut. Es wäre Gott aber nicht allweise, wenn er eine Menge Opfer, Ceremonien und unnütze Beschwerlich= keiten zur Bedingung seiner vorzüglichen Gnade gemacht hätte, wie die Juden wähnten.

Warum heißt Gott höchst gerecht und heilig? — Weil das sittlich Gute (das ist,

Weis-

Weisheit und Liebe oder Tugend) ihm gefällt, das sittlich Böse ihm misfällt, und weil er eben darum so regiert, daß (Zeit und Ewigkeit zusammengerechnet) wer Böses thut, Böses leidet; wer Gutes thut, Gutes empfängt. Viele Juden hingegen glaubten, daß Gott furchtbar zürne, über die Völker, die ihn nicht kennen, und auch über diejenigen Juden, die Etwas von den vielen (für befohlen gehaltnen) Ceremonien versäumten.

Wer nennt jedes Laster Sünde? — Derjenige, welcher weis, daß es Gott misfalle, weil es ein Abweg ist von der Bahn der Glückseligkeit.

Ist es eine Lehre Jesu und der Apostel, daß Gott, als beleidigt, Satisfaction (oder Versöhnungsdienste, Versöhnungsqualen) für die Sünde haben und auflegen müsse; es sey in unnöthiger Pein des Sünders, oder in unnöthigen Opfern und Büssungen; oder in dem Leiden eines Unschuldigen, der, um dem gestrengen Gotte die Verzeihung anständig zu machen, die Büssung für die andern Menschen über sich nimmt? — Nein, Gott will keine Satisfaction haben, sondern er hört nicht auf, den Sünder zu lieben; handelt mit ihm allväterlich gnädig, weise, gerecht; und versichert den Sünder, daß, wenn er sich bessert, zu rechter Zeit die schmerzhaften Folgen der Sünde sollen von ihm genommen, oder ihm die Sünde

verge=

vergeben werden, ohne Satisfaction. Die
Juden aber hielten vielerley Satisfactionen für
nöthig.

Wie mußten denn Jesus und die Apostel
diese Geheimnisse Gottes? — Gott gab
ihnen den Offenbarungs = Sinn, den Ge-
heimniß lehrenden heil. Geist, daß sie selbst davon überzeugt wurden. Wir, die wir diesen Of-
fenbarungssinn nicht haben, können uns ihn eben
so wenig vorstellen, als der Blindgebohrne das
Gesicht.

Wie bewiesen sie Andern, daß sie begeistert waren, Gottes Geheimnisse zu
wissen? — 1) Sie machten die guten Zuhörer
aufmerksam auf die Erfreulichkeit des Evangeliums, und auf die Unnutzbarkeit dessen, was sie,
dem Evangelium zuwider, bisher geglaubt hatten. 2) Sie sagten, durch Wirkung des heiligen Geistes, auch solche verborgne Dinge, die
untersucht werden konnten, das ist, sie weißsag-
ten, und thaten Wunder, die kein gewöhnlicher Mensch thun kann. 3) Sie beriefen sich
auf ihr liebenswürdiges Leben, welches sie bey
denen, die nicht arg dachten, von dem Verdachte
des Betruges befreite. 4) Auch litten sie Vieles, was sie nicht hätten leiden können und wollen, wenn sie selbst nicht von der Wahrheit des
Evangeliums überzeugt gewesen wären. 5) Endlich sagten sie, der Mensch, der gern thun will,

T   was

was Gotte angenehm ist, und alsdann unsre Lehre
recht versteht; der wird (ohne daß er weis, wie)
durch eine heilige Empfindung früh oder spät vollkommen überzeugt werden, daß er diese Lehre,
als Gottes Wort, ansehn müsse.

Wodurch ist denn das Evangelium
dem, der es glaubt, so erfreulich? —
1) Der Gläubige sieht die schöne nützliche Natur
als ein Werk seines himmlischen Vaters an.
Dies macht ihm eine sehr angenehme Empfindung. 2) Er ist überzeugt, einst ewig glückselig
zu werden. Das tröstet in jedem verdienten und
unverdienten Leiden, auch in Todesfurcht. 3) Wenn
der Gläubige von seinen Geliebten scheidet; so ist
er überzeugt, in Gottes Reiche (welches endlich
ein ganz glückseliges Reich wird) wieder zu ihnen
versammelt zu werden. 4) Als seine Brüder,
als Mitgenossen dieses Reichs, sieht er alle Menschen an, die jemals gelebt haben, mit ihm leben und leben werden; auch seine ärgsten Feinde,
mit denen er doch einst in ein Liebesverhältniß
treten wird. 5) Er hat durch die Krümmungen
des Lebens einen Leitfaden, der ihm niemals ent-
wischt; diesen nemlich: sey klug, tugendhaft und
rechtschaffen, wenn es auch scheint, daß du in
diesem Leben dafür leiden mußt; denn so gebeut
das so viel verheissende Evangelium; und du hast
an Jesu und den Aposteln so große Muster des
tugendhaften Heldenmuthes.

46. Er=

46. Erste weltkundige Geschichte des Evangeliums.

Welche Hoffnung von einem Messias oder Christus hatten viele Juden vor und in der Zeit Jesu und der Apostel? — Sie erwarteten durch Auslegung alter Weissagungen einen Christus, einen grossen von Gott mit dem heil. Geiste begabten (oder wie sie sich ausdrückten) gesalbten Boten Gottes; das allergeliebteste, oder das eingebohrne Kind Gottes; der nicht nur die Juden, die ihm glauben würden, vorzüglich beglüffen, sondern auch als der zweite Adam, (als der Menschensohn) ein geistlicher Stammvater des menschlichen Geschlechts werden sollte. Die Meisten aber, die den Christus hofften, glaubten, er würde, als ein König der Juden, sein Volk zum mächtigsten und glücklichsten Volke machen.

> Anmerk. Jesus ist Herr geworden der ganzen Geisterwelt, folglich aller menschlichen Seelen, deren ewige Glückseligkeit er nach Gottes Rathschluß, liebreich und weislich (also auch mit Gerechtigkeit) befördert.

Erzähle die weltkundige Geschichte Jesu bis an seinen Tod? — 1) Jesus hat bezeugt, daß er Christus sey, und mit Gott in einer unvergleichbar grossen Gemeinschaft stehe. 2) Er hat sich verhalten, und ist von Vielen ge-

glaubt

glaubt worden, als ein Wunderthäter. Sie glaubten nemlich, daß auf sein Wort Gichtbrüchige und Blutflüßige, Aussätzige und Blindgebohrne, Taube und Stumme, Wahnwitzige und Rasende geheilt wurden, daß auf sein Wort der Sturm sich legte, daß er auf dem Wasser gehn konnte, daß auf sein Wort Wein in denen Gefäßen ward, wo Wasser gewesen war, daß auf sein Wort ein Vorrath von Brod und Fischen, der kaum für 20 zureichte, einen solchen Zuwachs bekam, daß viel Tausende davon satt wurden. Auch glaubten sie, daß er drey Todte ins Leben zurück gerufen habe. 3) Seine Lehre misfiel aber den Mächtigsten im Volke, die ihn nicht für Christus hielten; sondern für einen betrügerischen Augenverblender oder für einen Zauberer, der seine Wunder durch Kraft der Teufel, oder böser Engel, thäte. 4) Auf Anstiften dieser seiner Feinde, (unter welchen sich auch Judas Ischarioth befand, der eine Zeitlang sein Jünger gewesen war) ward er als ein falscher Christus gefangen genommen, gebunden, angeklagt, verspottet, geschlagen, angespeit, gegeißelt, mit Dornen gekrönt, zu Tode gekreuzigt, und da man seine Seite mit einem Spieße geöffnet hatte, begraben.

Erzähle die erste Geschichte der Apostel? — Kurz nach Jesu Tode in demselben Jerusalem, wo er gekreuzigt war, stunden 12 seiner Jünger auf, und predigten in Jesus, des Chri-

Christus, Namen, Jesus wäre, nachdem sein
Leib vom Freitage bis am Sonntagmorgen im
Grabe gelegen, mit seinem von Wundenmälern
bezeichneten Leibe, aus dem Zustande der Ver-
storbnen auferstanden; wäre ihnen, seinen Aposteln, und sehr vielen andern Jüngern verschiedene Mal erschienen; sie hätten mit ihm geredet, gegessen und getrunken; er hätte ihnen seinen Unterricht vom Reiche Gottes, oder von der
Glückseligkeit des Geistes, oder von dem Evange=
lium noch ferner erklärt, und die Begeisterung und
Wunderkraft (oder den ausserordentlichen heiligen
Geist) verheissen; das wäre nun erfüllt; sie wären Zeugen seiner Auferstehung; er wäre wahrhaftig Christus, aber seine wichtigsten Geschäfte
stünden noch bevor; er wäre zwar in ihrem Beyseyn über die Wolken gefahren, und gleichsam
zur rechten Hand Gottes im Geisterreiche, als der
eingebohrne Sohn Gottes, über Alles erhaben,
er würde aber mit grosser göttlichen Kraft zum
Gerichte wiederkommen; die Juden sollten es
sich gereuen lassen, ihn getödtet zu haben, so wür=
den sie allerdings zum Genusse der Hoffnung ihrer
Väter durch Jesum Christum kommen, denn er
verhieße auf Besserung des Lebens Vergebung der
Sünden, und Seligkeit.

Erzähle die fernere Geschichte des
Evangeliums? — Die Apostel predigten
erst in Judäa, hernach auch an vielen andern

T 3   Orten,

Orten, wo Gößendiener wohnten, aber auch Judenſynagogen waren. Es ward ihnen von vielen Juden, aber von mehren Heiden, geglaubt, als begeiſterten und wunderthätigen Boten Gottes und Jeſu Chriſti. Dieſe nannten ſich Chriſten, und ſammleten ſich in Brüdergemeinen, und lebten in naher Erwartung des (ſeinem eingebohrnen Sohne anvertrauten) Gerichtes Gottes und des ewigen Lebens, gehorſam und treu gegen die Obrigkeit, arbeitſam, liebreich, brüderlich, tugendhaft und voll Eifers, das Evangelium bey Juden und Heiden auszubreiten. Sie verehrten auch mit Gebet Jeſum, ihren Herrn, zur Ehre Gottes, des Allvaters, als das vollkommenſte Ebenbild Gottes, als das Haupt der Gemeine, als den Richter aller Menſchen, und als den, welchem (gleichſam zur Rechten Gottes) eine unvergleichbare Macht im Himmel und auf Erden gegeben wäre. Allein die Apoſtel und viele der erſten Chriſten hatten ein ähnliches Schickſal, mit Jeſu, ihrem Herrn. Sie wurden von den unglaubwilligen Juden und Heiden, als Betrüger und Schwärmer, verachtet, verfolgt, verjagt, gefangen geſetzt, und viele derſelben ſogar gemartert und getödtet. Dies Alles erwarteten und duldeten ſie, als Martyrer, als Blutzeugen des Evangeliums, mit Freuden.

Wie gings den Juden? — Die meiſten Juden verwarfen das Evangelium; und erwarte-

warteten einen Chriſtus, der, als König der Juden, ſie von fremder Herrſchaft befreien und Völker bezwingen ſollte. In dieſer Hoffnung wurden ſie von Verführern, die ſich für Chriſtus oder
für ſeine Vorboten ausgaben, immer mehr und
mehr aufrühreriſch gemacht gegen die Römer, ihre
Oberherren. Zuletzt, 40 Jahr nach Jeſu Tode,
ward ihre Hauptſtadt Jeruſalem, und ihr Land
zerſtört, und der Tempel verbrannt. Anderts
halb Millionen kamen elender Weiſe ums Leben.
Der Reſt ward größtentheils als Sclaven behan=
delt. Dies Schickſal ward, ein Zeichen, ein Be=
weis der meſſianiſchen Würde Jeſu, und ein Gericht deſſelben über die Juden genannt von den
Chriſten, die, nach dieſer Erniedrigung des Judenthums, eine Zeitlang etwas mehr Friede hatten. Die Juden haben ſich nachher noch einige=
mal unter einem und dem andern falſchen Chriſtus empört. Und noch jetzund leben vielleicht
noch 6 Millionen in der Welt, welche den Gott
ihrer Väter (ſo nennen ſie Gott) mit einer Menge
beſchwerlicher und unnützer Ceremonien verehren,
die Moſes ihren Vätern in Gottes Namen
aufgelegt haben ſoll, über 1500 Jahr vor der Zeit
Jeſu. Sie erwarten noch immer ihren Chriſtus,
und weichen ſehr ab, von dem, durch Jeſum und
die Apoſtel gepredigten, ſo erfreulichen, Evangelium.

Wie iſt das Chriſtenthum ausgebreitet?
— Anfangs ohne Gewalt, auch ohne alles äuſ-

ſerliche

serliche Ansehen; bloß durch die Ueberredung der
Apostel, die von ihren Gläubigen für begeisterte
und wunderthätige Boten Gottes und Jesu gehalten wurden; hernach durch die in die Augen fal-
lende Rechtschaffenheit der christlichen Brüder-
schaften, und durch ihren Lehreifer, von welchem
sie durch keine Furcht vor dem Martyrerthum ab-
gehalten wurden.

Erzähle den Ursprung des neuen Testamentes? — Kurz nach der Apostel Zeit war
schon eine Sammlung von Büchern bey den Christen bekannt, welche man jetzund die Bücher des
N. Testamentes nennt, und worinnen gesammelt
sind 4 Evangelien, oder 4 Auszüge aus den Le-
bensumständen Jesu; eine Geschichte der Apostel; viele Briefe, welche den Namen von Aposteln führen, und ein, in prophetisch-poetischer
Schreibart geschriebenes Buch, genannt die Offenbarung Jesu an den Apostel Johannes. Dies
letzte ist ein Buch, dessen meiste Theile jetzund
ganz unverständlich sind!

47. Kurzer Inhalt des Evangeliums.

Sage den Inhalt des Evangeliums, oder
der Christuslehre von Gott? — 1) Gott,
der Allvater der Menschen, ist Herr der Natur,
und lebt und regiert in Ewigkeit. 2) Eine jede
menschliche Seele ist unsterblich, und wird nach
der Entseelung des Leibes auferweckt oder steht
auf

auf zum ewigen Leben. 3) Dieses ewige Leben
wird für Einige schon gleich anfangs höchst selig
seyn, für Alle aber (wenn das Strafübel, der
zweite Tod, wird abgethan seyn) höchst selig
werden.

Sage den Inhalt des Evangeliums
von der Person Jesu? — 1) Jesus hat aus
Liebe für die Menschen freywillig den Weg der
Armuth, der Niedrigkeit, des Leidens und des
sowohl schimpflichen als schmerzhaften Todes er=
wählt. 2) Der, zur Rechten Gottes erhöhete,
Jesus ist das vollkommenste Ebenbild Gottes; er
steht mit ihm in einer unvergleichbar grossen, geheimnißvollen Gemeinschaft, und ist untergeord=
neter Mitregent desselben, um das Geisterreich
zu vervollkommnen und glückselig zu machen.
3) Er darf und soll, als der eingebohrne Sohn
Gottes (welcher mit ihm auf unvergleichbare
Weise Eins ist) zur Ehre seines Vaters und unsers Vaters, seines Gottes und unsers Gottes,
von den Christen angebetet werden.

Sage die Lehre des Evangeliums vom künf=
tigen Gerichte? — 1) Gott richtet durch Jesum alle Menschen, die auf der Erde gelebt haben und leben werden, das ist, Jesus bestimmt
ihr Schicksal nach ihrer sittlichen Gesinnung, und
nach Regeln der Vollkommenheit in der Geisterwelt. 2) Dieses Gericht ist einem jeden Menschen sehr nahe, ja es fängt schon an in diesem

Leben.

Leben. 3) Es ſteht ein gänzliches Ende des menſchlichen Geſchlechts auf Erden bevor. Dann wird ein allgemeineres Gericht von Jeſu gehalten, deſſen Beyſitzer und Mitrichter die Heiligen Jeſu ſeyn ſollen.

Sage die Lehre des Evangeliums vom Gebete: — 1) Das herzliche Gebet zu Gott, dem Allvater, wie wir ihn durch Jeſum kennen, beſonders durch die Aehnlichkeit Beyder, das Gebet zu Gott, als zu einem Heilande oder Seligmacher, (das iſt, in Jeſu Namen) iſt eine Gotte wohlgefällige Sache; er will es erhören, das iſt, uns dafür ſegnen, und unſre Seelen mit ihm in nähere Gemeinſchaft ſetzen. 2) Auch gefällt Gotte, wenn wir in dem Verlangen nach unſerm Seelenheile, den verordneten Herrn der Geiſterwelt, und das Haupt der Gemeine, Jeſum Chriſtum, wie den Vater, verehren und anbeten, und ihm unſre Seelen empfehlen. 3) Und im eigentlichen Verſtande wird allezeit erhört das Gebet um den, allen Chriſten verheißnen, heiligen Geiſt, oder um den Beyſtand der göttlichen Kraft zu unſerer Heiligung.

Was lehrt das Evangelium von der heil. Taufe? — Ein Ankömmling zum Chriſtenthume, der in die Gemeine aufgenommen wird, ſoll ſich taufen laſſen, als einen Chriſten (das iſt in Jeſu Namen) und dabey bekennen, zu glauben Gott den Allvater; Jeſum ſeinen eingebohrnen Sohn, unſern Herrn; und den heiligen Offenbarungsgeiſt Gottes und Jeſu, der den Apoſteln,

steln, als den ersten Predigern des ganzen Inhalts der Christuslehre, gegeben ist. Diese heilige Ceremonie soll auch eine Erinnrung seyn der
nöthigen Reinigung des Herzens und der Sitten,
des Todes und der Auferstehung Jesu, imgleichen unsers Todes und unserer Auferstehung.

Was lehrt das Evangelium vom heiligen
Abendmahle? — Wenn Christen, als Christen, zu ihrer Erbauung zusammen kommen und
Mahlzeit halten; so sollen sie gemeinschaftlich
von einem Brode essen, und aus einem Kelche
Wein trinken, zum Andenken der letzten Mahlzeit des Herrn Jesu mit seinen Jüngern vor seinem Tode; sie sollen dabey bedenken, daß Jesus seinen Leib aufgeopfert und sein Blut willig
vergossen habe, unsre Seelen zu nähren und zu
erfreun mit dem lehrreichen und trostreichen Evangelium von dem Heile der Seelen, und von der
Vergebung der Sünden, ohne daß wir eine Satisfaction zu leisten bedürfen. Bey diesem Mahle
sollen die Christen des Unterschiedes der Stände
vergessen, und sich auch äusserlich als Brüder behandeln, auch sich gefaßt machen, für das Evangelium, wenn es nöthig ist, zu leiden, wie der
Herr Jesus dafür gelitten hat.

Was ist das Gebet? — Ein etwas an-
haltendes lebhaftes Andenken an Gott, oder an
Jesum, besonders durch Hülfe anredender
Ausdrükke.

Wie

Wie vielerley ist das Gebet? — Das lobpreisende und dankende; das herzprüfende und angelobende; das bittende für uns selbst, und für Andre.

Wodurch werden alle Einwendungen klügelnder Menschen wider den Werth des Gebets widerlegt? — Durch die Erfahrung des Segens, den es vielen Millionen Seelen von jeher gebracht hat.

Anmerk. Ich empfehle folgende Gedanken zur philosophischen Rechtfertigung des bittenden Gebets. 1) Gottes Beystand zum Guten ist nothwendig. Was kann ein Geschöpf ohne Gott, in irgend einer Sache? 2) Aber der Beystand würde Nichts wirken, ohne unsre selbstthätige Mitwirkung; er wird also, wenn diese nicht da ist, nicht ertheilt. 3) Der Mensch wird zum Vorsatze der Mitwirkung am stärksten gereizt, durch lebhaftes Andenken an die Gottheit, die das sittliche Gute mit dem Genuße der Glückseligkeit unauflöslich verknüpft hat. 4) Wenn ein Mensch also den Beystand Gottes sehnlich und anhaltend wünscht, das ist, wenn er darum bittet; so macht er durch die Wirkung des Gebets in seiner Seele, den Erfolg des göttlichen Beystandes, und die gemeinschaftliche Wirkung Gottes und seiner eigenen Selbstthätigkeit, wahrscheinlicher und stärker; das ist, er erlangt, was er bittet. 5) Der Mensch wünscht natürlicher Weise Alles, was er für einen Genuß, oder für ein Mittel des menschlichen Wohllebens, hält, besonders unter der Bedingung, daß es seiner Seele unschädlich sey. 6) Der Mensch weis aber auch, wie leicht er in dieser

dieser Rechnung irre, daß er auch sogar oft Dinge,
welche entweder ganz und gar nicht, oder doch
mit Weisheit wirkbar sind, für wirkbar halte,
und daß er ohne Gott nichts Gutes erlangen
könne. 7) Also denkt und spricht er, (denn ich
will ein einzelnes Exempel geben) mein himmlischer Vater, ich wünsche von meiner fallenden
Sucht befreyt zu werden, weis auch, du wirst
mich befreyen, wenn du weislich kannst. Eben
so bittet man ja einen irdischen weisen Vater oder
Herrn, nur mit dem einzigen Unterschied, daß
wir diesen an unsern Wunsch erinnern müssen.
8) Ein solch Gebet wirkt sehr oft einen guten
oder unschädlichern Gebrauch des Verlangten,
wenn es erfolgt, und natürlicher Weise eine Erleichterung der Gelassenheit, wenn es nicht erfolgt. Beyde Wirkungen aber geschehen durch
Mitwirkung Gottes. 9) Der Beter erlangt
also in beyden Fällen etwas Gutes von Gott,
das ist, er wird in einem allgemeinen Sinne
des Worts erhört. 10) Und vielleicht auch in
dem eigentlichen besondern Sinne des Worts.
Denn der erleichterte gute Gebrauch des Gewünschten kann gar wohl in einigen Fällen Gott
(menschlicher Weise zu reden) zur Mittheilung
desselben bewegen, das ist, die Mittheilung dem
Plane gemäß machen, den Gott von Ewigkeit
überschaut hat. 11) Es ist leicht einzusehen, und
auch Erfahrung, daß die Fürbitte für Andre die
Thätigkeit der gemeinen Liebe und der Bruderliebe bestärke, und in dem Gewissen die Frage
errege, was wir etwa zur Beförderung des Gewünschten beytragen können und müssen. 12)
Erfolgt das Gewünschte nicht, so wird doch einst
(o vortreffliche aber geheimnißvolle Lehre!) alles
Verborgene offenbar werden; und da wirkt dann

in

in der Ewigkeit unsre (durch Fürbitte gestärkte,)
Liebe noch etwas Gutes. 13) Erfolgt das Ge:
wünschte, so ist unsre Freude darüber (gleichwie
die Liebe) durch die vorgängige Fürbitte ver:
mehrt. 14) Ueberdieß ist die Fürbitte für die
herzlichgeliebten Unsrigen ja sehr eigentlich eine
Bitte für uns selbst. 15) Gott hat Wohlgefal:
len an herzlicher Liebe, und bereitet uns gern
Früchte derselben in Ewigkeit. Erfodert es nicht
vielleicht (und der Gedanke ist angenehm) sein
Plan, Diesem und Jenem auch sogar um der
fremden Fürbitte willen das erbetne Gute zu
thun, damit der Empfänger dem Fürbitter einst
danke, und beyde glücklicher seyn? 16) End:
lich, das Herz eines gottseligen Menschen philo:
sophirt nicht strenge (welches auch nur Wenige
vermögen) es vermenschlicht die Gottheit, es
macht gleichsam aus ihr einen Jesum. Da be:
hagt es denn die Seele recht wohl, ohne genaue
Speculation über den Ertrag, auch bittend und
fürbittend, zu beten.

Welche heißt das Evangelium die Auser:
wählten? — Die Heiligen, welche alsobald
nach dem Tode, als höchstselige Bürger des
Himmelreichs, zu Jesu kommen.

Wie spricht das Evangelium von den Ver:
urtheilten? — Sie werden mit andern un:
seligen Geistern äonische, das ist, solche Pein
leiden, dergleichen die Seelen in der künftigen
Welt fähig sind. Doch wird Gott immer wollen,
daß seinen Seelen geholfen werde, und sie nicht
verlohren bleiben. Es kommen immerdar Einige
durch

durch Jesum zu Gott, welcher ist und bleibt ein
Retter und Wohlthäter aller Menschen, aber
vornehmlich (weil sie zur frühen Seligkeit fähig
sind) der Getreuen Gottes und Jesu, oder der
Auserwählten.   Alle Seelen aber werden die
Knie vor Jesu beugen, und seine, zur Ehre Got-
tes ihm aufgetragne, Herrschaft erkennen, welche
dahin abzielt, den zweyten Tod (das Strafübel)
als den letzten Feind Jesu zu zernichten, damit
Gott Alles in Allem werde, das ist, damit er
Alle Seelen seiner Gottheit, seiner göttlichen
Liebe, könne geniessen lassen.

Was lehrt das Evangelium von den Seelen der Nicht-Christen? — Auch sie werden nach ihren Werken gerichtet, doch anders,
als diejenigen, welche das wahre Gericht Gottes
und Jesu erkennen, und doch ein sündlich Leben
führen.   Es wird aber auch den Todten, die es
nicht wußten, das Evangelium so verkündigt,
wie es ihnen, in dem dortigen Zustande, nöthig
seyn wird.

48. Beweis, und der jetzund rathsame Vor-
trag des Evangeliums.

Welche Religionslehre ist, ihrem Inhalte nach, natürlich? — Eine solche
Lehre von Gott und dem künftigen Leben, welche

an allen Orten und zu allen Zeiten der menſchlichen Natur dient, das iſt, welche die Menſchen zur Tugend (auch wenn Aufopferung des
Irdiſchen nöthig iſt) kräftig bewegt, und ſowohl
im verdienten als unverdienten Leiden tröſtet,
auch wider die Furcht des Todes.

Kann man die Religionslehre, welche, ihrem
Inhalte nach, natürlich iſt, philoſophiſch,
als wahr, beweiſen, das iſt, durch bloßes
Naturforſchen, ohne ſich auf außerordentliche
Boten der Gottheit zu berufen? — Ich habe
von glaubwürdigen Philoſophen gehört, das ſolle,
in Anſehung der Beweggründe und Troſtgründe, die auf das künftige Leben beruhn, höchſt
ſchwer ſeyn, und ſehr geübte Lehrer und Lehrlinge,
auch groſſe Glaubwilligkeit erfodern; weil es
ſchwer iſt, uns die Beſchaffenheit und Wirklich-
keit des künftigen Lebens vorzuſtellen, und zur
Ueberzeugung von ſolchen Rathſchlüſſen Gottes
zu gelangen, deren Wirkung uns nicht in der Erfahrung vor Augen liegt.

Welche Nachrichten des Neuen Teſtaments kann man ohne Bedenken glauben? — Diejenigen, deren Wahrheit weltkundig geblieben iſt, z. E. daß ſie liebreiche, tugendhafte und auf das ewige Leben hinaufſchauen-
de Brüderſchaften oder Gemeinen geſtiftet haben;
und daß ihnen von den Gläubigen geglaubt ſey,
nicht

nicht als philosophischen Lehrern, sondern als solchen, welche bezeugten, daß sie übermenschlich
erleuchtete und wunderthätige Boten der Gottheit wären.

Beweise, daß Jesus und die Apostel das
wirklich waren, wofür sie sich ausgaben? — Sie hätten sonst für das Evangelium,
und besonders hätten die Apostel, für das Zeugniß von der Auferstehung und Himmelfahrt Jesu,
das nicht thun und leiden können, was sie welt-
kundiger Weise mit Uebereinstimmung, so lange
und so standhaft, bis ans Ende ihres Lebens, gethan und gelitten haben. Denn so handeln nicht
eigennützige Lügner; nicht betrogne oder sich selbst
betriegende Schwärmer, auch nicht verständige
und gutherzige Philosophen, nach einer genomm-
nen Abrede wegen einer übereinstimmenden Verstellung.

Worauf beruht der Glaube der Christen von den unerforschlichen Erfolgen in dem
Geisterreiche? — Auf das Evangelium, auf
die Christuslehre, das ist, auf die Lehre Jesu
und der Apostel, von den künftigen Dingen.

Welchen Hauptzweck haben offenbar
die Verfasser aller Bücher des N. Testaments vor Augen gehabt? — Die glaub-
willigen Leser zur Freude über Gott, über Jesum,
über das ewige Leben zu bringen, und diese Freude

U   zum

zum Beweggrunde einer erhabnen Tugend, und zum Trostgrunde in allem Leiden, zu machen.

Was fällt einem jeden unbefangnen und scharfsichtigen Leser der, von den Aposteln benahmten, Briefe in die Augen? — Der apostolische Character und die Absicht, Menschen, die zu jüdischen Denkarten und Redensarten gewöhnt waren, zur evangelischen Wahrheit zu leiten, und darinnen zu bestärken. Daher er alle Ursache findet, die Briefe für apostolisch zu halten.

Welchen ersten Ursprung haben die Nachrichten in den **Evangelien** und der **Apostelgeschichte**? — Ich habe gehört, das sey jetzund auch den Gelehrten schwer zu erforschen.

Welche Schwierigkeiten findet man hin und wieder bey Lesung dieser Nachrichten? — Sie sind nicht in Zeitordnung geschrieben, wenigstens ist von derselben oft abgewichen; daher Jesu bey gewissen Umständen oft Reden in den Mund gelegt werden, die er wahrscheinlicher Weise bey andern Umständen gesagt hat. Ueberdieß sind in den erzählten Begebenheiten oft Widersprüche und Schwierigkeiten, die wenigstens scheinbar sind, und schwerlich in Uebereinstimmung gebracht werden.

Anmerk. Es ist z. E. klar, daß Jesus anfangs nur seinen Vertrauten, nicht dem Volke, gesagt habe, daß er Christus sey. Doch sind die Reden und

und Begebenheiten beyder Perioden nicht aus
einander gesetzt.   Einige von den letzten Reden
Jesu, die ihm vor seinem Tode in den Mund
gelegt werden, scheinen sich weit besser zu schik;
ken für die Zeit nach seiner Auferstehung.

Ist der Inhalt des Evangeliums, (so,
wie er oben beschrieben ist) immer von allen
Christen, als Jesu und der Apostel Lehre von
den unsichtbaren Dingen und von dem Seelenheile, geglaubt? — Ja, das ist weltkundig.
Nur hat die eine Secte dies, die andre das
hinzugesetzt; theils veranlaßt durch Stellen
des N. Testaments, die sie auf verschiedne Art
verstunden; theils durch verschiedne Schlüsse aus
denselben; theils durch fehlbare Lehrer, welche
ihre Gläubigen beredeten, daß man ihre Aussprüche so hoch, als apostolische, achten müsse.

Enthält die von allen Secten geglaubte
(oben beschriebne) Sammlung der evangelischen Lehrsätze die ganze natürliche Religionslehre, wenn man aus dem Besten der
Menschheit nach der Vernunft urtheilt, als welche
darüber die einzige Richterinn ist? — Diese
Sammlung ist so vollständig, daß ehe Etwas
entbehrt, als zugesetzt werden kann.

Welche Lehrsätze sind (nach der Vernunft aus dem Besten der Menschheit zu urtheilen) zwar nützlich; um den übrigen Lehrsätzen
der natürlichen Religion einen starken Eindruck

U 2   zu

zu geben; aber doch nicht so unentbehrlich?
— 1) Von der übernatürlichen Geburt Jesu,
und den Wundern nach derselben, davon im An=
fange zweyer Evangelien, sonst nirgends, erwähnt
wird. 2) Von der besondern Art der Auflebung
oder Auferstehung Jesu, (die von der Auferste=
hung der andern Menschen abweicht) von seinen
darauf folgenden Erscheinungen, und von seiner
Himmelfahrt. 3) Von seiner Erhöhung zur
Rechten Gottes, das ist, von seiner unvergleich=
bar großen Gemeinschaft, oder Vereinigung
mit Gott, worauf sich seine Anbetung gründet.
4) Vom letzten Gerichte bey dem Untergange des
menschlichen Geschlechtes, und bey Umschaffung
der Erde. 5) Von der heiligen Taufe und dem
heiligen Abendmahle.

> Anmerk. Sobald aber einmal erkannt ist, daß die
> Apostel waren, was sie waren, und daß diese
> Lehrsätze (außer dem ersten, dessen nicht wieder
> erwähnt ist) bey Stiftung der apostolischen Ge=
> meinen zum Grunde gelegt wurden; so muß man
> sie nicht bezweifeln. Man findet auch in ihrem
> Inhalte keine Ursache dazu. Welche Vernunft
> kann erweisen, daß es der Allmacht, die den er=
> sten Adam schuf, unmöglich sey, die Schwan=
> gerschaft einer wirklichen Jungfrau zu bewirken,
> und eine solche Auferstehung, als die Auferste=
> hung Jesu (und dreyer nach der evangelischen
> Geschichte Auferweckten) war? Ferner, die
> Versinnlichung des Begriffs von Gott, als dem
> Allvater, durch die unvergleichbare Gemeinschaft
> und Aehnlichkeit Jesu mit ihm, ist für die schwache
> mensch=

menschliche Denkkraft eine mächtige Hülfe. Und welcher Reiz zur Aufmerksamkeit ist das, wenn man mit Wahrheit sagen kann, der Auferstandne, der zur Rechten der Gottheit Erhöhete, dessen Evangelium wir euch predigen, hat, als Richter, euer Schicksal in Händen? Der Untergang dessen, was wir jetzund auf der Erde sehn, einen wie starken Eindruck macht der nicht, um die Eitelkeit alles Irdischen zu bedenken? Und kann die Vernunft wohl (in dem Stande ihrer Gesundheit) zwey so lehrreiche, so bedeutende Gebräuche, als die heilige Taufe und das heilige Abendmahl sind, unnütz finden?

Gesetzt, das Neue Testament wäre vor vielen Jahrhunderten verlohren; oder man müßte zweifeln, ob es nicht in manchen Stükken von Abschreibern und Notenmachern verändert, oder fehlerhaft übersetzt sey: wäre denn der Beweis des Evangeliums verlohren? — Keinesweges. Denn dieser ist schon zureichend, wenn wir wissen, 1) daß die Apostel ein solch Evangelium gelehrt haben, welches in der Stiftung der Gemeinen weltkundig ist; 2) daß sie ausserordentliche Boten der Gottheit und Jesu waren, als welches durch einen leichten Schluß aus dem, was gleichfalls weltkundig ist, folget.

Anmerk. Dank sey denen Forschern der christlichen Alterthümer, die uns manches dunkle Stück des Neuen Testamentes aufklären, und über manche Schwierigkeit beruhigen. Aber unentbehrlich zur Unterhaltung des Christenthumes ist es nicht.

Daher

Daher bin ich ruhig, wenn ein Kritiker mit grosser Gelehrsamkeit dies, und ein Andrer, mit eben so grosser, das beweiset. Aus dem Alten Testamente muß man ein göldnes Erbauungs= buch ausziehn, wie Blackmann. Das Ganze aber bleibe ein Gegenstand der Freunde theolo= gischer Antiquitäten.

Gesetzt, ein Me sch wüßte noch Nichts vom Evangelium, und Nichts vom Judenthume, und hätte keinen Unterricht von den Lehrsätzen der (nach ihrem Inhalte) natürlichen Religion ge= nossen; und man gäbe ihm das Neue Testa= ment zu lesen: würde er das Evangelium dar= aus erkennen und glauben lernen? — Das hat man bisher noch mit keinem Menschen ver= sucht. Aber von glaubwürdigen Wahrheitfor= schern habe ich gehört, daß dieser Versuch höchst vermuthlich nicht gelingen würde. Daher müs= sen Lehrer (und zu ihrer Erleichterung Lehrbü= cher) bleiben, wenn das Evangelium ge= glaubt werden und wirken soll. Denn we= gen der damaligen Zeitumstände, und der nach und nach geschehenen Reformation des Juden= thumes, sind im Neuen Testamente sehr viele, uns befremdende, unverständliche und zum Evan= gelium nicht gehörige Sachen.

Welches war die erste Stufe, auf welcher man dich zum Glauben an das Evangelium hinanführte? — Man lehrte mich

mich Sittenregeln; schärfte mein sittliches
Gefühl, das Sittlich-Gute von dem Sitt-
lich-Bösen zu unterscheiden, und einzusehn, wie
gut sichs leben ließe, wenn die Menschen liebreicher, rechtschaffner, klüger mit einander lebten, als sie thun. Zu gleicher Zeit machte man
mich auch aufmerksam auf die, den Menschen
und Thieren so nützlichen, Werke der göttlichen
Absicht, und sagte, (ohne es zu beweisen) man
wisse, es lebe und regiere in Ewigkeit ein
allwissender, höchstgütiger, allmächtiger Allvater der Menschen, oder ein Gott.
Auch schärfte man das Selbstgefühl oder Bewußtseyn meiner Seele, gewöhnte mich, nach
Unsterblichkeit unter einem solchen Gotte zu
verlangen, und setzte hinzu, (ohne es zu beweisen) man wisse gewiß, daß der Allvater mich
und alle menschliche Seelen ewig glückselig machen wolle.

Welches war die andre Stufe? —
Man hatte mir ehrerbietige Gedanken beyge-
bracht, von dem liebreichen und tugendhaften
Character Jesu und seiner Lehrjünger.
Man hatte Auszüge aus der evangelischen
Geschichte und den Briefen gemacht, die
das Herz rührten, weil sie leicht zu verstehn,
und von allen Redensarten und Vorstellungen
(die nur zu ihrer Zeit den Jüdisch-Denkenden
dienten) gesäubert waren. Daraus sagte man

mir

mir bald Dieses, bald Jenes, und ließ mich
auch wohl Etwas selbst lesen. Hier bekam ich
das Evangelium, in Geschichte und Briefe
gekleidet, hatte die möglichen Begriffe
von der Offenbarung und Wunderkraft.
Hierauf sagte man mir, Dies und Das vom Ursprunge des Evangeliums sey weltkundig.
Aus dem Weltkundigen schloß ich mit meinen
Lehrern, daß Jesus und die Apostel ausserordentliche Boten der Gottheit gewesen seyn, und
ich dem erfreulichen Evangelium glauben
könne und müsse. Nach diesem belehrte, ermahnte, warnte man mich gar oft, bey meinen
Unvorsichtigkeiten und Fehlern, durch Aussprüche Jesu und der Apostel aus diesem Buche.

Welches ist die letzte Stufe, worauf
man dich hat stehn lassen? — Man gab mir
eine Ausgabe des Neuen Testamentes.
Eine Seite derselben war eine ganz wörtliche
Uebersetzung; die andre aber eine Paraphrase.
Unter beyden stunden einige kurze Anmerkungen.
Ich war aber vor der Lesung dieses Buches belehrt, daß Jesus und die Apostel die jetzigen
Menschen nicht durch dieselben Redensarten, Vergleichungen und Vorstellungen, auch nicht durch
solche Erklärungen alter Bücher (als damals
bey Jüdisch-Denkenden nöthig war) würden
unterrichtet haben. Und nun empfahl man mir,
mich

mich des Neuen Testamentes so zu bedienen, wie ich es zur Unterhaltung und Belebung
meines Glaubens nöthig fände, besonders wenn
man mich irre zu machen suchte, daß Jesus und die Apostel etwas Anders und Mehr mir
zu glauben und zu thun auferlegten, als ich bisher gelernet hätte.

> Anmerk. Man weis, daß diese Bücher im Drukke
> nicht da sind. Es kommen andre Zeiten, da
> werden sie öffentlich da seyn.

Warum haben wir das Evangelium oder
die Christuslehre, die allernatürlichste Religionslehre genannt? — Weil sie nicht nur
nach ihrem Inhalte, sondern auch, nach ihrem
Glaubensgrunde und nach ihrer Lehrart, der menschlichen Natur so dienet, daß der weiseste Menschenfreund keine dienlichere Religionslehre zu erdenken vermag. Denn 1) die natürliche Religionslehre philosophisch zu behandeln, ist wenigen Lehrern
bey wenigen Lehrlingen möglich; und gelingt nicht
ohne einen hohen Grad der Bereitwilligkeit, das
ewige (Gutes und Böses vergeltende) Leben zu
glauben, bey der sehr mässigen Wahrscheinlichkeit, die ihm die Philosophie geben kann. 2)
Hingegen sind die Menschen von Natur geneigt,
einer höhern Belehrung oder Offenbarung (wenn
sie ihnen gepredigt wird) zu glauben, und der
Philosoph kann dazu mit Recht nicht ungeneigt
seyn, wenn er durch einen leichten Schluß aus

U 5   welt-

weltkundigen Dingen einsehn kann, daß Offenbarung gewesen sey, wie es der Fall bey dem
Evangelium ist, wenn man auf den graden Weg
der Untersuchung geleitet wird.   3) Die Ver-
sinnlichung des Unbegreiflichsten durch Aehnlichkeit mit Jesu; die Auferstehung des Sprechers
(λογ8) Gottes von dem ewigen Leben; das erhabne Beyspiel Jesu und der Apostel; die von
manchen Philosophen gar nicht, oder sehr schwach
empfohlne Uebung des Gebetes; und der Gebrauch der Aussprüche Jesu und seiner Apostel
gegen Menschen, die wohl Lust hätten, eine mit
ihren Ausschweifungen übereinstimmende Sittenlehre auszudenken; diese Dinge sind der
menschlichen Natur, die durch die Religionslehre
gebessert und getröstet werden soll, so angemessen,
daß die Christuslehre in Vergleichung mit einer,
bloß philosophisch behandelten, natürlichen Religion sich verhält, wie das helle, erwärmen-
de, fruchtbringende Sonnenlicht gegen eine
Wachskerze.

> Anmerk. Und man wird doch wohl aus diesem
> Buche sehn, daß ich mein schon langes Leben
> mit Philosophiren, und um der Religion wil-
> len, zugebracht habe?

49. Von der christlichen Gottseligkeit.

Was ist die christliche Gottseligkeit? —
Der erfreuliche Zustand einer Seele, die das
Evan-

Evangelium, oder die Christuslehre, den Plan Gottes von unserer ewigen Glückseligkeit, herzlich glaubt, und darnach lebt. Eine solche Seele hat schon den Anfang des ewigen Lebens der Auserwählten.

Welcher Unterschied ist unter dem Glauben des Herzens und des Verstandes? — Der Glaube des Herzens kann nicht mehr, mag nicht mehr zweifeln und untersuchen; er schreitet fort mit starken Schritten in der Ausübung; er genießt des Geglaubten, und will gern, daß sein Haus und die ganze Brüderwelt mitgenieße.

Anmerk. Zum Glauben des Herzens zu gelangen, ist im Alter schwer, wenn man durch viele Irrthümer, Zweifel, Untersuchungen, und Glaubensveränderungen durchgeführt ist; und lange Zeit tiefsinnig philosophirt hat. Denn auch die sittliche Seite konnte bey solchen Zuständen nicht recht stark werden.

Welche Gesinnungen gegen Gott wirkt der herzliche Glaube? — Kindliche Scheu vor dem Jesus-mäßigen Allvater; willige Unterwerfung unter das, von Gott beschloßne, Schicksal; freudige Liebe zu Gott und seinem eingebohrnen Sohne; und Lust, mit ihnen in der Absicht Eins zu werden; und einen, beständig lebhafter und kluger werdenden, Eifer, durch lieb-

liebreiche Mittel die Erkenntniß und den Glauben des Evangeliums zu befördern.

Wie tröstet ein Christ sich, wenn er berufen ist, für die Beförderung des Evangeliums zu arbeiten, und er es deutlich sieht, daß er in seinen Zeiten und Gegenden Wenig oder Nichts ausrichtet? — Er säet und pflanzet für die Nachwelt, so gut er kann. Auch der eingebohrne Sohn Gottes richtete Wenig bey seinem Leben aus; etwas Mehr seine Jünger. Aber die Nachwelt hat auch Seelen. Und die Menschenwelt kann noch Millionen Jahre stehn.

Welchen Stand wählt der gottselige Christ, wenn er die Wahl hat? — Einen Stand, der ihm nützliche Geschäfte gibt, aber nicht in solche Verhältnisse setzt, die ihn täglich unnützer Weise, und dennoch insgeheim, beunruhigen.

> Anmerk. Eine der traurigsten Lagen ist, wenn man Kummer auf Kummer hat, dessen Ursache Mitleiden und Klugheit zu verbergen befiehlt; und wenn man denn hört: was hilft die Christuslehre, wenn sie Menschen in solchen Umständen nicht zufrieden macht? Die Kraft der Religion ist in jedem Menschen, wegen seiner Natur, eingeschränkt und endlich, folglich überwindbar.

Welche sind die Mittel, wenn der Verstand schon glaubt, zum Glauben des Herzens, oder zur

zur Freude der Gottseligkeit (wenigstens zu
einigem Grade derselben) zu gelangen? — Ein
stilles und fast einförmiges Leben; Enthaltsamkeit von rauschenden Freuden; die Sorgfalt, ohne
Heuchelei, ein nach Vollkommenheit trachtender
Christ in jeder Art des Umganges zu seyn; öftere
Gemeinschaft mit gottseligen Seelen; der Gebrauch erbaulicher Schriften; anhaltendes Gebet; eine Ungeneigtheit, über Religionssachen
(wenn man kein Lehrer ist) bloß speculativisch,
oder gar disputirend, zu denken, zu reden, zu
schreiben; eine oftmalige Vorstellung der wahr-
haftigen Nähe des Jesus-mässigen Gottes in unsern Seelen; und endlich tägliche Werke der
Menschenliebe und Bruderliebe, um Gottes und
Jesu willen.

In welcher Bedeutung betet ein Christ
allemal zu Gott, im Namen Jesu? —
Er stellt sich immer die Einheit, die Uebereinstimmung, die Gemeinschaft vor, die zwischen
Beyden ist, uns selig zu machen. Er denkt Gott,
wie auch die Worte lauten mögen, als seinen Jesus,
als seinen Helfer und Seligmacher: oder, wenn er
zu Jesu betet; so denkt er den Helfer und Seligmacher, Jesum, wegen der Gemeinschaft mit dem
Vater, als allmächtig und allweise in seiner Liebe.

Anmerk. 1) So, dünkt mich, ist die häufig vor-
kommende Redensart zu verstehn; ich bitte, ich
preise Gott in Jesu Christo, unserm Herrn.

2) Der Vater und sein Eingebohrner sind gewiß nicht eifersüchtig, Einer gegen den Andern.
Gezänke

Gezänke unter den Christen sollte nicht seyn, wenn Einige die Stellen des N. Testaments, von der Anbetung des Sohns in diesem Leben, nicht entscheidend gnug finden sollten.

Welche Gemeinschaft des heil. Gei-stes wird von den Aposteln den Christengemei-nen so oft gewünscht? — Die Gemeinschaft an dem Evangelium, als an einer Lehre, die sie hat-ten durch die Apostel von dem Offenbarungsgeiste Gottes.

Sage einige, in gewissen Umständen rath-same, Mittel, die Andacht des Gebets zu befördern? — Man kann eine Auswahl aus folgenden machen: 1) Man wähle einen heiligen Ort. 2) Man lese vorher Etwas in dem gehei-men Protecoll des Gewissens. 3) Und einige nach den Umständen gewählte, Stükke aus Er-bauungsbüchern, die man vor Schmuß und Un-anständigkeit bewahren muß. 4) Wir können geistreiche Brüder, die unsern Seelenzustand ken-nen, in unserm Beyseyn; für uns beten lassen; bis wir andächtig beyzustimmen vermögen. 5) Man benuße die Tonkunst. 6) Man stelle sich vor (wenn man dies wirksam findet) eine, mit einer durchhellten Wolke bedeckte, Sonne; in der Mitte der Wolke den erhöheten Jesum. 7) Man schliesse die Augen; man knie oder falle auf sein Ange-sicht, doch ohne Beschwerlichkeit. 8) Man über-kleide sich mit dem bestimmten Leichengewande. 9) Wohlgesetzte mit dem Evangelium überein-

stimmige

stimmige Gespräche zwischen der Seele und Jesu sind ein gar vortreffliches Erbauungsmittel.

Anmerk. Was wir von dieser Art haben, ist der Einsicht der weisern Christen unserer Zeit nicht angemessen.

Soll die Uebung der Andacht einen ansehnlichen Theil der Tage besetzen? — Nein. Die Andacht ist gut, der Religion halber; die Religion ist gut, des Menschenlebens halber; das Menschenleben aber soll in nützlicher Beschäftigung, und in Gemeinschaft mit Menschen, bestehn.

Müssen alle gute Christen im gleichen Grade empfindsam in ihren Uebungen der Andacht seyn? — Das ist nicht möglich bey der Verschiedenheit ihrer Naturen und Angewöhnungen.

Bey welchen Christen schaffen die Uebungen der Andacht weniger Freude, als bey Andern? — Bey denjenigen, deren Beruf es ist, die Denkkraft oft zu ermüden, oder öftern Antheil zu nehmen an vielerley solchen Geschäften und Zusammenkünften, die in dem sittlichen Verderben der meisten Menschen ihren Grund haben.

Welchen Menschen gelingen die Andachtsübungen nur sehr wenig durch ihre eigne Schuld? — Den Doppelsinnigen, welche in der Sorge für ihre Seele bald vorsichtig, bald nachläßig sind, und in der Geschwindigkeit gleichsam gut machen

machen wollen, was sie in langer Zeit verderbt haben. Niemand wird gekrönt, er kämpfe denn recht.

Ist es tadelnswürdig, wenn man, um sicherer vor angewöhnten Fehlern zu seyn, seine Lebensart ändert, und eingezogner, andacht = liebender, und aus dieser Ursache in seinen Geschäften eingeschränkter wird? — Nein! wenn diese Veränderung nöthig, und der Nächstenliebe nicht zuwider ist, worüber das Gewissen eines Jeden urtheilen muß.

Beschreibe eine gottselige Seele? — Sie ist eine solche, die im öftern Andenken an die Gottheit, an die (im Ganzen) selige Unsterblichkeit, und an die Vergeltung des Guten und des Bösen, mit Bewußtseyn ihres schon lange geübten täglichen Fortschrittes in der Weisheit und Liebe, den Tod nicht scheut, und, wenn sich nicht gar zu empfindliche Leiden plötzlich häufen, ruhig und zufrieden lebt.

Was fehlt der blossen Gottesfurcht (timori Dei) an der Gottseligkeit (in comparatione cum felici pietatis sensu)? — Die blosse Gottesfurcht ist noch unwillig über gewisse geglaubte Gebote der Gottheit, die sie dennoch beobachtet; und sie kann bestehn mit der Meinung von der Gefahr, (durch Gott und durch die Schuld der Sünden) im Ganzen ewig unglückselig zu werden.

Besteht

Besteht di Gottesfurcht auch mit sittlichen Irrthümern des Verstandes? — Ja.
Denn die Sittenlehre hat einige Puncte, deren
richtige Beurtheilung Scharfsinn erfodert. Dieser
aber fehlt den meisten Menschen, die auch darinnen
ihren Lehrern folgen.

Giebt es gottesfürchtige Menschen in
mancherley Secten und Religionsgesell-
schaften? — Ja, auch unter Juden, Ma-
homedanern und Heiden.

Welche Religionslehren vertragen sich
(ungeachtet vieler Irrthümer) auch mit der
Gottseligkeit einiger ihrer Anhänger? —
Diejenigen, welche nicht falsche furchtbare Lehren von der Strenge und Daur dortiger Strafen (besonders für schwer-vermeidliche Schwach-
heiten und Sünden) enthalten.

Durch welche Religionslehre wird anfangs Gottesfurcht und hernach Gottseligkeit am meisten erleichtert? — Durch
die Lehre des reinen Evangeliums, wie sie in diesem Hauptstükke vorgetragen ist.

Können auch Grade der Weisheit und Tugend Statt finden, ohne Erkenntniß Gottes und der Ewigkeit? — Ja. Denn dazu verhilft Manchem eine gute Anlage, das Beyspiel, die Erziehung, die Gewohnheit und das
Vergnügen an der Harmonie, die in der Weisheit und Tugend ist.

X

Ist

Ist es von der menschlichen Natur zu erwarten, daß die Meisten zur christlichen Gottseligkeit gelangen? — Nein. Eben so wenig, als daß die Meisten zu einem vorzüglichen Grade der Weisheit und Tugend kommen.

Welches ist der sicherste Weg zur auserwählten Bürgerschaft im Reiche Gottes und Jesu? — Die bis ans Ende fortgesetzte christliche Gottseligkeit.

Wo muß ein Gottseliger auch sein, an sich auf beyden Seiten unschuldiges, Thun und Lassen so einrichten, daß er von Vielen für gottselig gehalten werde? — Da, wo es zur Ausbreitung der Weisheit und Tugend, der Gottesfurcht und Gottseligkeit Etwas hilft. Hierinnen besteht die Erbaulichkeit des Wandels.

> Anmerk. In einigen Umständen ist daher nöthig, Tanz und Spiel, auch manche Art des Scherzes, die bis zur Lustigkeit geht, gänzlich zu vermeiden. Darauf gründet sich die verschiedene Art der Sittsamkeit eines Liturgen und eines religiösen Schriftstellers an den Orten und in den Zeiten, wo sie, als solche, benutzt werden können. Hierinn entscheidet sehr Viel die blosse Meinung des Publicums, wo man lebt und wirkt.

Beschreibe die höchste Stufe der Gottseligkeit, oder ein heiliges Leben? — Wer heilig lebt, dem ist der Gedanke an Gott, und der Wunsch, sein Auserwählter zu werden, der lebhafteste und stärkste unter allen Gedanken und Wünschen, und

so

so oft gegenwärtig, als es die nöthigen Geschäfte
und unschuldigen Menschenfreuden verstatten; ferner bey jeder wichtigen Wahl eines Thuns und
Lassens; und allezeit in den unbesetzten Augen-
blikken und Zeiten, die sonst dem zufälligen Gedankenlaufe (der oft lange Weile, zuweilen Seelen
schaden, verursacht) überlassen werden.

Freie Ueberseßung des Gebets, das Jesus seine Apostel gelehrt hat.

Der Welten Gott, wir freun uns dein!
    Du bist uns Vater, du!
Du Heiligster, du Heiligster,
    Hilf uns zur Heiligung!

*

Der Auserwählten seligs Reich
    Ist unsre Sehnsucht hier!
Dein väterlicher Wille sey
    Hier unsre Lust, wie dort.

*

Gib unser täglich Brod! Und gibs
    Durch uns den Armen auch!
Nimm von uns unsrer Sünden Last!
    Auch wir verzeihen gern.

*

Steh unsern Seelen mächtig bey
    In der Versuchung Kampf!
Vom Uebel rett uns allesammt!
    Du, bester, willst es gern.

Und

*

Und dein ist aller Welten Reich,
Gott, du Allmächtiger!
Du Vater seyst gelobt, geliebt
Von uns in Ewigkeit.

————

Und weil du Heiland heissen willst,
So wie dein Christus hieß,
Mit dem du Eins bist: Herr, so sey,
Als Heiland hochgelobt!

Ein Gebet, an den zur Rechten Gottes erhabnen Jesum Christum.

Der Menschen bester warst du einst,
Du, Gottes liebster Sohn,
Du warst sein *) Sprecher an die Welt
Von ewger Seligkeit.

*) λογος.

*

Daß er den Sündern gern vergiebt,
Die reuvoll bessern sich,
Und nicht Versöhnungsdienst verlangt,
Dies Wort hast du bestärkt!

*

Versiegelt hast du's durch dein Blut,
Das zeugt, das zeugt auch uns!
Denn Gott hat dich vom Tod erweckt,
Gesetzt auf seinen Thron!

Du

*

Du Abglanz Gottes, du regierst,
    Als Heiland, überall!
Denn du bist ihm, er dir vereint,
    Und dein Will ist auch sein.

*

Dein Will ist unsre Heiligung
    Und unsre Seligkeit.
Und dieser göttlich weise Will',
    Allmächtig wirket der!

*

Der Ewge, der auch Heiland ist,
    Will, du sollst Richter seyn
Der Todten und der Lebenden:
    Doch bleibst du Heiland auch!

*

Der Welten Herrscher gab Befehl:
    Ehrt meinen Sohn, wie mich!
Drum beugen wir dir unser Knie,
    Herr Jesu, Gottes Sohn!

*

Herr, dir befehl ich meinen Geist,
    Ach rett ihn, nimm ihn auf!
Von Sünden rett ihn, nimm ihn auf
    Ins Reich der Heiligen!

*

Dein Blut sey stets vor Augen mir,
    Und meinen Kindern auch:
Es zeichne, wo wir wandern, uns
    Den schmalen Himmelsweg!

X 3   Du

*

Du Sprecher Gottes, öffnetest
Die Kenntniß unsers Heils!
Wo du, du Sohn des Höchsten, bist,
Ist Gott am herrlichsten.

*

Und dahin, dahin kommen wir!
Ich bin schon glaubend da!
Der Himmel öffnet sich, ich seh
Zur Rechten Gottes — Dich!!!

50. Von den Christgenossen.

Wie geht es zu, daß in der Mitte der Christen heutiges Tages viele, wohlgesinnte und im Denken geübte, Menschen wohnen, welche das Evangelium, oder die Christuslehre bezweifeln oder verwerfen, und dennoch die natürliche Religion glauben, es sey aus solchen philosophischen oder aus unentwickelten Gründen, welche ihnen zureichend sind? — Dieses Schicksal der Christuslehre hat folgende Ursachen. 1) Man lernt in der Jugend nebst der Christuslehre manche Kirchenlehre, welche, wenn man sehr nachdenkt, mit jener nicht übereinstimmt, und auch nicht für wahr erkannt werden kann. 2) Da ist denn beyderley Lehre schwer zu trennen, und ein bündiger Beweis des Gemisches unmöglich. 3) Darum behelfen sich Einige mit dem Inhalte der natürlichen Religionslehre, und geben ihm auch bey
schwa-

schwachen Gründen leicht Beyfall, weil er ein Gegenstand ihres jugendlichen Glaubens war, weil er der menschlichen Natur gefällt, und weil sie dadurch den herrschenden Christen doch gleichförmiger bleiben, als wenn sie alle Religion verwürfen.

Warum können solche Freunde der natürlichen Religion Christ-Genossen (Christianorum socii) heissen? — Weil ihr Glaube von dem Glauben der Christuslehre (nach Absonderung der falschen Kirchenlehren) nicht sowohl an dem Inhalte des Geglaubten, als an dem Glaubensgrunde und an der Vorstellungsart desselben, verschieden ist, und einerley Lebensregeln giebt, wenn gleich einige Reizungen zur Erfüllung derselben und einige Trostgründe fehlen.

Anmerk. Doch würde der Name Christgenossen sich nicht wohl schikken für solche Freunde der natürlichen Religion, welche nicht einmal einräumen wollen, daß Jesus und die Apostel uneigennützige menschenfreundliche Absichten gehabt, und nach ihrer Einsicht ausgeführt haben. Wer diese Stifter des Christenthums entweder als Betrüger, oder als wahnsinnige Schwärmer, verachtet und feindselig beurtheilt, der ist den Christen gar zu sehr zuwider, um ihr Genosse in der Religionsübung zu heissen.

Warum sollen die Christen in einigen Theilen ihrer Liturgie und Erbauungsbücher auch für die Christgenossen sorgen, welche sie benutzen wollen? — Weil dieses das Mittel

X 4   ist,

ist, ihnen, denen es daran fehlt, ihre Religion wirksamer zu machen, und die Einwendungen ihres Verstandes und Herzens gegen das Evangelium zu vermindern. Sie sind ja ohnedies nicht gar fern vom Reiche Gottes.

> Anmerk. Daher wollen wir beschließen mit einer Erbauung, welche Christen und Christgenossen gemeinschaftlich seyn kann, nemlich mit einem kurzen Inhalte der natürlichen Religion in Gesängen, deren Inhalt aus Basedows pract. Philosophie für alle Stände genommen ist. Es ist ja wohl nicht nöthig, mehr zum Vortheile dieser Philosophie zu sagen.

Die ganze natürliche Religionslehre in Gesängen.

I. Der Leib des Menschen ist vorbereitet.

Mich kannte noch kein Sterblicher
 In meiner Mutter Schooß!
Sie selbst auch nicht! Sie glaubte nur,
 Es würd ein Menschenkind!

*

Da lag ich vorbereitet, Ich!
 Mit Seel und Leib, schon Ich!
Ich, bald ein Kind, und bald ein Mensch,
 Ganz vorbereitet da!

*

Unzählbar ist der Glieder Zahl,
 Der ich, als Mensch, bedarf,

Und

Und deren fehlte mir nicht eins,
　　Eh ich gebohren ward.

*

Gepaart war schon der Augen Kraft
　　In tiefster Finsterniß!
Der Hörgang wuchs mir zwiefach an,
　　Wo Nichts zu hören war.

*

Die Hände waren, eh ich griff;
　　Die Füß', als ich nicht ging!
Und auch kein Sprachglied fehlte dem,
　　Der lange stumm noch blieb.

II. Auch seine Seele.

So war auch in der Leibesfrucht
　　Gesetzt ein reger Geist,
Mit Sinneskraft, die Welt zu schaun,
　　Und zu empfinden mich!

*

Mit Denkkraft, die Vergangnes sieht,
　　Und auch Zukünftiges,
Und die, wie Menschenkinder thun,
　　Begehret und verwünscht!

*

Mit Wißbegier, die stets mit Lust
　　Mehr und mehr Kenntniß trinkt!
Mit Kraft, die, wie sies will, bewegt
　　Das,*) was sie selbst nicht kennt.

Y 5

*) Die Nerven.

Zu

*

Zu thun einst das, was Menschen thun,
   War schon der Grund in mir.
Zum Danke, zur Geselligkeit,
   Zur Liebe, zur Vernunft!

III. Des Leibes Leben wird wunderbar unterhalten. Daseyn der Gottheit.

Anmerk. Hier und in dem Folgenden liegt zum Grunde,
der Satz von der wirkenden Absicht, welcher so lautet: die Ordnung mannigfaltiger Dinge, die einer vor-
ausgesetzten Absicht sich immer mehr und mehr überein-
stimmig zeigt, ist wahrhaftig mittelbar oder unmittelbar nach dieser Absicht gewirkt.

So, war ich zubereitet, Ich!
   Nicht nach der Eltern Plan!
Der, der mich so nach Absicht schuf,
   Der ist mein Gott, mein Gott!

Anmerk. Das Wort Gott, welches hernach immer be-
deutender wird, bedeutet hier anfangs Nichts weiter,
als den übermenschlichen Urheber meines Lebens, meinen Lebensvater.

*

Der Gott ists, der den Milchsaft zieht
   Aus Speisen und Getränk!
Und diesen zu dem Blute führt,
   Das Blut zu jedem Theil!

*

Der Leib nimmt, was ihm nützet, an,
   Wirft, was ihm schadet, aus!
Durch Lungen, durch magnetsche Haut;
   Das wirkt, das wirkt mein Gott!

Gott,

*

Gott, jeden Augenblick wirkst du,
    Du wirkst (ich weiß nicht wie)
Daß Menschenform behält der Leib,
    Beseelt durch meinen Geist.

*

Du Gott bedarfst der Väter nicht,
    Zu bilden Menschenform.
Mein erster Vater ward durch Dich
    Ohn Zeugung und Geburt!

*

Du bist, Du bist! Sonst wär ich nicht!!
    Mein Schöpfer und mein Gott!
Durch Deine Kraft daur ich auch fort!
    Mein Vater und mein Gott!

IV. Die Einheit Gottes.

Der Götter mehr? Wie dächt ich sie?
    Nein! Du bist einzig! Gott!
Du Gott deß, was gelebet hat,
    Und, was je leben wird.

*

Wo Gottheit mein Verstand bedarf,
    Da such und find ich Dich!
Dich meinen Gott, und Aller Gott,
    Dir denk ich Niemand gleich!

Anmerk. In der Lehre müssen hier alle Gedanken gesamm=
let werden, welche, in Vergleichung mit ihren Gegen=
sätzen, den Satz von der Einheit Gottes glaubwürdig
machen. Siehe das IVte Hauptstück.

*

An aller Art des Lebens haſt
Du, Lebensquelle, Luſt!
Dicht, dicht beſät iſt aller Raum
Mit dem, was lebt durch Dich.

V. Die Weite der göttlichen Vorſehung.

Herr, Deine weiſe Gottheit wirkt
In jeder Pflanze Bau,
Die zahllos Keim' in Keimen trägt,
Daß kein Geſchlecht vergeht;

*

In jedem Dunſt aus Land und Meer,
Der ſich in Wolken drängt.
Sie tröpfeln, Vater, wo du's willſt,
In rechter Maaß und Zeit.

*

Du führeſt ſeinen Weg den Wind;
Lehrſt zittern Deine Luft,
Daß Dieſer ſpricht und Jener hört,
Und Beyde ſich verſtehn.

*

Verdünnt, verdichtet tönt ſie nicht,
Und tödtet, was da lebt!
Du, Lebensvater, machſt, daß ſie
Sich häuft mit Mäßigung.

*

Wie wunderbar vertheilſt Du Licht!
Was ſäh das Auge ſonſt?

Nicht

Nicht froh der Morgensonne Glanz,
  Nicht froher einen Freund!

*

Du wechselst weislich Tag und Nacht,
  Des Jahrs gevierte Zeit,
Daß Deine milde Sonne strahlt
  Vom Pol zum andern Pol.

*

Bey Namen rufst du jede Sonn'
  Und zählst ihr Erden zu!
Wie klein, wie Nichts werd ich mir selbst,
  Wenn ich Dich denke, Gott!

VI. Reichthum der göttlichen Güte.

Dein Daseyn, Höchster, meß ich nicht!
  Du warest, bist, wirst seyn.
Mein Geist erstaunt und schwindelt bald,
  Wenn er will denken Dich.

*

Er eilt zurück zum Erdenkrais',
  Wo ich ein Würmchen bin!
Ein glücklich Würmchen, dem Du giebst
  Der Freuden, o wie Viel!

*

Ich freute schon als Säugling mich,
  Als Kind und Jüngling mehr!
Geschäftiger, freut sich der Mann;
  Bedachtsamer, der Greis!

*

Der Nahrung Wohlschmack, welch Geschenk!
  Wie strömt ins Auge Lust!   Wie

Wie oft entzückt mich das Gehör?
Wie oft ein andrer Sinn?

*

Wie froh ist Fleiß nach sanftem Schlaf?
Wie sanft dem Müden Ruh?
Zwar hungert stets die Wißbegier;
Doch auch ihr Hunger labt!

*

O Gott, Du gabst uns Lieb ins Herz!
Das ist Dein größt Geschenk!
Die Lieb hofft Gegenliebe gern!
Das ist Dein größt Geschenk!

*

Zum Unglück schufst Du Keinen nicht,
Zum Glück uns allesammt!
Du bist die Liebe! Denn Du hast
Sonst Nichts von unserm Wohl!

VII. Das Uebel, kein Werk der letzten Absicht Gottes. Die Welt Gottes sehr gut.

Im weiten Meer der Freuden fließt
Auch hier und dort ein Leid!
Du läßt es zwar mit Weisheit zu,
Doch war es nicht Dein Zweck.

*

Das Licht hat nicht am Schatten Schuld;
Nur das Erleuchtete!
Du, Licht, umleuchtest die Natur,
Den Schatten wirft sie selbst.

Ohr.

*

Ohn Uebel ist kein Mensch ein Mensch!
    Es reizt zum weisen Thun;
Es treibt uns zur Geselligkeit
    Und wird des Guten Saat.

*

Des Elends Waagschaal sank mir nicht,
    O Gott, in Deiner Welt!
Sie stieg.   Des Wohlseyns Schaale sank,
    Die hatte mehr Gewicht!

VIII.   Das ewige Leben.

Anmerk. Es folgt ein ander Sylbenmaaß.

Meßt Wohl und Leid mit richtiger Maaße;
    So ist das Erdenleben gut.
Und ist mein Geist unsterblich, o Schöpfer;
    So ist auch künftigs Leben gut.

*

So dacht' ich, als die Seele nur hoffte;
    Sah sehnsuchtsvoll in das Gestirn;
Und wünschte mir vom ewigen Leben
    Der Ueberzeugung Freudigkeit.

*

Ich sprach zu Gott: ich liebe Dich, Vater!
    Du weißt es, Du Allwissender!
Ist Dir Nichts werth des Wurmes Verehrung;
    Warum erschuffst Du diesen Wurm?

laß

*

Laß mich nicht sterben, Vater des Lebens,
    Entzieh Dir Deiner Kinder keins!
Ich kann mehr wissen, lieben und wirken:
    Führ aus, was Du begonnen hast.

*

Da hört ich, wie die Seele vernehmen
    Des Lebensvaters Sprache kamen:
So wahr ich leb' — auch immer zu leben,
    Und nicht zu sterben, schuf ich dich.

Anmerk. Eine Seele, die das Vorige hat denken und
    glauben, und nicht bloß sagen lernen, fühlt eine im-
    mer zunehmende Neigung, zu glauben, der himmlische
    Vater werde ihr Seyn und Leben ewig erhalten. Diese
    Neigung kömmt, einem solchen Geiste, von dem
    Geber alles Guten nach seiner Absicht. Sie ist einer sol-
    chen Seele Gottes Stimme.

*

Ich hörte gern, und mochte nicht zweifeln,
    Obs meines Vaters Stimme sey.
Er will gewiß so freudigen Glauben,
    Und meine Hoffnung täuscht er nicht.

*

Wenns Blut mir stockt; so bleib ich lebendig!
    Ich lebe nicht durch Odemzug!   •
Mich tödtet kein unkennbarer Schierling!
    Der mir gegeben wird für Kraut;

*

Und nicht die schwere gleitende Ziegel,
    Die des Gehirnes Schädel bricht;

Nicht

Nicht der Tyrann, den durstet nach Blute,
   Weil ich ihm sprach: du thust nicht recht.

*

Hier kennen Dich nur wenige Brüder;
   Die Erndt' ist groß, an Schnittern fehlts.
Allein sie können, Vater, Dich lieben!
   Du tödtest solche Seelen nicht!

*

Unsterblich ist mein ganzes Gebrüder!
   Einst liebt ein Jeder mit mir Gott!
Des Leibes Tod! Dein Fußtritt erschrekket
   Nicht mich. Ich bleib in Gottes Welt.

IX. Gottes Gesetz und Gericht.

Einst fragt ich: legt das ewige Leben
   Dem, ders erkennt, auch Pflichten auf?
Ich fragte Gott, und hörte die Antwort:
   Mir ahme nach, dem Seligsten;

*

Mein Will und Thun ist Weisheit und Liebe;
   Und das ist meine Seligkeit.
In weiser Lieb sey immer geschäftig,
   Das ist und wird dir Seligkeit!

Anmerk. Die menschliche Liebe ist weise, wenn sie nicht
partheyisch für Wenige, zum Schaden Vieler, ist; und
wenn sie nach dem (den Menschen bekannten) Laufe der
Natur und des menschlichen Lebens, die Mittel richtig
wählt, Menschenweh zu mindern, und Menschenwohl zu
mehren. Daß aber weise Liebe, dem der sie hat und aus-
übt, eine Quelle wahres Vergnügens sey, ist eine viel-
          Y   fältige

fältige Erfahrung im häuslichen und bürgerlichen Leben. In diesem Stükke ist gewiß das künftige Leben dem gegenwärtigen nicht unähnlich. Also geht die Fertigkeit der weisen Liebe mit uns in die Ewigkeit, zu unserm, eine jede irdische Aufopferung überwiegenden, Vortheile. Diese Stimme der Vernunft (der so erleuchteten Vernunft) ist die Stimme des gesetzgebenden Allvaters.

*

Wers früher lernt, kömmt näher der Quelle,
 Wo reiner fließt des Lebens Strom.
Wer sich entfernt, muß Ekel ertragen,
 Und Pein; bis daß er weislich liebt.

Anmerk. Dies Muß ist ein solches Muß, welches Gott mit Weisheit nicht abändern kann. Unerforschlich aber sind den Menschen die Erziehungsmittel, die Gott hier oder dort anwendet, die Seelen und Geister desto früher zu bewegen, daß sie diesem Muß gemäß denken und handeln. Der Mensch, der hiervon belehrt und überzeugt ist, folgt gern, wenn er nicht verwöhnt ist zu Lastern, das ist, zu einem entweder lieblosen, oder unweisen, übelgeordneten Gemüthszustande.

*

Ich folge gern, vollkommenster Vater!
 Vollkommen bist Du, Ewiger!
Vollkommen Du, allmächtiger Vater!
 Vollkommen Du, Allwissender!

*

Vollkommen sind auch Deine Gesetze!
 Du Gnädigster, Du Weisester!
Was Dein ist, lieb ich, bestes der Wesen!
 Ich lieb mit Ehrfurcht Dein Gericht.

Anmerk.

Anmerk. Dein Gericht, das ist, deine weise allvдterliche
Vorsehung, welche Geister und Seelen, und also auch
mich, sanft oder schmerzlich so behandelt, daß wir zur
seligen Mitbürgerschaft fähig werden in dem vollkommen-
sten Theile des göttlichen Reiches, wo nur Weisheit
und Liebe beseligt. Aber ich kann nicht leiden, die An-
kündigung eines solchen Gerichts, worinnen es heißt: wo
du einen Fehltritt begehst, und durch Zufall keine Zeit
übrig behältst, Gotte eine ergriffne Gnugthuung vorzu-
halten, und also von neuem gerechtfertigt zu werden; so
bist du ewig, ewig, ewig verlohren und elend.

*

Dein Wille gescheh! Erzieh mich, o Vater,
  Durch Wohl und Weh zur Seligkeit!
Ihr Maaß wirst Du mir niemals verkürzen,
  Du giebst, was ich empfangen kann.

*

So freue dich des Vaters, o Seele,
  Der Welten, und dein Haupthaar, zählt!
Er liebte dich, als du noch nicht kanntest,
  Nicht liebtest den Allgnädigsten!

Beschluß.

Beschluß.

Das ist also die natürliche, oder, diejenige Religionslehre, deren Inhalt, wenn er geglaubt wird, der menschlichen Natur, oder den Menschen aller Zeiten und Gegenden, dient. Einige von euch fragen mich vielleicht, theureste Mitphilosophen, was wir weiter bedürfen, als Dieses? Freylich Nichts weiter, als diesen Inhalt zu glauben und auszuüben. Aber hat denn das Evangelium einen andern Inhalt? Ich denke Nein. In dieser Bedeutung ist Evangelium und natürliche Religionslehre einerley.

Aber, wie wir es auch nennen, wie wollen wir es die Menschen glauben lehren? Etwa durch Demonstration? Ach, wo ist die? Etwa durch andre philosophische Beweise, wie im IVten Hauptstükke des Examens? Brüder, bedenkt doch, wer kann sie fassen? Unter 1000 kaum Einer. Und wenn er sie gefaßt hat, sind sie ihm denn bündig? Ja, so bündig, als sie der menschliche geübte Verstand auszugrübeln vermag, wenn er vorher schon glaubt, ehe er beweisen will. Aber kömmt die Glaubwilligkeit nicht hinzu, und thut die nicht das Beste; so besteht der ganze philosophische Beweis der natürlichen Religion in folgenden Puncten: 1) Die gesunderhaltne Vernunft verweilt sich gern bey der Untersuchung, ob sie wahr sey. 2) Sie hat Nichts gegen die Bejahung

jahung einzuwenden. 3) Es deucht ihr auch (durch
eine unentwickelte Gewissens-Empfindung) daß
die Bejahung glaublicher sey, als das Gegentheil.
4) Und es dient in den meisten Umständen einem
jeden Menschen, sie für wahr zu halten. Und
nun muß die Vernunft (wenigstens die meinige)
Punctum machen.

Freunde, was wird aber daraus werden, bey
dem grossen Haufen unter Vornehmen und Geringen, unter Gelehrten oder Ungelehrten; besonders bey denen, die sich besser dabey zu befinden glauben, die Religion zu verwerfen, und nach
ihren Einfällen zu leben? Wird deren Vernunft
(denn Vernunft glauben sie zu haben) die leise
Stimme aus der Tiefe des Gewissens, als Gottes
Stimme, vernehmen? Nein. Und, wenn sie
sie vernehmen, so spricht diese Stimme ja nicht
Entscheidung, sondern nur Wahrscheinlichkeit.
Denn wo sie mehr sagt, so ist diese Stimme ge-
stimmt von den Resten des jugendlichen Glaubens, der von den Lehrern mit eindringenden
Warnungen wider den Zweifel verbunden war.
Und diese Lehrer philosophirten ja nicht, sondern
beriefen sich auf eine geoffenbarte Lehre und War-
nung von Gott.

Also noch einmal: wie wollen wir den Glauben, ich sage den Glauben, und nicht bloß
den Inhalt der natürlichen Religion, der Natur der Menschen beybringen? Mich dünkt, Predigten folgendes Inhalts werden den natürlich-

Y 3 sten

ften Glaubensgrund enthalten. „Wer Ge-
„fahr seiner Seele abwenden will, wer ihr ewi-
„ges Heil sucht, der höre! Es ist weltkundig,
„welches die Gelehrten untersuchen können, und
„die Ungelehrten, wie andre wichtige Dinge glau-
„ben müssen; es ist weltkundig, daß die Lehr-
„jünger Jesu, tugendhafte und liebreiche Gemei-
„nen gestiftet haben, welche überzeugt waren von
„dem Evangelium, das ist, von dem Daseyn Got-
„tes, von dem ewigen Leben, von der Vergeltung
„alles Guten und Bösen, und von der Barm-
„herzigkeit Gottes gegen die Sünder, welcher nur
„Beßrung fodert und keinen Versöhnungsdienst.
„In dieser Ueberzeugung lebten und starben die
„ersten Christen, und liessen sich für dies Bekennt-
„niß auch gerne martern. Dies Alles hatten die
„Jünger Jesu sie gelehrt, nicht unter dem Na-
„men weiser Männer, die solche Lehren durch Ver-
„nunftgründe beweisen könnten, sondern unter
„dem Namen der, durch Gottes Geist belehrten und
„angetriebnen, wunderthätigen Boten der Gott-
„heit und Jesu. Als solchen ward ihnen geglaubt.
„Sie haben auch selbst geglaubt, daß sie es wären.
„Denn sie führten ein mühsames und gefährli-
„ches Leben, und die meisten unter ihnen auch
„bis an den Martyrertod, damit sie Brüderschaf-
„ten stiften mögten, die es glaubten und diesen
„Glauben ihren Nachkommen überlieferten. Sie
„bezeugten auch, der zu Tode gekreuzigte Jesus
„wäre von den Todten auferstanden, ihnen oft er-
„schienen,

„schienen, in ihrem Beyseyn über die Wolken
„genommen, mit Gott, als sein eingebohrner
„Sohn, vereinigt, und ein verordneter Herr und
„Richter der Seelen aller Menschen, die jemals
„ins menschliche Leben gekommen wären und kom=
„men würden. Der Apostel Wort ist theils
„schriftlich, theils durch die ersten Gemeinen
„durch Ueberlieferung, bis auf uns gekommen.
„Ihr habt, theureste Seelen, nicht die geringste
„Ursache, an der Wahrheit dieses erfreulichen
„Wortes zu zweifeln. Und wir verkündigen es
„euch mit den Worten Jesu: Wohl denen,
„die, wenn ihnen gepredigt wird, glau=
„ben und darnach leben; wer aber als=
„dann nicht glauben will, ist Schuld an
„der Verantwortung, die ihm bevorsteht,
„vor dem Gerichte Gottes, das gehalten
„wird durch Jesum. Wer Ohren hat, zu
„hören, der höre! Wer seine Seele liebt,
„der glaube und lebe christlich!!!

Ist das nicht die allernatürlichste Reli=
gion, die sich sowohl nach dem Inhalte, als
nach dem Glaubensgrunde und nach dem Ein=
drucke, für die menschliche Natur am besten
schickt? Ich habe dieses mehr, als an drey Stel=
len dieses Buchs gesagt und bewiesen. Aber die
Wichtigkeit der Sache erfodert diese Wieder=
holung.

Spät, sehr spät habe ich diese Erkenntniß der
Wahrheit, an deren Verwikkelung und Verun=

reini=

reinigung mehr als 1500 Jahr gearbeitet haben, so entwikkeln und aufs Reine bringen können, als jetzund.

> Nun, Sichel Gottes, komm!
> Ich bin dir ja gesät,
> Ihm reif, wenn er es will!
> Komm früh, und komm auch spät!!

Komm auch spät, ob gleich mein Leben viele Widerwärtigkeiten und Beschwerden hat! Komm auch spät, wenn ich, dem es am Willen nicht fehlt, oder den sein Zeitalter vermuthlich nur wenig benutzen wird, noch mehr guter Werke dieser Art thun kann, zum Besten Einiger aus der aufblühenden Jugend, und aus der noch ungebohrnen Nachwelt!

Germanien, zur Zeit Kaiser Josephs II, im Merz 1784.

Einige Bücher derselben Absicht von verschiedenen Verfassern sind:

1) Beßrung und Zufriedenheit in vornehmen Ständen.
2) Youngs Lehren der natürlichen Religion und Tugend.
3) Philanthropische Grundlage der Sittenlehre und des christlichen Glaubens.
4) Paraphrastischer Auszug des N. Testaments.
5) Jesus Christus, die grosse Christenwelt, und die kleine Auswahl derselben.
6) Einer Philadelphischen Gesellschaft Gesangbuch für Christen und philosophische Christgenossen.